齐　涛◎主编

中国清官的归宿

齊魯書社

图书在版编目(CIP)数据

中国清官的归宿/朋星等著.—济南:齐鲁书社,1999.9(大结局丛书/齐涛主编)(2008.4 重印)

ISBN 978-7-5333-0758-5

Ⅰ.中… Ⅱ.朋… Ⅲ.历史人物—生平事迹—中国—古代 Ⅳ.K820.2

中国版本图书馆 CIP 数据核字(1999)第 41981 号

中国清官的归宿

朋星等 著

出版发行 齊魯書社
地　　址 济南经九路胜利大街 39 号
邮　　编 250001
网　　址 www.qlss.com.cn
电子邮箱 qlss@sdpress.com.cn
印　　刷 北京山华苑印刷有限责任公司
开　　本 787×1092 毫米 16 开
印　　张 18
字　　数 284 千
版　　次 2008 年 4 月第 2 版
印　　次 2008 年 4 月第 2 次印刷
标准书号 ISBN 978-7-5333-0758-5
定　　价 29.00 元

主编絮语

对于我们人类走过的历程，从政治家、史学家到芸芸众生都有一种难以释怀的情结。

六十年代中期，苦寒乍暖山雨欲来，百忙小憩的毛泽东在书房中静静地谛听着历史的脚步，写下了一代政治家独有的读史感受——《贺新郎·读史》：

人猿相揖别。只几个石头磨过，小儿时节。铜铁炉中翻火焰，为问何时猜得，不过几千寒热。人世难逢开口笑，上疆场彼此弯弓月。流遍了，郊原血。　　一篇读罢头飞雪，但记得斑斑点点，几行陈迹。五帝三皇神圣事，骗了无涯过客。有多少风流人物？盗跖庄蹻流誉后，更陈王奋起挥黄钺。歌未竟，东方白。

五十亿年前，太阳系还只是一片混沌星云，没有太阳，也没有地球，更没有地球上的生命与人类。

三百万年前，地球上已是万木扶疏、鸟语花香，海洋、陆地、高山、平原，到处都是生命的喧闹。但是，还没有我们人类。

也正是从那时开始，大自然中出现了人猿相揖别的壮丽时刻。小儿时节的几个石头磨过，磨去了三百万年的时光。

八千年前，甚或更晚，伴着铜铁炉中的火焰，人类踏向了文明的门槛。

四千一百年前，东方大地上矗立起第一个国家政权——夏王朝，中国的文明时代开始了，中国的政治史也拉开了帷幕。从夏商周秦到汉晋南北朝，从隋唐五代到宋元明清，大大小小的政治家们奔波于历史的舞台，“人世难逢开口笑，上疆场彼此弯弓月”，道出了中国古代政治的真谛。

这些政治家中，有天然血统政治家的皇族，也有文韬武略的功臣；有势焰中天的权臣，也有邪佞不端的奸臣；当然，还有刚直廉律的清官们。他们或壮怀激烈，慷慨悲歌；或荣华富贵，不可一世；或兔死狗烹，血洒刑场；……为这部古代政治的变奏曲标上了各式各样的休止符。

他们或许都曾想轰轰烈烈，也或许都曾想与天地日月同在，都不想沦为斑斑点点的几行陈迹。

我们不想苛求他们知道五十亿年前，也不必要求他们了解五十亿年后，甚至对他们自己百年身后，也无法要他们当局者清。

但是，当今天的我们面对过去、面对历史时，却应当知道这一批又一批叱咤风云的人物的真实命运与结局。

尽管不是上穷五十亿年，也不是下落三十亿载，我们只是选取了四千一百年前到一百年前整整四千年的篇章，但还是想目之曰《大结局》。

是为絮语。

齐　涛

1999. 6. 14 雨夜

绪论

一片冰心在玉壶

“清官”是一个亦老亦新的敏感话题。

自从司马迁《史记》开设“循吏列传”以来，历代史籍均满载着清官的悲欢故事。

唐代天宝元年（742 年），诗人王昌龄贬官至江南做一个小官，在秋雨迷蒙的早晨送别友人辛渐，请他捎话给远在洛阳的亲友，说自己是“一片冰心在玉壶”——这是一个亮丽的比喻，道出了品格的清纯和为官的廉洁，绘出了清官的精神风貌。

简单地说，清官一般都具有这样的特点：政治上忠君，经济上廉洁，生活上俭朴，工作上勤奋，性格刚直，执法严厉，敢于为民请命。

这一共通的属性，加上主观因素（性格、学识、能力等）、客观因素（帝王、时世、民情、环境、偶发事件等）的不同，演化出清官多彩多姿的命运轨迹。

锁定“命运”这个视角，踏勘清官的人生历程和最终结局，我们萌发出这样一个想法：舍小求大，求同存异，归纳出几种类型，展示清官的命运走向，使他们既有共性意义，又有个例特征；既有纵的比较，又有横的剖析，点面结合，纵横交错，构成清官的“命运交响曲”，从而挖掘政治定律、文化情结和人生哲理，提供有益的借鉴。

带着这个想法，我们畅游于茫茫史海，发现并解读清官的悲欢离合和酸甜苦辣。尽管任何理论的分类都可能有“以偏概全”的嫌疑，但为了叙述的方便，我们把清官的命运分为五种类型。

一种类型是“一生襟抱未曾开”，属于“背运倒霉”型，毕生坎坎坷坷，厄运如影相随，壮思难遂，赍志而殁。像汉代的李广，唐代的柳宗元，宋代的王禹偁，明代的海瑞，都属于这个类型。海瑞是众所周知的著名清官，至于李广，也许人们更多地把他视为名将，而较少将他与清官连在一起。事实上，仔细阅读阅读汉匈战争，对照霍去病等将领，会发现李广临财廉洁，临战勇敢，身先士卒，体恤士兵，是一个难得的“军中清官”。可就是这么一位爱兵如子、“黄沙百战穿金甲”的将军，却时运不济，屡战屡败，最终自刎而死，没能实现立功封侯的襟抱。海瑞虽年寿七十余岁，但没过几天好日子，人生的各种悲剧几乎都可以在他身上找到注脚。至于柳宗元和王禹偁，位低寿浅，在政治上是一辈子郁郁寡欢。

另一种类型是“风顺帆满展宏图”，属于“平安走运”型。像汉代的第五伦，晋代的陶侃，北朝的裴侠，宋代的包拯，元代的卜天璋，明代的况钟，都属于这一类。这类清官与前一类形成鲜明的对照，发人深思。一般来说，处于王朝上升时期的清官，境遇可能会好一些；但也有人能在十分混乱的局面下巧妙驾驭，闯过一个又一个难关。像出身寒微的陶侃生活在乱哄哄的东晋，汉人裴侠生活在鲜卑族掌权的北魏、西魏、北周三个政权，都能逢凶化吉，遇难呈祥。当然，即使是在太平时期，当好清官也需要一定的韬略。例如大名鼎鼎的包拯，并不像人们传说的那样鲠直得一点弯都不转，而是颇通“权术”；至于况钟，更是一个用计的高手。

再一类型是“独抱孤忠逢厄运”，像汉代的杨震，明代的杨继盛、沈鍊，清代的谭嗣同，都是以自己的大忠大勇，以慷慨悲烈的殉难，名垂青史。他们都生活在王朝的危难时期，或挺身而出支撑险局，或仗义执言痛斥奸臣，虽明知寡不敌众，仍甘心以热血奉献忠诚。尤其有明一代，清官忠臣迭出，结局也尤为悲惨。杨继盛固然名闻遐迩，但即使是在声名狼藉的锦衣卫（明代的特务机构）中，也不乏正直之士，沈鍊就是一个代表。

第四种类型姑且称为“宦海无情诗有情”。中国历史上文学家兼政治家的人不少，这些人抱着学而优则仕的信念，本想在政治上有所成就、有所发展，但政治上的贬谪使他们难有作为，于是他们带着愤懑，也带着几分洒脱，移情于诗文创作，成为彪炳史册的文学家。白居易就是在贬为江州司马之后，才写下众口传诵的《琵琶行》，进而创作了关心民瘼的新乐府诗，成为唐代三大诗人之一；范仲淹就是在庆历新政失败之后，写出了脍炙人口的《岳阳楼记》，留下了“先天下之忧而忧，后天下之乐而乐”的千古名言；苏轼就是在被贬黄州、海南之后，名篇佳作层出不穷，成为宋代首屈一指的大文豪；张养浩也是在失意中留下了大量的散曲，唱出了“兴，百姓苦；亡，百姓苦”的感悟。对于这些清官来说，官场虽失意，诗文却得意；愈经贬谪，愈有成就，愈有名声。杜甫说“文章憎命达”，韩愈说“不平则鸣”，西谚说“愤怒出诗人”，政治上的失意确实会间接地促使他们在文学上成绩斐然。

第五种类型是“有为有位亦有威”，即有作为、有官位、有威望。汉代的汲黯，戆直敢言，连汉武帝都很敬重他；宋代的胡铨，上书请斩秦桧以谢国民，举朝震恐，连金国也对胡铨礼敬有加；清代的钱沣一身正气，弹劾贪官王亶望、国泰，对抗大贪官和珅，威名赫赫。这些清官仕途上难免有些磕磕绊绊，但因有刚直之威，所以始终有位有为。

清官在历史上所起的作用，是应予肯定的；他们的道德和人格，更是备受人们的推崇和赞美，“一片冰心在玉壶”始终是衡量官吏好坏的一个重要标准。但是，当我们深入研究历史时，理性会告诉我们，清官也是人，也有人的缺点和错误，这种缺点和错误也应对他们的命运负责。最典型的例子莫过于包拯和海瑞，二人可以说是中国清官的代表人物，但命运却截然不同。除了客观因素以外，主观因素占据着相当大的比重，海瑞的能力和处事方式确比包拯要逊一筹。尽管“厚此薄彼”是历史研究的避忌，但经过认真比较研究，我们不得不实话实说。

我们想客观公正地、尽量用自己的眼光去看清官的命运归宿及其成因，我们也是“一片冰心在玉壶”。

附带说明：本书是“大结局”套书之一，由朋星厘定章节人物，初审全稿，报请主编齐涛先生审定。具体执笔分工是：朋星撰著第一章，辛丹撰著第二章，曹萌撰著第三章，祝良文、施永庆、刘永莉撰著第四章，蒋雪艳撰著第五章。

朋　星

1999. 4. 12

目　录

第一章

一生襟抱未曾开

毕生坎坷多难，一连串的厄运始终死死纠缠不休，这类倒霉的清官在历史上屡见不鲜——人们尽管对此已有了足够的心理准备，但还是禁不住要问：好人为什么一生不平安？

海瑞是清官中的知名人物，更是这类清官的代表，在他七十四岁的生涯中，基本上没有过几天舒心日子：入狱、罢官、屡遭弹劾、失妻丧子，种种苦难都在他身上聚焦，使他在煎熬中赍志而殁。汉代名将李广临财廉洁，临战勇敢，身先士卒，是一位军中清官，可他在四十余年的戎马生涯中时运不济，屡战屡败，始终未能立功封侯，最后自刎而死。唐代的柳宗元参加“永贞革新”，一招失利，全盘皆输，久居荒僻的贬所，直到病逝。宋代的王禹偁，八年中三次遭贬，无可奈何地死在州官的位置上。走进这个由悲剧人物组成的画廊，令人双眉紧锁，扼腕长叹。

海瑞等人的品格是高尚的，志向是高洁的，值得尊敬。但是这并不能说明社会应对他们的悲剧负全部责任，而他们本人却“白璧无瑕”。他们性格中也有一些弱点，这些弱点同其他因素搅拌在一起，导致了他们的悲剧命运。例如海瑞，他缺乏经济知识，法律观念落后，又固执鲁莽地有些不近人情的举动，这都诱发了他在政治上的被动，使他举步维艰。

司马迁作《史记》的原则是“不虚美，不隐恶”。对清官也应如此。盲目的崇拜和赞扬是无益的，历史和人生需要理性的思考，或者还可引入另一句古语：爱之也深，则责之也重。

1. 李广：终身未能封侯的将军

风沙抹不去历史的血痕：公元前二世纪，汉人和匈奴人曾在北方辽阔的疆域有过殊死的搏杀。

一代名将李广，仿佛就是专为这场搏杀而存在的。汉朝北部防御匈奴的边郡，自西向东依次是陇西、北地、上郡、雁门、云中、代郡、上谷、右北平，李广在这些地方都当过太守，处处留下了战斗的足迹。

然而命运好像专门跟他过不去，让他遭受一次又一次挫折，留下一次又一次遗憾。

看看年轻的霍去病，比比堂弟李蔡，李广心里很不是滋味。

元狩二年（公元前121年）夏季，三十五岁的汉武帝决定对匈奴发动第二次大规模反攻，夺回河西走廊，实现从西部包抄匈奴的战略计划。为此，派出两支军队进攻匈奴：一支是二十岁的骠骑将军霍去病从北地郡出塞，一支是博望侯张骞（就是曾出使西域的那位外交家）和郎中令李广从右北平出塞。后一支军队的主要任务是策应霍去病对河西的攻势。

李广率领四千骑兵，张骞率领一万骑兵，分道北进，约定按期会师。李广出塞走了约几百里，匈奴左贤王统领四万骑兵突然杀出，包围了李广。李广的军士都十分恐慌，李广命令儿子李敢冲击敌阵。李敢只领几十个精骑驰马而出，直贯敌阵，冲开一条缺口，从敌人两翼安全返回。军士见状，这才安定下来。李广把军队布成圆阵，与敌兵展开对射。敌军人多箭多，矢下如雨，汉兵死者过半，箭很快就要射尽了。李广命令士兵引弓不发，而由他自己手持强弩，专射匈奴的裨将，一连射杀几人，匈奴才渐渐退去。这时天色已晚，官兵都吓得面无人色，而李广却镇定自若，信心百倍地整顿军队，士兵无不佩服他的勇敢。第二天，又与敌兵力战，幸亏张骞率兵赶到，匈奴才解围离去。李广的军队几乎全军覆灭，只好罢战回师；张骞的军队也疲惫不堪，不能追击匈奴。吃了败仗回来，军法是无情的：张骞因行动迟缓，未能按期回师，判为死刑，出钱赎免死罪，革去侯爵官位而贬为平民；李广功过相当，没有任何奖赏。

李广心里很不平静，纳闷自己怎么老是这么倒霉！看看人家霍去病吧，年纪轻轻就封为冠军侯，这次出塞又大胆展开纵深攻击，俘获匈奴高官一百余人，斩杀敌兵三万多人，收降匈奴二千五百多人，而汉兵的伤亡却不到十分之三！这次大捷之后，霍去病的声望大增，简直可以和大将军卫青齐名了！

对卫青和霍去病，李广自然不敢高攀，因为他俩除确有军事才能之外，还有别人所无法比拟的优势：他们都是皇帝姻亲。汉武帝的姐姐是平阳公主，皇后是卫子夫，而卫青是卫子夫的弟弟，平阳公主的丈夫；霍去病则是卫青的外甥，他母亲卫少儿是卫皇后和卫青的姐姐。武帝举贤不避亲，任用这些有亲戚关系的青年将领，对匈奴作战连获大捷。

可是对有些人的封侯加爵，李广心里很不服气。别人不说，就说堂弟李蔡，有什么才能，却官运亨通？汉文帝时，李广和李蔡同时参军，担任郎官，俸禄八百石；到景帝时，李蔡已当上俸禄二千石的高官，武帝元朔五年（公元前 122 年）随大将军卫青攻打匈奴左贤王有功，封为乐安侯；这次元狩二年大捷之后，李蔡又代替公孙弘当上丞相，成为爵为列侯、位至三公（丞相、太尉、御史大夫）的高官。军中都知道，这位李蔡的本领，按九品论人的等级只能列入第八等，倒数第二，名声也比李广差得很远。可是人家就偏偏在仕途上一路顺风！这是为什么？

更让李广感到颜面全无的是：当年自己的校尉等部下，本事平平庸庸的，也已经有几十个人因有军功被封为侯了，自己却没有尺寸之功以获得封邑，这又是为什么呢？

李广想不通。

许许多多酸楚的往事禁不住又一一闪回。

屡战屡败，屡败屡战，李广赢得“飞将军”的美名。

李广出生于陇西成纪的一个军人世家，它的祖先李信，曾是秦朝的将领，活捉过谋刺秦始皇的燕太子丹。陇西李氏家传箭法，世代习武。李广身材高大，手臂长而灵巧，天生善于射箭，又得家法传授，武艺超群。汉文帝十四年（公元前166年），匈奴大举南侵，逼近长安北面的险关萧关，血气方刚的小伙子李广初次从军，左右开弓，箭无虚发，杀敌立功，提升为武骑常侍，当上皇帝的侍卫骑郎。每次冲锋陷阵、抵御敌人或格击猛兽时，李广都冲在前面，拼死为皇上保驾。汉文帝见他如此英勇，感叹说：“可惜呀，你生不逢时！假如让你处在高祖（刘邦）的时代，封个万户侯难道还在话下吗！”

文帝时期，汉朝的实力还很薄弱，不敢轻易用兵，对强敌匈奴只是采取“和亲”忍让的策略，所以李广无用武之地。景帝即位后，李广调任主管骑郎的长官骑郎将，不久，爆发了吴楚七国之乱，李广被拜为禁军骁骑都尉，跟随太尉周亚夫东进平叛。汉军屯驻在战略要地昌邑，阻断了吴楚与诸齐之兵的呼应，吴楚叛军猛攻昌邑，李广出战，突入敌军中坚，夺得战旗，名显昌邑城下。受叛军围困欺凌的梁王刘武（景帝之弟）万分感激，亲自召见李广，赐给他将军的印信。李广一时兴奋，没有细想就收了下来，做了违背法规的事情。汉初，中央朝廷与地方诸侯王之间的矛盾十分严重，汉法规定中央朝臣不得与诸侯王交往，以免被诸侯“拉拢腐蚀”；李广身为禁军骁骑都尉，接受梁王授予的将军印，这是罪过。汉军平定了吴楚叛乱、班师回朝后，论功行赏，有人告发了李广的违法行为，依法应该治罪，但李广又立有战功，所以将功折罪，不罚也不赏。看着别人欢天喜地获赏升官，李广只好懊悔自己的糊涂与单纯。其后不久，李广被调到边郡上谷担任太守。以前的太守对匈奴的来犯只是忍气吞声、得过且过，李广却截然不同，奋起反击、以血还血，在上谷境内时常与匈奴交战。典属国（掌管民族事务的官员）公孙昆邪生怕会闹出事来，便在景帝面前哭着说："李广的才气，天下无双。他自恃善战，多次与胡人硬拼，恐怕会有闪失。"景帝理解公孙昆邪的好意，就把李广调离上谷。李广不愿意回内地，只愿在城孤地险、风凶沙暴的边境捍卫疆土。短短几年内，他先后辗转担任陇西、北地、雁门、代郡、上郡、云中等北方边郡太守，所到之处都以善打硬仗著称。

有一次，匈奴大举进犯上郡，李广军中有景帝派来的一个宦官，他跟李广学了一招半式，自以为可以一展身手，擅自带了几十个骑兵纵马驰出，看到前面有三个匈奴人，欺对方人少，轻率地展开攻击。三个匈奴人返身回射，把宦官带来的几十个骑兵射杀殆尽，并射伤了宦官。宦官逃回李广身边，大谈匈奴人的厉害。李广说："他们必定是射雕好手！"于是立即带领一百骑兵去追赶那三个匈奴人。三个匈奴人丢失了马匹，步行走得慢，被李广追上了。李广命令骑兵从左右两翼张开包抄，他本人亲自出马射那三个人。短暂的交手之后，杀死了两个，活捉了一个，一审问，果然是匈奴的神箭手。把俘虏捆上马背、刚要回返的时候，忽然有几千名匈奴骑兵出现在前边不远的地方。匈奴骑兵也看见了李广，以为他们这百十人是诱骑，不敢近前，只是据山摆开阵势。李广的百名骑兵都十分恐慌，想掉头往回逃。李广说："我们离大军几十里远，假如这样百十号人逃走，匈奴几千人在后面追杀，一会儿我们就会被全歼。现在我们留下不走，匈奴必定认为我们是大军的诱骑，他们一定不敢攻击我们。"他命令骑兵："前进！前进！"一直走到离匈奴阵地二里远的地方才停下来，又下令："都下马解鞍！"骑兵们说："敌人又多又近，万一有变，怎么办？"李广说："他们以为我们会逃，现在我们解下马鞍以示不逃，使他们确信我们是诱骑。"匈奴骑兵果然不敢贸然进攻，一个骑白马的军官出阵监护阵势，李广飞身上马驰奔射杀了他，迅速返回原地，下马解鞍，让士兵都躺卧在地。这时恰好天色已晚，匈奴兵始终弄不清李广的虚实，不敢出击。半夜时分，他们反倒认为汉军在附近设有伏兵要乘夜袭击，于是引兵退去。天亮后，李广才返回大部队。受了伤的宦官回到皇帝身边，添油加醋地描绘李广那赌博玩命似的战争游戏，李广自然难得到什么奖赏。

随着雄才大略的汉武帝的登基，汉朝开始要对匈奴说“不”了，战争的动员令使每一位健儿都热血沸腾：建功立业的时刻到了！

元光五年（公元前130年）的战争，对李广、卫青等将领来说是一次难觅的佳机，也是一场严峻的考验。武帝决定兵分四路攻击匈奴：卫青为车骑将军，出上谷；太仆公孙贺为轻车将军，出云中；大中大夫公孙敖为骑将军，出代郡；卫尉李广为骁骑将军，出雁门。机会是均等的，竞争是公平的——四位将军各领一万骑兵，就看谁“骑”高一招了。

结果卫青一路大获全胜，一直杀到匈奴的茏城。此战之后，卫青的声望地位扶摇直上。

最惨的是李广。匈奴集中了优势兵力在雁门关以北等着他，击溃了他的一万名骑兵，并活捉了他。李广在边关打了多年的仗，匈奴单于知道他的大名，战前下令：“捉到李广必须活着送来。”匈奴骑兵捉到李广后，让受伤的李广躺卧在用绳子结成的网兜里，用两匹马驮着网兜，走了十几里，李广假装昏死过去，偷偷看到身旁有一个胡兵骑着一匹好马，便突然跃身上马，趁势推下那胡兵，夺了他的弓箭，策马南驰几十里，找到了自己的残余部队，领着他们退回塞内。匈奴几百骑兵来追，李广用夺得的胡弓射杀追骑，得以安全返归。打了败仗，交付司法官审判，法官鉴于李广丧失的士兵太多，自己又被敌人活捉（逃脱回来也难以洗雪耻辱），判处他死刑。李广交上钱免了死罪，贬为平民。两年后，匈奴进犯右北平，他才被起用为右北平太守，重新走进了他朝思暮想的沙场。

在右北平，他创造了一个奇迹：出猎时看到草中一块巨石，以为是只老虎，开弓便射，箭头竟深没入石中——箭法已到了出神入化的境界。这件事情后来被许多边塞将士和边塞诗人所喜闻乐道，唐代诗人卢纶《和张仆射塞下曲》一诗即演绎道：“林暗草惊风，将军夜引弓。平明寻白羽，没在石棱中。”

匈奴人对李广也很敬畏，称他是“汉之飞将军”，不敢进犯他所在的边郡。然而这一切都无济于事，屡败屡战的倒霉经历使李广难以登上封侯的巅峰。

是因为他不廉洁无私、不体恤士兵吗？绝对不是！他是当时最清廉的军官，得到赏赐就分给部下，衣食与士兵一模一样，当太守四十多年，家无余财，始终不提经营家产的事。他说话迟钝，不善言辞，除了射箭之外，没有别的嗜好，从不追求奢侈、享乐。外出带兵打仗，缺水缺粮时，遇见水，士兵不全喝足了，他不走近水边；士兵不全吃饱了，他不去吃饭。在这方面，他比霍去病做得不知好多少倍。霍去病出征时，士兵乏粮，有的饿得站不起身来，可他照样平整土地建球场踢球；班师回军时，他车上装着吃不了的好米好肉，手下士兵却饿得面黄肌瘦。李广不是这样，他对待士兵宽缓不苛，士兵都乐意随他出战，说跟着李将军打仗，死也死得值！这是李广戎马几十年所唯一引以为自豪的。

临战勇敢，临财廉洁，爱兵如子，一个优秀军官所应具备的素质基本上都具备了，可是为什么迟迟不能立功封侯呢？诱杀降卒，私杀秉公办事的霸陵尉，说明李广有心胸狭隘的缺点。

经历元狩二年的挫折之后，李广开始信命了。他觉得除了命运之外，别的都无法解释。

他找到了当时一位著名的星相家兼算命先生王朔，讲述了自己的“倒霉史”，然后问道：“难道我的骨相不该封侯吗？或是这一切原本就是命中注定的呢?”

狡猾的王朔没有正面回答，转而问道：“将军自己想一想，有没有做过不该做的后悔事呢?”李广如实相告：“我担任陇西太守时，羌人造反，我诱使他们投降，收降了八百多人，我欺骗他们，在同一天之内把他们全杀了。至今我最悔恨的就是这件事。”

王朔立即找到了推论的依据，说：“灾祸没有比杀死已投降的人再大的了，这正是将军不能封侯的原因。”信不信由你，不善言辞的李广哪里说得过巧舌如簧的算命先生？不信也得信了。

其实，李广该悔恨的，应当还有一件事。它发生在李广被匈奴活捉而贬为平民之后：一天他带着一个随从去蓝田山中打猎，归来时已是夜晚，走到霸陵（汉文帝陵墓）的驿亭，喝醉了酒的霸陵尉喝令李广停下，李广的随从说：“他是从前的李将军。”霸陵尉说：“现任的将军都不能夜里经过帝陵，更何况是从前的将军！”强行命令李广止宿亭下。事后不多久，匈奴人杀了辽西太守，打败了材官将军韩安国，右北平边防告急，于是皇帝急召李广复出。李广请求让霸陵尉一道赴军，到了军中就加了个罪名把他杀了。知情的人都说霸陵尉死得冤，说李广的心胸比不上韩安国——韩安国曾任俸禄二千石的大官，后犯法入狱，一个姓田的狱吏百般羞辱他，他说：“死灰难道不会复燃吗？”那狱吏回答：“燃了就撒泡尿浇灭它。”没多久，韩安国又官复原职，狱吏吓得肉袒谢罪，韩安国笑道：“你可以撒尿了！你们这种人值得我报复吗？”最终善待狱吏，没有加以报复性的惩处。

诱杀降卒，私杀秉公办事的尉官，说明李广有心胸狭隘的缺点。这个缺点，可能会妨害他作为一个将军统揽全局、捕捉战机、抉择进退，这也或许是他屡战屡败的一个原因。

然而不管命运多么冷酷，李广都不在乎，仍旧在边境尽职尽责，他知道自己生为战争生，死更得为战争死。

大决战时迷了路，李广引咎自刎。“君不见沙场征战苦，至今犹忆李将军”，李广和他的家族，可歌可泣。

大战又来了！元狩四年春天，汉武帝下达了远征动员令，派遣精锐骑兵十万，加上随从和载运辎重的马匹四万，合成十四万匹的马队，再加上几十万后继的步兵，声势浩大杀奔匈奴。这次大进军，由大将军卫青和骠骑将军霍去病各领精骑五万人，一路从定襄出塞，一路从代郡出塞，约定越过瀚海大沙漠，进击匈奴腹地。

汉人和匈奴为了各自的民族利益，展开了空前的主力大决战！

汉武帝一如既往地重用青年军官，六十多岁的李广最初被排斥在名单之外，只是在经过多次恳求之后，武帝才勉强答应任命他为前将军，随卫青出征。但是大军临出发之前，相信方士巫术的武帝又把卫青召来，暗中告诉他：李广这个人上了年纪，命又不好，遇事不吉，所以不能让他与匈奴单于交锋，以免误事。

战旗猎猎，风沙漫漫。卫青一路人马出塞疾进，捉得匈奴士兵，获悉单于的住处。卫青想起了皇帝的告诫，决定自己率领精兵直扑单于，而让李广受右将军赵食其节制，走东道，断单于逃路。可是东道路程稍稍绕远，水草又少，不利于大军集结行进。

李广向卫青请求说："我是前将军，现在大将军却调我走东道；而且我从十五岁起就与匈奴作战，现在晚年遇上了直接与单于作战的好机会，我愿冲锋在前，首先与单于拼死一战。"李广越这么说，卫青越不放心，他严辞训令李广执行命令，火速东进。

军令如山，李广带着怨恨和怒火踏上了东道——一条一去不返的道路。

祸不单行。由于军中没有向导，李广时时迷路，行军迟缓，耽误了与卫青会师的日期。

卫青率部大败单于，可还是没能捉到单于——这就要怪罪李广、赵食其的东路军未能按期到达指定地点了。卫青南返沙漠时，遇见了东路军，询问迷路的情况，想上书向皇帝汇报军情原委，召李广来受审。李广说："诸位校尉无罪，是我领军迷了路，我亲自去接受审讯。"

走在路上，李广心里悲痛万分：自己一生血战，换来的是什么结局？来到卫青营帐门口，李广再也忍受不住了，对随行的部下说：

"我从小跟匈奴人作战，经历大小七十多场战斗，这次有幸跟随大将军直接挑战单于，可大将军又调我走远路，我偏偏又迷了路，这难道不是天意吗！我已经六十多岁了，再也不能接受刀笔吏的审讯！”

说完，没等部下反应过来，李广就拔刀自刎了。四十多年的沙场拼杀、七十多次的大小战斗都没能摧垮李广，英雄只能死在自己的手中！

噩耗传出，全军痛哭，老百姓也垂泪流涕，人们爱戴这位一身转战三千里、纵死犹闻侠骨香的老将。

然而李广的悲剧并未结束，他的子孙是一场更大的悲剧。李广有三个儿子：长子李当户、次子李椒都先于李广死去，长子有遗腹子李陵；三子李敢，随霍去病征战有功，任职郎中令，因怨恨卫青害死了父亲，出拳打过卫青，引起霍去病的忌恨，一次去甘泉宫射猎时，霍去病从背后放暗箭射死了李敢。皇上虽知实情，但宠爱霍去病，谎说李敢是被野鹿撞死的。李陵长大后继续征战边塞，天汉二年（公元前98年）兵败，被迫投降匈奴；武帝大怒，将李陵全家悉数诛灭。

陇西成纪李氏，一个多灾多难、可歌可泣的家族。

战争并不能单纯以成败论英雄。历史没有遗忘李广，没有遗忘陇西成纪李氏。唐代时李氏共有十三郡望，而以陇西李氏为第一；姓李的人一般都自称是汉李广之后，源出陇西。翻开边塞诗，讴歌李广的诗句随处可见，人们崇敬这位为国尽忠的战将，崇敬这位廉洁无私的军中清官！

诗人早已用精洁的诗句镌刻下李广不朽的影响——

“但使龙城飞将在，不教胡马度阴山。”

“君不见沙场征战苦，至今犹忆李将军。”

2. 柳宗元：风波一跌逝万里

汨罗江是一条忧伤的河流：战国时代，屈原在这里投水自杀；汉代初年，贾谊被贬谪长沙，路经此地，写下了《吊屈原赋》，感叹唏嘘；到了唐代，又一位政治家兼文学家在流贬途中来到了汨罗江畔——

他的名字叫柳宗元。

那是永贞元年（806 年）冬季的某一天，阴风呼啸，浓云密布，寒雨绵绵。柳宗元行舟沿湘江上行，来到汇入湘江的汨罗江口。伤古悲今，触景生情，柳宗元停舟上岸，漫步雨中。透过发涩的雨丝，他看到了屈原的憔悴，听到了贾谊的悲叹。回到船中，他情不自禁，一口气写下了辞赋《吊屈原文》。

小船顶风冒雨继续航行。这年年末，到达了目的地永州。永州新迎来了一位官阶六品、全衔称为“司马员外置同正员”的官员。

永州下辖零陵、祁阳、湘源三县，是个荒凉偏僻的地方，经过安史之乱、朝廷敛税重点南移以后，这里户口锐减，愈发萧条破败了。柳宗元是“俟罪非真吏”的闲官，他把家安在了潇水东岸的龙兴寺。传说它本是一座古宅，三国时期的蜀臣蒋琬、吴将吕蒙曾在这里住过，后来才改为寺院。寺内一片丛林乱石，寂静荒芜，恰好吻合了柳宗元苦闷的心情。唯一使他感到欣慰的是，龙兴寺内有一个叫重巽的和尚，通晓诗文，常与柳宗元谈禅论道，关系很好。柳宗元自幼就生长在信奉佛教的家庭环境中，他的母亲卢氏信佛，亲友李兼、杨凭、权德舆等人也都信佛。现在贬窜南荒，正好借青灯梵呗解脱痛苦，前辈诗人王维早就说过：“一生几许伤心事，不向空门何处消。”

推开寺院的轩窗，映入眼帘的是西山和湘江的美丽景致，但它并不能有效地消抹柳宗元政治上的失意。

到永州不久，六十九岁的老母卢氏因水土不服而染病去世了。卢氏三十四岁得独生子柳宗元，五十五岁孀居，母子感情很深。她的去世，对柳宗元又是一个精神打击。紧接着，又传来了一可怕的消息：王叔文被唐宪宗下令处死了！

柳宗元震惊不已、悲痛万分，因为王叔文是他政治生涯中的一个关键人物！

柳宗元自觉走进了王叔文集团，但他们忘记了一个根本性的

问题：刀枪里面出政权。

从越州山阴走出来的寒门子弟王叔文，并不是像一般大臣那样通过读书中进士步入政坛的，他靠的是善于下棋的本事，入侍东宫太子李诵，进而渐渐介入了政治。唐德宗在位后期，宠信佞臣，重用宦官，与太子李诵常有矛盾。李诵为保住太子的地位，不得不延揽人才；而王叔文也需要依靠太子来达成政治愿望，于是以王叔文为首的“太子党”便应运而生。王叔文首先结交了杭州人、东宫侍读王伾，又联络了洛阳人、太子校书刘禹锡，继而看好了柳宗元。

柳宗元的身世、性格、思想，确实符合王叔文“结党以进”的需求。

柳氏在北朝时期是著名的门阀世族，与薛氏、裴氏并称为“河东三著姓”，唐初作为“关陇集团”的一个家族拥有显赫的地位。唐玄宗之后虽走向衰落，但出生在京城长安的柳宗元仍算是名门之后。而且论及亲戚关系，有相当不错的政治背景。他有两个姐姐，大姐嫁给崔简——崔氏是山东大姓，崔简是唐初宰相崔仁师的五世孙，后来官至连州刺史；二姐嫁给裴瑾——裴氏是关西大姓，裴瑾是玄宗朝宰相裴光庭的后裔，官至京兆府参军、古州刺史。柳宗元十三岁的时候，与杨凭九岁的女儿定了亲——杨凭是当时能文章、重交谊的知名人士，与弟弟杨凝、杨凌时并称为“三杨”。生长在这样的家庭环境中，柳宗元从小就有强烈的功名欲望，立志投身政治，济世救民。稍长之后，他又拜《春秋》学者陆质为师，形成了主通变、重生民的思想，这一点恰好与王叔文集团实行政治变革的理论观点不谋而合。

贞元九年（793 年），二十岁的柳宗元考中进士，同榜三十二人，刘禹锡亦在其中，二人从此相识并结为终生知己。不巧的是，同年五月，柳宗元的父亲柳镇病逝，按规定得服丧三年，不能参加吏部制科考试而做官。三年之后，他与杨凭的女儿结婚，又两年之后才通过吏部考试，被任命为集贤殿书院正字，初入仕途。这个官职是刚刚入流的“从九品”小官，职务是校理经籍图书。集贤殿书院有的是丰富的藏书，虽缺少锻炼政治能力的机会，却为柳宗元读书习文提供了良好的条件。贞元十五年，年仅二十三岁的妻子杨氏不幸亡故，柳宗元和她感情很好，以后始终没有正式续娶，直至去世。

集贤殿书院正字三年任满之后，柳宗元顺利调补京兆府蓝田县尉。京兆尹韦夏卿赏识他的文才，没让他去实任县尉，而留在京兆府庭做文书工作。这使他能继续住在长安，求学结友。在这段时期内，他在文学上结交了韩愈、孟郊等文坛名人，而在政治上则与王叔文、刘禹锡、凌准、吕温、韩泰等人相近。王叔文正致力于招贤纳士，对早有名气、颇有才干的柳宗元十分青睐，而柳宗元也渴盼通过王叔文接近太子李诵，达成自己的政治愿望。于是从入朝伊始，他就态度明朗地站到了王叔文一边。在此后几年中，柳宗元写了《辩侵伐论》、《韦安道诗》、《晋文公问守原议》等等，反对藩镇割据，抨击宦官专权，深得王叔文的赞赏。

随着王叔文一派势力在朝中的上涨，贞元十九年闰十月，柳宗元自蓝田尉被提升为监察御史里行。“里行”是见习的意思，常由资历不高或新进者充任。这个官职虽然只是正八品，但职责很重，是皇帝亲自任命的“供奉官”，可经常接触朝廷最上层。由进士出身授校书、正字，然后任京畿的县尉，再登台、省当郎官，这是唐代士人理想的做官捷径。现在柳宗元即一路顺风，跑步进入了这条捷径。他意气风发，敢做敢为，成为王叔文的得力助手。这个时候，朝廷内部的派系斗争已趋白热化，京兆尹李实、官僚郑珣瑜、宦官孙荣义等人依靠唐德宗，继续控制朝政；而王叔文、王伾、柳宗元等人拥戴太子李诵，他们认为德宗年事已高，太子即位在望，该是“革故鼎新”、“一朝天子一朝臣”的时候了！

贞元二十年（805年）正月，唐德宗病重垂危，朝廷上两派的斗争到了你死我活的关头，双方都霍霍磨刀，抢夺权力。偏偏就在这紧要的关头，太子李诵得了中风病，失音不语。宦官集团以此为借口，提出应另立太子。王叔文一派针锋相对，竭力抵制。正月二十三日，唐德宗病死，宦官密谋延期发丧，谋生变故；王叔文联系吏部郎中韦执谊、翰林学士郑絪等朝臣，在朝堂公开揭露宦官的密谋，得以立即发丧，公布遗诏，扶李诵登基。在这些紧张得透不过气来的日子里，柳宗元和王伾、刘禹锡冲锋在前，因而这个集团后来被人称为“二王刘柳”。

正月二十六日，李诵在太极殿即位，是为顺宗。王叔文一派接管朝政，迅速安置自己的人员占居要职。二月十一日，任命吏部郎中韦执谊为宰相，王叔文以起居舍人充翰林学士，王伾以左散骑常侍充翰林学士，形成“二王一韦”执掌朝廷大权的局面。柳宗元也被越级提拔为吏部员外郎。这是中书省礼部的属官，正六品，执掌礼仪、享祭、贡举。是年柳宗元才三十三岁，可谓年轻得志，前程远大。他以更加昂扬的热情，投身于王叔文集团的革新运动。

这场革新运动，首先抓的是财权：王叔文解除了浙西观察使李锜的诸道盐转运使职务，推荐杜佑兼领，又自任度支盐铁副使，掌握经济财赋的实权。其次是在政治上打击贪暴，罢免了贪官酷吏李实，进用贤能。第三是减免赋税，革除弊政，取消了一些苛捐杂税，停止宫市，释放宫女和教坊女伎。

在这里，王叔文、柳宗元犯了一个相当大的错误：没有立即去抓兵权。而当李纯被立为太子后，想再去抓兵权已失去最佳时机了！

人算不如天算。唐顺宗重病缠身，无法理政，真正是天不相助。在选立皇储的问题上，王叔文又心慈手软，铸成大错。顺宗的长子李纯，一直对王叔文没有好感，可他是长子，按照“立嫡以长”的原则，皇储非他莫属。王叔文曾经预谋另立嗣皇，但在强大的舆论压力下退缩了，同意立李纯为太子。然而立得也太快了，顺宗正月即位，四月就立太子，权力斗争的天平很快就倾斜了。宦官和朝中大部分大臣，迅速投奔到李纯麾下。五月，大梦初醒的王叔文才想着去抓兵权，派名将范希朝去接管京城卫戍部队神策军，但遭到宦官俱文珍、刘光琦的反对而未能如愿。

看来王叔文和柳宗元毕竟还缺乏政治斗争的经验，太书生气了，不懂得刀枪里面出政权。

李纯（唐宪宗）是个雷厉风行的人，当年八月四日，他联络神策军和藩镇节度使，迫使唐顺宗退位为太上皇，自己登基执政，改贞元二十一年为永贞元年。

形势急转直下。宪宗即位的第二天，就将王叔文、柳宗元等人贬黜外放。“二王刘柳”短暂的政治改革就此夭折；柳宗元的官运，从此也就像断了线的风筝，再也拣不回来了。

能拣回来的只有悔悟、反省在执政策略上的失误。官场得志，骄气太盛，急躁轻进，眼里只有几个人的小圈子，簇拥着一个病病歪歪的皇帝，而不去设法赢得大部分朝臣的理解和支持，失败也就在情理之中了。

政治斗争是残酷无情的。昨天还端坐在朝堂上指点江山，今天就要卷起铺盖灰溜溜地窜向蛮荒之地。贬往永州之后，柳宗元在诗中描述这种变化说：“风波一跌逝万里，壮心瓦解空缧囚。”

母亲死了，对自己有知遇之恩的王叔文死了，其余遭贬的友人也音信不通，蛰居永州的柳宗元面对残酷的现实，仍保持着刚正不屈的秉性。后来他离开龙兴寺，移到潇水的支流冉溪，把溪名改为愚溪，与农圃为邻，过起村居生活，写了《田家》、《溪居》、《捕蛇者说》等诗文。尤其是《捕蛇者说》，通过记述捕蛇者蒋氏一家三代的遭遇，控诉了官府横征暴敛给人民造成的惨重灾难。它行文宛转曲折，笔端饱含感情，倾吐了一个清官对民众痛苦境遇的同情。孔子说“苛政猛于虎”，柳宗元用《捕蛇者说》衍化出“苛政猛于蛇”的说法。他积极参加“永贞革新”，本想减少人民的赋税，可现在一切都做不到了，“利剑不在掌”，只有空叹“咄咄怪事”而无可奈何了。

“壮志郁不用，须有所泄处。”柳宗元在无奈之下，开始仿效陶渊明和谢灵运，在田园和山水中摆脱政治失意所带来的烦恼。他和几个朋友带着仆人，斫山开路，沿冉溪上行游历西山，写下了《始得西山宴游记》、《钴鉧潭记》、《钴鉧潭西小丘记》、《至小丘西小石潭记》；元和七年（812年），他又深入到西山的层峰密林，写了《袁家渴记》、《石渠记》、《石涧记》、《小石城山记》。这八篇山水游记合称为“永州八记”，是柳宗元山水游记的代表作。名诗《江雪》、《渔翁》、《雨后晓行独至愚溪北池》，也作于这个时期。在游览与村居的生活中，柳宗元的心情逐渐爽朗起来，

《溪居》诗即写道：

久为簪组累，去此南蛮谪。
闲依农圃邻，偶似山林客。
晓耕翻露草，夜榜响溪石。
来往不逢人，长歌楚天碧。

诗中有闲适之意，但闲适的背后仍隐藏着对现实的不满。因为柳宗元毕竟不是陶渊明，他的政治情结极为深固。孔子说五十是知命之年，现在自己还不到四十岁，离知命的年岁还差得很远，怎么能甘心认可没有政治前途了呢？

元和四年七月，柳宗元接到京兆尹许孟容的来信，心情为之一振。许孟容与柳宗元有世交，当官以能言敢谏、不畏强御著称，现在他来信问候，是否有推荐自己复出的含义？柳宗元立即回复了一封千余字的长信，期盼许孟容能设法改变自己的处境。随后，他又给在京的友人萧俛（时任谏官右补阙）、李建（翰林学士）等人写了“求援信”。同时干谒一些方镇大僚，先后向东川节度使严砺、荆南节度使严绶、岭南节度使郑絪、广州节度使赵昌、淮南节度使李吉甫、剑南西川节度使武元衡、山南东道节度使李夷简等人献过诗文，希图求得援助。这些人中，武元衡是王叔文一派的政敌，严绶是联合宦官搞垮“永贞革新”的藩帅，李夷简曾陷害打击过柳宗元的岳父杨凭。柳宗元向这几个人投书献文，足见多年的贬谪生活已使他濒临“病急乱投医”的地步了。干谒，并不是一件耻辱的事情，大诗人杜甫京华蹉跎十年，曾经“朝扣富儿门，暮随肥马尘”；即便是高歌“天子呼来不上船”的李白，也曾经写过《上韩荆州文》。

几年来，朝廷也有人提议起用王叔文余党，但是宪宗对他们深恶痛绝，尤其是武元衡自西川入朝为相以后，更是铁石心肠，不但不予任用，而且不许他们北移一步。

柳宗元盼得眼麻了，等得心灰了，他写了《囚山赋》和一篇寓言体的《起废答》，抱怨自己“一废不复”的遭遇。

就在柳宗元快要绝望的时候，朝廷政局却发生了变化。淮西镇吴元济反叛朝廷，宪宗命令严绶等人招集十六道兵进讨淮西镇，并于元和九年十二月拜韦贯之为相。韦贯之当年曾被王叔文一派汲引过，同情王叔文余党“十年不量移”的处境，建议宪宗“怜才起用”。宪宗遂于当月诏征柳宗元、刘禹锡、韩泰等人入京。

诏命传到永州，已是元和十年正月。柳宗元忽接喜讯，悲喜交集，恍如梦中。他在《朗州窦常员外寄刘二十八诗见促行骑走笔酬赠》一诗中写道：

投荒垂一纪，新诏下荆扉。

疑比庄周梦，情如苏武归。

“庄周梦”、“苏武归”的比喻，说明柳宗元兴奋得有些难以自持。

入京之路，走的仍是当年南来的旧路。路同，境遇不同，心情也就不同了。当又来到汨罗江口时，虽然船是逆风而行，但柳宗元全没了十年前写《吊屈原文》的凄苦心情，现在所写的《汨罗江遇风》是一片明朗的心绪：

南来不作楚臣悲，重入修门自有期。

为报春风汨罗道，莫将波浪枉明时。

像柳宗元这样的官员真是太容易知足了，一纸起复的诏令，竟暖得他的心都快化了，将十年的悲苦抛忘得一干二净！

可是汨罗江的波浪并没有阻遏他行舟奔向“圣明的时代”，真正阻遏他的恰恰是那个“圣明的时代”。

好运只是昙花一现，接着是再贬柳州。柳州，柳宗元命终之州，难道是个宿命性的地名？

带着欣喜，带着憧憬，柳宗元来到了长安。时值早春二月，长安东郊的灞桥花红柳绿，柳宗元激情难抑，写下了《诏追赴都二月至灞上亭》一诗：

十一年前南渡客，四千里外北归人。

诏书许逐阳和至，驿路开花处处新。

与长安久违了十年，看到驿路两旁的鲜花，怎能不觉得新得耀眼呢！

刘禹锡也从朗州返回了长安。二人相聚，先是感慨万千，继而萌发出洗雪沉冤后的扬眉吐气。他俩又一次犯了过度乐观的毛病，认为皇帝既然同意召他们回来，自当会有重用。他们哪里知道，此时朝廷内部的纷争倾轧十分激烈，宪宗只不过出于与藩镇斗争的需要而暂时显示一下皇恩浩荡，他内心深处仍十分记恨王叔文余党，不予谅宥。而铁腕人物武元衡，更是不遗余力地反对柳、刘等人入朝为官。在这种形势下，柳宗元应实行韬晦之计，哪怕是硬装也要装出"悔过乞怜"的样子。可是，耿直的脾性和激动的心情使他做不到这一点，他和刘禹锡俨然以胜利者的姿态出现在京城，令那些本来就恨他们的人恨得牙根更痛了。特别是刘禹锡，在长安道士庙玄都观游赏了桃花之后，还写了一首题为《元和十年自朗州至京戏赠看花诸君子》的诗，诗曰：

紫陌红尘拂面来，无人不道看花回。

玄都观里桃千树，尽是刘郎去后栽。

诗的结句几乎是骂人的话，公然嘲讽朝廷的执政者，意思是说：那些红得发紫的新贵们，也不过是我刘禹锡被排挤出外以后提拔起来的罢了。如此不屑一顾、桀骜不驯的神情，让那些政敌如何受得了？

像历史上许多清官一样，柳宗元和刘禹锡都不懂得韬晦隐忍、以退为进的诀窍。

宪宗这次的惩罚，仍然像上次那样果断迅速。柳宗元、刘禹锡、韩泰等人二月回朝，在长安停留还不到一个月，三月十四日，即被赶往外地任职。柳宗元被赶到遥远荒僻的柳州当刺史，刘禹锡为播州刺史，韩泰为漳州刺史。官虽然由司马升为刺史，但地点却更辽远，实际上是又一次惨烈的贬逐。

打击来得太快了！柳宗元来不及为自己的命运悲伤，他首先想到的是可怜的刘禹锡。此时刘禹锡还有八十岁的老母亲，播州路途崎岖、山恶水险，老人到那里去岂不是如同进入墓地？反正自己孑然一身，干脆与刘禹锡调换一下地点，让他去柳州吧！柳宗元冒着重遭责罚的危险，准备上疏朝廷，请求与刘禹锡对调任职地点。恰好这时御史中丞裴度在宪宗面前疏通，宪宗格外开恩，虽不允许柳、刘二人对调，但将刘禹锡改任为连州刺史。

四十三岁的柳宗元，又一次沿着老路南下去柳州。好梦如同昙花一现，恶梦却是遥遥无期。他与刘禹锡同行到湖南衡阳，然后自己沿湘江西进走水路去柳州，刘禹锡改陆路去连州。江岸惜别，无语凝咽，柳宗元先作了一首《衡阳与梦得分路赠别》：

十年憔悴到秦京，谁料翻为岭外行。
伏波故道风烟在，翁仲遗墟草树平。
直以慵疏招物议，休将文字占时名。
今朝不用临河别，垂泪千行便濯缨。

刘禹锡答诗《再授连州至衡阳酬赠别》：

去国十年同赴召，渡湘千里又分歧。
重临事异黄丞相，三黜名惭柳士师。
归目并随回雁尽，愁肠正遇断猿时。
桂江东过连山下，相望长吟有所思。

二人一个垂泪千行，一个愁肠欲断。贤才落难，风云同悲。

元和十年六月二十七日，柳宗元抵达柳州。柳州，柳州，柳宗元任职之州，柳宗元命终之州，这简直是个宿命性的地名。

这里属桂管经略使管辖，下设马平、龙城、洛容、洛封、象县五个县，到处是亚热带丛林，毒蛇肆虐，疫病猖獗。柳宗元身体虚弱，上任之初又公务繁忙，所以先是患了一种“奇疮”，险些丧命；后又得了伤寒，变得须发苍然、面容枯槁。不多久，随同前来的堂弟柳宗直又染疟疾亡故。生命和人生愈发暗淡了。

夏季的某一天，柳宗元登上柳州城楼，极目远眺，遐思联翩。他想起了在漳州的韩泰、在汀州的韩晔、在封州的陈谏、在连州的刘禹锡，想起了王叔文的死，茫茫愁思涌上心头，赋诗道：

城上高楼接大荒，海天愁思正茫茫。
惊风乱飐芙蓉水，密雨斜侵薜荔墙。
岭树重遮千里目，江流曲似九回肠。
共来百越文身地，犹自音书滞一乡。

此番遭贬之后，柳宗元预感到起复的可能性不大了，心境反而澄静了许多。虽说是贬谪，但毕竟是一州的长官，地位与在永州时不同了，不能光留连于山水，而必须做些对当地民众有益的事。中央朝政自己想操心已操不上了，那就努力当好一名地方官，开发开发柳州地区，实现“富庶且教”的“大任”。

废除蓄奴制度，开发柳州经济，消除迷信，指导青年学子，柳宗元在柳州留下了政绩。

柳州盛行蓄奴制度，穷人借高利贷逾期还不起钱，到利钱超过本钱时，就没身为奴婢。柳宗元针对这种恶俗，设法使奴婢赎身，规定那些卖身为奴的人可按服役期限计算报酬，报酬与债款相抵，就自动解除奴役关系。这个办法积极而稳妥，既稳定了富人的利益，又自然而然地解放了奴婢，巧妙地用经济赎买的手段化解了“人权问题”。后来韩愈在袁州当刺史，就学习了这种解放奴婢的措施，很有成效。

柳州的经济很落后，柳宗元主持兴修水利，大力提倡发展农、林、牧业，并且率先垂范，亲自参加植树造林。在《种柳戏题》诗中，他说“柳州柳刺史，种柳柳江边”，连用四个“柳”字，诙谐幽默，写出种树的快乐；结尾说“好作思人柳，惭无惠化传”，暗用召公树甘棠、后人不忍剪伐的典故，谦逊地表示为自己没能为民留下好的政教而惭愧。在柳州城西北，他曾种下大片柑橘，当它们春来泛绿的时候，他写了《柳州城西北隅种甘树》一诗：

手种黄甘二百株，春来新叶遍城隅。
方同楚客怜皇树，不学荆州利木奴。

几岁开花闻喷雪，何人摘实见垂珠。

若教坐待成林日，滋味还堪养老夫。

“楚客”指屈原，屈原写有《橘颂》赞美橘树；“荆州利木奴”，指三国时期丹阳太守李衡靠种甘橘千株获利。柳宗元表示像屈原那样欣赏橘树“受命不迁”的品格，而不像李衡那样谋利把财产传给自己的子孙。

柳州的文化也很落后，群众很迷信，看病请巫师，吃水吃江水而不敢破土打井。柳宗元在这里办学校，传授儒家充满理性的文化知识，破除迷信。群众私人不敢掘井，他就利用公款雇人打井，解决了群众吃水的问题，提高了当地的卫生水平和生活质量。

政务之余，柳宗元乐于与青年学子交往，指导他们学习古文。当时，韩愈在京师提倡古文，柳宗元在南方遥相呼应，二人共同推动了唐代的古文运动。尤其是柳宗元，对南方的文教发展做出了很大的贡献，当时衡山、湘水以南参加进士考试的人，都把他当作老师，那些经过他当面指教的士子的文章，都有法度可观。

当柳宗元在南方静悄悄地恪尽职守的时候，唐宪宗正在北方痛下决心，征讨藩镇。元和十二年，宪宗任命裴度为相，并派裴度亲赴淮西前线节制诸军。裴度取消监军宦官参预军事的恶例，大胆任用名将李愬。李愬雪夜袭蔡州，擒获了吴元济，一举荡平了最为强横的淮西镇。次年，割据成德镇的王承宗上表表示归顺朝廷。元和十四年二月，朝廷军队擒杀李师道，平定了淄青镇。至此，在河南、河北割据了六十多年的藩镇都被制服了，宪宗开创了“元和中兴”的局面。

柳宗元闻听消息，非常高兴，接连写了几个表状，称颂朝廷的武功。尽管宪宗惩治了柳宗元，但他们在抑制藩镇这一点上是意见相同的。更何况国家事大，怎能以个人恩怨而分不清好坏呢！

裴度声誉鹊起，正欲延揽人才，重振朝纲。有人曾向他提及柳宗元，但没起作用。这主要取决于宪宗的态度。宪宗的固执与他的刚毅成正比，他坚决要让柳宗元、刘禹锡他们留在南荒看野树，而不容许他们再来京城观桃花。

刘禹锡是幸运的，他的寿命长，宪宗死后得以复出，历任礼部侍郎、苏州刺史等职，仕至太子宾客，加检校礼部尚书。柳宗元就不行了，他的身体没熬过宪宗。

官运与寿命是有必然联系的。

元和十四年，四十七岁的柳宗元觉得身体越来越差，将不久于人世了。在僧人的陪同下，他拄着拐杖登山远望京城，写下《与浩初上人同看山寄京华亲故》一诗：

海畔尖山似剑铓，秋来处处割愁肠。

若为化得身千亿，散上峰头望故乡。

望故乡，望故乡，只能是望，回是回不去了。

十一月八日，柳宗元寂寞地死在柳州家中。

侍妾为他留下两子两女，长子柳周六才四岁，次子柳周七是遗腹子，长女的年龄大一些，但也未成人。柳宗元虽是一州之长，但为官清廉，死后家无余财，难以治丧。桂管观察使裴行立代为筹措丧葬费用，表弟卢遵把他的灵柩运回长安万年县安葬。柳州人感念他的恩德，在罗池立庙，敬他为罗池之神，世世供奉。

柳宗元“一身去国六千里，万死投荒十二年”，韩愈为他写的墓志铭耐人寻味。

柳宗元仕途得意的时间，前后加起来总共不到半年的时间；随着唐宪宗的登基，迅即坠入长久的苦难——用他的话说，就是“一身去国六千里，万死投荒十二年”。

得意和失意的转折点，在于“永贞革新”。

历史常常是复杂难言的。永贞革新的失败，对王叔文、柳宗元等人来说固然是残酷的，但从此却推出了“中兴之主”唐宪宗。唐宪宗任用良相，削平藩镇，整顿财政，使朝政大有起色。一个有作为的皇帝惩治了一个有作为的官吏，政治圈中时常会出现这样尴尬的局面。

但二人都无可厚非，都是成功者。柳宗元以个人良好的秉性和天质，将政治上的失意转化为两大赞誉：惠泽一方的清官，流芳百世的文学家。

柳宗元去世的第二年，韩愈写了《柳子厚墓志铭》。墓志铭之类的文章佳作不多，但此篇却是个例外，它真挚质朴，颇有中肯之论。韩愈与柳宗元在政治上是有分歧的，他厌恶王叔文集团，称他们是“欲侥幸而速进者”，批评柳宗元年轻时鲁莽轻率，急功好事（后来苏轼等人亦持这种观点）。但他称赞柳宗元的品格和在柳州的政绩，高度评价柳宗元的文学成就，并说这种文学成就得益于长期的贬谪生活。在墓志铭的末尾，有一段极其精彩的、带有理论规律性的论述：

> 子厚前时少年，勇于为人，不自贵重顾籍，谓功业可立就，故坐废退。既退，又无相知有气力得位者推挽，故卒死于穷裔，材不为世用，道不行于时也。使子厚在台省时，自持其身已能如司马、刺史时，亦自不斥；斥时，有人力能举之，且必复用不穷。然子厚斥不久，穷不极，虽有出于人，其文学词章，必不能自力以致必传于后如今无疑也。虽使子厚得所愿，为将相于一时，以彼易此，孰得孰失，必有能辨之者。

中国历史上，清官兼文学家的人不少，“诗穷而后工”的人也不少，柳宗元就是一个典型的例子。他的命运轨迹是简单而清晰的，但由此引发的思考却“剪不断，理还乱”，永远煎熬着人生，也永远幸福着人生。

3. 王禹偁：八年三黜，终老州官

面对一桩诬告案，王禹偁犯了犟脾气：事不关己，偏要搭理！其结果是诬告者安然无恙，王禹偁却遭贬黜。

宋太宗淳化二年（991年），在京任职的王禹偁，为了一件与自己无关的事，上疏直言，结果被贬出京城开封，去陕西商州当了团练副使。

事情缘于一桩诬告案。尼姑道安状告左散骑常侍徐铉与妻子的外甥女姜氏通奸，而姜氏又是道安的嫂子。时任左司谏兼大理寺丞的王禹偁调查此事，查明道安是诬告，欲依法治罪。可是不久诏书下达，赦免道安的罪过。王禹偁愤愤难平，坚决要治道安的罪。有人劝他：那道安交际颇广，活动能力很强，在京城是个有来头的女人；而徐铉不过是个南唐降臣、在朝的闲官而已，何必不识时务？为官的诀窍是“事不关己，高高挂起”，多一事不如少一事，依诏令办就是，何苦要自找麻烦呢？

王禹偁犯了犟脾气：事不关己，偏要搭理！他上疏太宗，坚请惩治道安。可是时隔不久，道安安然无恙，王禹偁反倒因“抗旨”而被贬黜了。

初次遭贬的滋味很不好受。走在赴商州的路上，王禹偁思前想后，心绪不宁。他出身于济州巨野的一个农民家庭，家贫以磨面为生。但他天性聪颖，九岁能文。济州推官毕士安（山西人，后仕至宰相）听说有这么一个贫家学子，便想考考他，令他以磨为题作诗。他应声答道：

但存心里正，无愁眼下迟。

若人轻著力，便是转身时。

毕士安十分惊奇，把他留在自己家里与子弟共学。王禹偁忽来好运，得以求学深造，在毕士安的“著力”下，慢慢地“转身”，终于在太平兴国八年（983年）三月考中了进士。初授成武主簿，历长洲县大理评事，于端拱元年（988年）得太宗赏识，提拔到京城任右拾遗、直史馆。王禹偁着实激动、兴奋过一阵子，他知恩图报，立即献上了《端拱箴》，指责宫廷“一裘之费，百家衣裳”，“一食之用，千人口服”的奢侈生活，呼吁关心“室无环堵”、“地无立锥”的贫民。当时，契丹、西夏不断侵扰北部边境，太宗诏令文武群臣各自陈述备边御戎的策略，王禹偁又竭诚尽职，上《御戎十策》，提出对外五策和对内五策：

对外五策：一、兵势患在不合，将臣患在无权；二、侦逻边事，罢用小人；三、用间谍离间敌国，因衅隙而取之；四、以夷狄伐夷狄；五、下哀痛之诏以感激边民。

对内五策：一、并省官吏，节约经费；二、慎重选拔官吏，抑儒臣而激武臣；三、信用大臣，参决机务；四、不贵虚名，戒无益；五、禁止游惰，厚民力。

太宗和宰相赵普阅后，只是在口头上深表赞赏，但不会真正依计行事，因为它违背了宋朝的基本国策：重文轻武。端拱二年三月，王禹偁就任左司谏、知制诰，负责草拟国家诏令。党项族的首领李继迁归顺宋朝，太宗任命他为银州观察使、定难军节度使，许多诏令都是由王禹偁草拟的，李继迁为了表达谢意，送给王禹偁五十匹马作为“润笔费”，王禹偁坚拒不受。他深知自己手中的笔要握得端端正正，不能用来图谋私利。

端拱二年九月，京师大旱，百姓生活极为困难。王禹偁率先上疏，请求宫室和朝廷节省开支，体恤百姓。太宗开始对这位喜欢多事的官员不大耐烦了，有一次，对宰相说：“王禹偁这个人，文章虽好，但赋性刚直，不能容事容人，应该勒勒他的性子。”终于，在道安与徐铉的案子上，太宗找到了借口，把王禹偁“勒”到了商州。

“下放训练”并没有使王禹偁改变性格，他仍然直言无忌。不久，又因“讥评时事”而再次遭贬。

商州正闹旱荒，饥民四处流亡。到任的王禹偁无暇再考虑自己的贬谪，他立即投入到解救饥民的事务中，并写下了关心民瘼的诗歌《感流亡》。

经过两年的下放训练，太宗觉得王禹偁可能已懂得了为官的规矩，便召他入京担任礼部员外郎，再知制诰。吃一堑，长一智，这回该学聪明了吧？想不到王禹偁依然如故，又因为评论孝章宋皇后葬礼的事惹怒了太宗，第二次遭到贬黜。

孝章宋皇后是宋太祖的皇后，至道元年（995 年）四月病卒，迁棺材于故燕国长公主（太宗女，淳化元年卒）府第，使群臣无法按礼仪祭奠。王禹偁对太宗的这种做法不满，私下对人说：“皇后曾经母仪天下，应当遵照旧礼安葬。”好打“小报告”的人立即把这话入奏了太宗，太宗很不高兴，以“谤讪”的罪名先是把王禹偁贬为工部郎中，接着又外放为滁州刺史、广陵刺史。

只要太宗在位，还朝为官的希望就微乎其微。所幸时间不长，两年之后，太宗驾崩，真宗即位。新皇登基，照例要大赦天下，诏求直言。王禹偁不甘寂寞，又上疏提出了五项策略。真宗刚即位，需要延揽人才，于是召他回京为官，复为知制诰，等于落实政策、官复原职。

咸平元年（998 年），真宗想发挥王禹偁的文史才能，让他参与编修《太祖实录》。这史书不好编，说真话要得罪人，不说真话又违背良心。王禹偁秉笔直书，宁肯得罪人也不违背良心。同时又觉得让他编史书是大材小用，心中怏怏不乐。别人有不痛快的事能隐忍不说，他却忍不住，常在宰相张齐贤、李沆面前有所流露。张齐贤、李沆都是当时颇有声望的贤相，王禹偁却不买帐，在二位宰相面前好发牢骚。因为他极看重宰相的位置，早在任大理司丞的时候，就写有《待漏院记》，矛头直指宰相大人。

《待漏院记》表达了王禹偁对宰相的认识，同时也使他得罪了宰相，等待他的只能是第三次遭贬。

待漏院，是宰相早晨上朝时在皇宫中候见的休息室。《待漏院记》把宰相分为三类：贤相、奸相、庸相。在等候上朝的时候，贤相所考虑的是：百姓未得到安宁，设法使他们享受太平；四夷还未归附，设法招致朝贡；战乱未止，怎样使它平息；田地多有荒芜，怎样进行垦殖；贤人屈身草野，应加以荐举任用；佞人在朝为官，应予以罢斥；阴晴、风雨、晦明不能调和，灾祸接连不断，则甘愿辞去相位以祈求上天消灾；刑罚运用不当，欺诈之事时常发生，将要修明德化来加以整顿。

而奸相所考虑的是：私仇还没报复，设法把仇人斥逐；旧恩还没报答，设法使恩人荣耀；奴仆、美女、金玉、丝绸，怎样才能搜求到；宝车、骏马、古玩、珍器，怎样才能弄到手；奸佞小人趋炎附势，就把他们大力提拔；正直的人抗言敢谏，就把他们贬谪罢黜；一天三次报告灾情，皇帝面有愁容，就编造花言巧语使他高兴；官吏不守国法，皇帝听到怨言，就用谄媚的方法讨好逢迎皇帝。

所谓“庸相”，是指既无人毁谤也无人赞扬，随波逐流，窃居相位而贪图俸禄，滥竽充数而只知保全身家性命的宰相。这种宰相虽比奸相好些，但也没有可取之处，应予罢免。

当朝宰相读了《待漏院记》，心里难免犯嘀咕，猜测王禹偁是在影射、讽刺谁。王禹偁又不注意收敛锋芒，反而在编修《太祖实录》期间，写了一首诗送给张齐贤，诗曰：

早有虚名达九重，宦途流落渐龙钟。

散为郎吏同元稹，羞见都人看李邕。

旧日谬饮红药树，新朝曾献阜囊封。

犹祈少报君恩了，卧归山林作老农。

对如此“闹情绪”的一首诗，张齐贤纵然再有肚量，也不得不动肝火了。宰相想处理下级官员，是一件很容易的事，他指责王禹偁以私意改《太祖实录》，罪名成立，贬为黄州刺史。

一贬到陕西，二贬到安徽，第三次被贬到湖北了。八年之中，三遭贬黜，四处漂泊。到达黄州之后，抚今追昔，他写了《三黜赋》，赋中说：

屈于身兮不屈其道，虽百谪而何亏！

吾当守正兮佩仁义，期终身以行之。

贬谪并没有使他惧怕，他仍然不改初衷，守正不屈。

精神固然可以永葆锐气和朝气，但身体却在漂泊中迅速衰老了。四十五岁的王禹偁身已患病，久医不愈。咸平二年夏天，他在黄州翁城的西北角盖了两间小竹楼，在里面读书疗疾。办公归来的闲暇时光，他身披隐士的披风，头戴道士的头巾，手持一卷《周易》，携带半壶浊酒，在竹楼上焚香静坐，消遣世虑。于江流山峦之外，只看到风中的白帆，沙滩的水鸟，轻烟淡云，翠竹绿树而已。等到酒力消歇，煮茶的轻烟散去，送走夕阳，迎来明月，这种在京师无法获得的佳境，也算是贬谪外地的一种“福分”吧！

建竹楼的工匠告诉王禹偁：竹子作瓦，只能使用十年；如果铺上两层，能够用二十年。王禹偁听了，心里涌起阵阵酸楚：病体衰弱，不知道还能否活个三年两年；即使能活着，也不知道明年又会移任什么地方，难道还担心竹楼容易朽败、撑不到十年吗？

生命在时间面前显得太短暂了；命运在政治面前显得太脆弱了。

咸平四年（1001 年）四月，朝廷令王禹偁改任蕲州刺史。王禹偁病势已重，让人用软轿抬着上了路。到蕲州后仅一个月便去世了，享年四十八岁。

他留下了文集《小畜集》，留下了《宋史》对他的评价："遇事敢言，喜臧否人物，以直躬行道为己任。"

4. 海瑞：种种悲剧的合影

应天、苏州、松江等十府是明朝最富庶的地区，民谚说："买不尽的松江布，收不尽的魏塘纱。"

隆庆三年（1569 年）六月，这里传来一个爆炸性的消息：海瑞以右佥都御史巡抚应天十府，担任当地的最高行政长官。大大小小的官员立即骚动不安起来，因为他们深知海瑞的清廉与严厉，深知海瑞无所畏惧，无所畏惧到连皇帝都敢骂。于是，苏州一带的官员纷纷自动离职或请求外调，权豪势宦在一夜之间把朱漆大门改漆成黑色，以免招惹海瑞的"注目"。一个平素骄横奢侈的宦官，也吓得把他的轿夫由八人减至四人，敛手屏息以躲避锋芒。

有迹象表明：一场廉政风暴将在应天十府骤然刮起！

五十六岁的海瑞果然雷厉风行，一到任便公布了数十万言的《督抚条约》共三十六款，其要点为：禁迎送，禁崇饮食，禁奇装异服，禁给过客送礼，禁假公济私，禁苛派差役，正军法，慎狱法，立诉讼案卷，等等。甚至于一些很琐碎的小事，也写入了条款——如规定境内的公文一律使用廉价纸张，一些特殊的纺织品、头饰及甜食等都作为奢侈品而停止制造。

海瑞觉得《督抚条约》仍不够完备，又颁行了《续条约册式九条》，还发布了《改折禄米仓粮疏》、《谕道府州县毋听嘱托》等文告，发誓要肃清吏治。

然而事与愿违，海瑞不久便陷入了跋前踬后的沼泽，短短九个月之后，就无可奈何地辞去了巡抚的官职。

仓促干预农田所有权，却“剪不断，理还乱”，愈陷愈深而不能自拔，海瑞愤而辞官。

海瑞在任上碰到的最棘手的难题是农田所有权。他勇敢地冲进这片“禁区”，却“剪不断，理还乱”，愈陷愈深而不能自拔。

土地问题，一直是农业社会的焦点。中国封建朝代的更替，大多与土地的占有及分配状态有关。王朝末期，土地兼并现象严重，豪绅富户良田万顷，平民百姓无立锥之地，贫富差别悬殊，于是在“等贵贱，均贫富”的口号之下，爆发农民起义，推翻旧王朝，土地实行再分配，耕者有其田，社会趋向安定。但是日久天长，土地兼并又趋严重，达到不能容忍的程度时，又爆发农民起义。这样形成周期性的震荡，似乎是一个走不出去的怪圈。明太祖朱元璋出身贫民，熟悉土地问题的重要性和严重性，所以他当皇帝后，严厉打击豪绅富户，力争缓和这个社会基本矛盾。可是明中叶以后，旧病复发，土地兼并的问题又日趋尖锐，苏州、松江一带尤为严重。

海瑞自幼熟读儒家经典，“不患贫而患不均”的思想根深蒂固。他一向痛恨大户兼并土地，对井田制这一乌托邦制度推崇备至，著有数千言的文字，主张恢复井田制，认为它可以“返朴还淳”，“去盗绝讼”，使“贫富不相耀”，从而“天下之治可定”。早在他四十五岁出任浙江淳安县知县时，就制订了《兴革条例》，专门列出清丈土地的规定。如今他身为封疆大吏，正可一展夙愿，摧豪强，抚穷弱，夺富户之田交还给贫民。他懂得

"擒贼先擒王"的道理，先把矛头对准了境内最大的富户、退休在家的大官徐阶。

在海瑞一生的浮沉中，徐阶是个举足轻重的人物。他长海瑞十一岁，世宗和穆宗时曾为内阁首辅大臣，后来被另一位大臣高拱击败而落职还乡。当初徐、高二人党争的时候，海瑞是贬高誉徐的，而徐阶对海瑞更有救命之恩。那是嘉靖四十五年（1566年），海瑞因上疏骂皇帝而下狱，刑部拟判死刑，徐阶把这事压置下来，并劝皇帝宽以待人。可是这位于公于私都有交情的高官退休在家却不甘寂寞，纵容其庞大的家庭大放高利贷，鲸吞借款者的土地，占有的土地多达二十多万亩。当地百姓对此怨声载道。海瑞铁面无私，把投诉徐家的诉状转送徐阶，命令他退田，必须退还一半以上的田地。徐阶求情被拒绝，转而求托内阁大臣李春芳。李春芳写信给海瑞为徐阶说情，海瑞亦予以拒绝，同时逮捕了徐阶的弟弟除陟。民众拍手称快，徐阶只好"忍痛割地"。

此战告捷，海瑞信心大增，在辖区内鼓励民众告发富户占田，指定每月有两天专门处理这类案件，发动了声势浩大的清退田地的运动。在这一点上，海瑞太感情用事，操之过急，显然没有足够的政治经验，缺乏对民情世故的了解。大面积地干预农田所有权，和单独对付徐阶一个人，这是两件差别很大的事情，其码有三个因素是必须慎重考虑的：

第一，必须有一批精明强干的官吏组成专门的仲裁机构，以便调查取证，做出裁决。而海瑞下车伊始，手下根本没有可以信赖的官吏，他的严厉又吓走了一批虽不廉洁却富有办事经验的官吏，所以他基本上是孤家寡人，只凭个人升堂办案，怎么能处理得了那么多纷纭复杂的案件？

第二，清量南方的稻田是很困难的事情。自耕农时代，由于生产技术的限制，农田大多是小块小片，极少有大片相连的情况，即使是富户的土地，也是这里买一块、那里买一块，与自耕农的土地犬牙交错。海瑞出生在海南岛琼山县，他在文集中曾说自家的田产不到四十亩，却分成了九十三块，而且隔得很远。考虑到地形、测量工具、统计运算等技术因素，没有长时间的准备，不宜大规模提倡丈量土地，以免越弄越乱。

第三，奸人刁民是喜乱不喜静，希图乘混乱诬告他人而攫利。一旦煽动起情绪，鱼龙混杂，真假难辨，局面将难以控制。

海瑞满腔热情，主观愿望是好的，但是事情发展下去，连他自己也招架不住了：他每天要收到三千至四千件禀帖，公堂内状词堆积如山，海瑞实在看不过来，只好放火烧掉。一些刁民五六十人结伙成群，穿着囚服破帽沿街叫喊喧闹。《明史》海瑞本传即载："奸民多乘机告讦，故家大姓时有被诬负屈者。"

随着局面的混乱，官员们对海瑞的批评也日渐增多。沈德符说海瑞搞得"刁民蜂起，江南鼎沸，延及吴浙"。王樵说海瑞"不甚晓事，滥受词讼，以致民舍其穑事，争讼纷纭，往往为奸诈之地，遂以成风"。文人王世贞也匿名写了《柳跖告夷》一文讽刺海瑞。负责弹劾的官员更是迅速行动起来，向皇帝上书请求罢免海瑞。刑科给事中舒化一马当先，批评海瑞"不达政体"；吏科给事中戴凤翔收下徐阶的千金贿礼之后，立即上了一篇措辞严厉的长篇劾词，指责海瑞包庇奸民，不谙吏事，"鱼肉缙绅，沽名乱政"；为了置海瑞于"死地"，戴凤翔在劾词中还揭露了海瑞的家庭生活，说他在一天之内逼得妻妾二人自缢身亡，对妻妾都这么狠心，怎能不狠心对待平民百姓呢！

要求罢免海瑞的奏折接连飞来，吏部经过考虑，对海瑞下了"志大才疏"的评语，建议皇帝让他去担任没有实权的闲职。

海瑞哪里受得了这口气？与其闲置素餐，还不如弃官归去。他写了《告养病疏》为自己辩护，并愤而提出辞职。愤急中的海瑞，言辞尖刻，竟直言怒斥："今举朝之士，皆妇人也！"

此疏一传出，舆论顿时一片哗然。挨了骂的满朝官员都齐声惊呼：海瑞的痴劲儿又犯了！

海瑞骂了皇帝，一骂成名，从此也就成为令吏部很头痛的人物，如何安排他的官职颇费了一番周折。

五年之前，宦官黄锦就在世宗面前说过，海瑞此人“素有痴名”。

明世宗朱厚熜，也就是嘉靖皇帝，十四岁时即位，初时尚能励精图治，然而不久就变得喜好祥瑞，追求享乐，尤其崇信方术道士，不视朝政，长期深居西苑，专意于建斋醮，修雷坛，觅求长生不老的秘方。二十多年的时间内，他根本不在公开场合露面，不召见朝臣，只接近身边几个佞臣，听到的尽是阿谀奉承之言。朝中大臣都迎合世宗的嗜好，磨练写青词（一种用红笔写在青藤纸上、用于道教斋醮的骈文）的功夫，博得高官厚禄。像夏言、严嵩、徐阶，就都因为青词写得好，才入阁当了首辅。至于严讷、李春芳、郭朴、袁炜四人，更是撰写青词的专业户，人称为“青词宰相”。世宗有时半夜心血来潮，觉得某件事需要让天帝知道，便写个条子让太监送给在西苑值夜班的内阁大臣，命他们撰写青词。一次世宗养的一只猫死了，让儒臣撰词以醮，袁炜提笔写出“化狮作龙”一语，世宗大为欢心，重赏了袁炜。整个国家就在这种状态下过了四十多年，内忧外患愈演愈烈，北部有鞑靼势力频频入侵，几度危及京师；东南沿海倭寇肆虐成灾，人民深受其害。

正直敢言的大臣何以坐视不管？世宗即位之初，借“大礼议之争”大开杀戒，廷杖了一百八十余人，杀了十七人，一下子把大臣们给吓住了。但是还是有不怕死的，太仆卿杨最上书谏争，结果被活活杖死；御史杨爵上书极谏，被打入诏狱严刑拷打，受尽牢狱折磨。从此之后，没人敢再议论朝政，世宗自封为“灵霄上清统雷元阳妙一飞天真君”，更加沉溺于“紫极仙翁”的道士生活。

嘉靖四十四年（1565 年）十月，在一个北风凛冽的日子里，世宗忽然又收到一道奏疏，上奏疏的是一个小小的六品官，户部云南主事，名叫海瑞。世宗连一二品的大官都不认得几个，更不要说六品小官了。可是当他阅读奏疏时，脸一阵红，一阵白，一阵青，全身震颤不已。读完之后，他怒气冲天地把奏折摔到地下，回头对左右说：“立即抓住这个人，不要让他跑了！”旁边的宦官黄锦为了平息皇上的怒气，跪奏道：“这个人向来就有痴名。听说他上书时，自知必死无疑，便预先买了一口棺材，召集妻子儿女诀别，仆从都吓得逃散了。这个人是不会逃跑的。”世宗听后默默无语，过了一会儿又从地上拿起奏本一读再读。

这个奏疏就是大名鼎鼎的《治安疏》，又称《直言天下第一事疏》。文章开头说：“为直言天下第一事，以正君道、明臣职，求万世治安事”，随后条分缕析，以一针见血的词语指责世宗，说他是个愚蠢、刚愎、残忍、虚荣的皇帝，天下之所以“吏贪将弱，民不聊生，水旱靡时，盗贼滋炽”，都是由于皇帝的昏庸所致，皇帝负有不可推卸的直接责任。奏疏尤其抨击皇帝迷信方术，说那是自欺欺人、误国误民的荒唐举动。文中不但言及政事，也谈到皇帝的私生活，说他连人夫和人父的责任也没尽到，简直是个一无是处的人！而文中最为“惊心动魄”的是两句概括性的言语，一句是借用谐音，说人民穷困潦倒，把世宗的年号解释为“嘉靖者，言家家皆净而无财用也”；第二句话更为大胆，说“天下之人不直陛下久矣！”——“不直”，意思是不以之为是、不信任，这就是说，举国上下的人民很久以来就不相信皇帝了，对皇帝失去了信心。

这样的奏疏，世宗皇帝还从来没见过，而且他以前的历朝历代皇帝大概也从未见过。它的尖锐、激愤和唐突是极其罕见的，治疗陈病久疴要用猛药，海瑞在这里用的是最猛的“药”。这药使世宗苦得难以下咽，却又是那样切中症候，因为许多情况都是不争的事实，而几十年来却没人敢在皇帝面前披露只言片语！

海瑞出身举人，一定读过韩非的《说难》，知道君王有“逆鳞”，碰到它便有杀身之祸。可是不碰到它，又怎能引起君王的注意？索性“挑衅性”地大触逆鳞，来它个痛快！

这一石破天惊的举动，的确震撼了世宗的心灵。收到奏疏后很长一段时间内，他并没有处罚海瑞，心情显然是复杂而矛盾的：有时反省反省自己几十年的所作所为，觉得海瑞说的是披肝沥胆的真话，可比古代的忠臣比干；可是一想到“家家净”、“不直”等“詈君”的话语，怒火便难以抑制，痛骂海瑞是畜生。世宗在收到海瑞的奏疏之后，时常有些异常的举动，以至于连宫女都知道海瑞上疏一事。有一次，世宗动手打一个宫婢，宫婢竟然说："皇上挨了海瑞的骂，想拿我们出气吗?"

世宗的确想以恰当的方式来出气。在那段左右为难的日子里，它一定较为详细地向左右询问了有关海瑞的情况，黄锦也可能列举了海瑞以前种种的痴举，说这个字汝贤、号刚峰的"疯子"生在海角天涯的荒蛮之地，自幼丧父，两考进士不第，初授福建延平府南平县教谕，长官来学宫视察时，属吏都下跪迎接，唯独海瑞不跪，只作揖行礼，让众人愕然吃惊；后升任浙江严州府淳安县知县，穿布袍，吃粗粮，节俭勤苦，为母亲谢氏祝寿，只买了二斤猪肉；左副都御史鄢懋卿巡行郡县，海瑞说淳安县"邑小不足容车马"，拒绝接待，因而被参劾，谪任江西赣州府兴国县知县。在兴国执法极严，原南京户部尚书张鳌的儿子张豹因买木材而凌虐山户，海瑞秉公裁断，惩治了张豹。前不久由文选清吏司主事陆光祖推荐，海瑞擢升户部云南司主事，虽属中级官员，但系闲职，没有实际职权。黄锦根据海瑞的履历，介绍说：此人不甘寂寞，抗上有瘾，且不怕死，尤其是不怕死在皇帝手里，那正可扬名千古。

世宗信奉道家，自然熟悉老子的名言："民不畏死，奈何以死惧之。"可是被一个六品小官骂了个狗血喷头，着实咽不下这口恶气。经过几个月的反复考虑，他终于决定逮捕海瑞治罪。

翌年二月，海瑞被捕入锦衣卫监管的监狱，随即移交刑部定罪，刑部揣度圣意，议决对海瑞按儿子诅骂父亲的律例处以绞刑——这是对付谏臣的老办法，兵部武选司杨继盛就因弹劾权臣严嵩而死于这个罪名。但是由于徐阶从中调停，使世宗没有在刑部的建议上作任何批复。海瑞虽然暂时保住了性命，但不得不在狱中艰难度日。祸不单行，这时又传来了不幸的消息：长子海中砥、次子海中亮相继殇逝。

《治安疏》及海瑞的下狱，震动了朝野。大臣们对此意见不一，有人认为海瑞虽是忠臣，但语言过激，实为"詈君、不臣、悖道"；有人认为皇上四十年不理朝政，海瑞即便是有"骂"的嫌疑，也骂得对。不管如何评价，海瑞都已名闻遐迩，可谓一骂成名。

海瑞身陷囹圄，生死未卜。户部司农何以尚同情海瑞，上书世宗，请求释放海瑞。世宗一向敏感多疑，阅疏后雷霆大怒，不仅不放海瑞，反而把何以尚也抓押入狱，廷杖一百，昼夜刑锢。那刑具是个可怕的木笼，四面密布钉子，囚犯在木笼中，稍一转身动弹，钉子就会刺破皮肤。

嘉靖四十五年十二月十五日，狱卒忽然带着香喷喷的酒肴走进海瑞的囚室。坐牢已十个月、吃惯了粗劣饮食的海瑞，意识到这是临死前的“送行餐”，不禁有“解脱”的感觉，狂饮大嚼，神色不变。狱卒见状，便附在他耳边小声说道：“皇帝已经驾崩，新君不日即位，先生您马上就要出去受重用了！”

像历史上许多在押的大臣一样，皇帝的死是他们松绑出狱的天赐良机。十二月二十六日，新皇帝朱载垕（穆宗）即位，改年号为隆庆，随即实行大赦，海瑞被释放出狱，官复原职。

此时的海瑞已名满天下，仅仅是官复原职而不加提升，恐怕是难以显示新君的浩荡皇恩。可是如何安排他的官职，却是颇费周折。内阁大臣和吏部尚书都是一些久经官场的人物，他们从《治安疏》中推知海瑞勇有余智不足，知道他那躁急的性格无法容于按部就班的官场环境；他们知道海瑞以前最高仕至知县，而任知县时即时常与上司顶撞，其下属官吏也常抱怨他清廉得不近人情，如果安排他担任更大的实际职务，他能否驾驭得了呢？他们更担心，以海瑞的脾气，挟敢骂皇帝的威势，将不把别的官员放在眼里。这种种担心，使吏部尚书认定不能将实职授予海瑞。好在中国官场上早就发明了“明升暗降”这一法宝，即只升官阶而不让其负有实际的责任，这是一种屡试不爽、令当事人有苦难言的方法。

一旦选定了方式，老辣的吏部官员就能很轻松地“提拔”海瑞了。在短时期内，先后任命他为兵部主事、尚宝司司丞、大理寺右寺丞、左寺丞、南京通政司右通政，官阶由正六品而迅速升至正五品、正四品，连升两级。

可是海瑞却不吃这一套。他坚定地信奉经世致用的哲学：自己当初冒着生命危险上书嘉靖皇帝，正因为不甘寂寞，而希望争得实职实权以兼济天下，如果只是赚得空名虚誉，即使位至三公又有何用？海瑞打定主意，要向有关部门施加压力，讨回公道。

时间到了隆庆三年年初，按照规定，凡属五品以上的官员都应写出自我鉴定向吏部汇报。海瑞利用这次机会，写了《自陈不职疏》，文章的行文乃至措辞都很费了一番心思，大意说：隆庆皇帝赦免了我的死罪，又破格提拔我，我感激涕零，念念不忘报答皇帝的恩典，只是担心自己才疏学浅；尽管现任职务只是专门查看呈给皇帝的文书，既无财权，又无人事管理权，但是自己连这样一个官职也干不好，所以不如干脆把我革职。

经历了狱中的岁月，海瑞似乎也若有所悟，并非一味直得不转弯。这篇自我鉴定，即有与对方斗心眼、出难题的痕迹，它用很谦虚的语言却又毫不客气地告诉吏部负责人：如果你们真把我这样一个名满天下的谏臣革职，那么你们要担心社会舆论的压力；如果你们不敢把我革职，那就干脆给我实职实权，别再给我玩那套明升暗降的把戏。

吏部对海瑞阳奉阴违，海瑞则向吏部讨价还价。

双方经过短暂的对峙，最后由吏部做出让步。当年夏天，任命海瑞巡抚应天十府。

这是个异乎寻常的决定，它可能大大超过了海瑞预计的目标。因为巡抚属于独挡一面的大官，一般均由进士出身的官员担任，举人何敢妄攀！而海瑞却扶摇直上，以举人的身份坐上巡抚的高位，而且其辖区又是全国最繁华富庶的地方，这个地方一向难于治理，大政治家张居正在与别人的信函中，就曾说这里是“鬼国”，“其乡人最为无赖”。治理这样的地方，仅凭热情和蛮干是不行的，要紧的是善于因势利导。

由于历史资料的缺乏，今天已很难弄清吏部官僚为什么一百八十度大转弯，将这样的“肥差”交给海瑞。吏部不乏善用心计的人，或许他们故意把“鬼国”交付海瑞，等你在那里弄得人不人鬼不鬼的时候，再免你的职，看你还有什么话好说！

海瑞却无暇细思其中的陷阱，毫不犹豫地上任去了。九个月之后，在一片弹劾声中，海瑞被迫写了辞职报告，这时他才回过神儿来，满腔的愤恨无处发泄，便模仿南宋的胡铨，不问青红皂白，把满朝官员都斥骂为

“妇人”。过去是骂皇帝，在许多人看来已是“大逆不道”；而今又把满朝官员一概骂倒，这种极端的狂傲之气使他在官员中失去了普遍的同情——上自宰辅高拱，下至乡官何乔远，都对“举朝皆妇人”的说法耿耿于怀。高拱任命进士出身的保定巡抚朱大器接替海瑞的职务，朱大器请求高拱指点迷津，高拱在给他的信中，特别强调不要像海瑞那样“过激不近人情”。海瑞在文官集团中种下了这样的印象，这就使他的复出变得“道阻且长”——整整十六年之后才重返官场。

昔日陶渊明辞去彭泽县令，心情舒畅地写下《归去来兮辞》，“舟遥遥以轻飏，风飘飘而吹衣”，一派自由欢快的神色；如今海瑞被免去巡抚之职，愤恨交加地写下《告养病疏》，极不情愿地称自己“外强中惫，衰弱为甚”，一肚皮的牢骚和无奈。清廉刻苦的为官生活使海瑞的行装打点起来颇为容易，他两袖清风，迅速离开了苏州，返回家乡琼山——时间在隆庆四年四月。

张居正比海瑞小十一岁，政治上却老到得多。得罪了铁腕人物张居正，海瑞的复出之路变得遥远而漫长。

琼山县在海南岛东北部，南渡河下游，虽属荒凉瘴疠之地，历史却十分悠久：汉时置朱卢县，唐代改为琼山县，明时属广东省琼州府管辖。明洪武十六年（1383 年），海瑞的五世祖从广东番禺县迁至琼山定居。

那时的琼山县经济落后，而且民族矛盾十分尖锐，五指山中的黎人常与汉人仇杀。弘治十四年（1501 年）、嘉靖二十年（1541）和嘉靖二十九年，明王朝曾三次派军队征伐黎人，但收效甚微，琼山形势仍动荡不安。

海瑞在家乡的闲居生活是苦闷而压抑的。首先，他不是个达观潇洒的文人，不能通过模山范水、吟诗作词来消解心中的郁思。远的不说，仅自唐代以来，许多官吏都有遭贬的经历，如白居易、韩愈、柳宗元、刘禹锡、苏轼等人，他们都能用诗歌和山水来化解愁苦，寻找新的兴奋点和心灵寄托。尤其是柳宗元，长期的贬谪生活反倒成就了他的山水游记。可是海瑞却不是这样的文人，他是一个纯粹的仕进者，“身在江湖，心在魏阙”，永远只关注于政治。白居易、苏轼式的旷达与他无缘，“老骥伏枥，志在千里”的心态更适合他的口味。在他乡村简陋的房子里，没有山水画等艺术装饰品，只有一个写有“忠孝”二字的立轴，彰示了海瑞的追求。按照儒家的伦理道德，尽忠的最好方式就是“学而优则仕”。所以“两个黄鹂鸣翠柳，一行白鹭上青天”的景色是海瑞所不屑一顾的，他集中关心的是“致君尧舜上，再使风俗淳”。因此，他无心欣赏海南的阳光和沙滩、棕榈和海涛，倒是乐意独自呆在屋里对着“忠孝”二字苦思冥想。

精神生活的单一化，使海瑞无法排遣闲居的空虚和寂寞；而不幸的家庭生活，又使他雪上加霜。海瑞虽结过三次婚，并有过两个小妾，但没有一个女人能与他和谐相处，均以悲剧而告终：第一个妻子许氏，生下两个女儿之后，因为不得婆婆的欢心而被休弃；第二个妻子潘氏，结婚不到一个月便因同样的原因被逐出家门；第三个妻子王氏自缢而死，死得不明不白（戴凤翔等政敌曾以此为把柄指责海瑞）。王氏和小妾邱氏先后生过三个儿子，但都不幸夭折。儒家常说“不孝有三，无后为大”，如今海瑞失意回乡，身边竟没有一个亲近之人可以诉说衷肠，这种痛苦有时可能比罢官还要难受！儒家还有一句话：“修身齐家治国平天下”，海瑞在“齐家”这个环节上做得很糟糕，以至于他的政敌曾公开说：海瑞连家都“齐”不了，怎么能“治国”？

对这种不幸的家庭生活，海瑞应负有责任；细究起来，他的母亲谢氏也难辞其咎。

父亲海瀚死的时候，海瑞才三岁。二十七岁的谢氏守寡，含辛茹苦把独生子海瑞养大。她略通书史，曾向幼年的海瑞口授《孝经》、《中庸》诸书，对儿子管教极严。海瑞的刚强正直，也与母亲的性格与教养有关。谢氏自二十七岁孀居，此后始终未改嫁，与海瑞相依为命，一直到万历三年（1575 年）病逝，享年八十六岁。守寡整整六十年，而且儿子又曾任巡抚这样的高官，按理应该旌表为节妇，可是却没能获得这一荣誉，这个问题颇值得注意。《明史》海瑞本传对此只字未提，地方志以及有关文集、笔记（如朱国桢《涌幢小品》卷二、周果《琼山县志》卷二十）虽略有涉及，但多为海瑞避讳，提不出具有说服力的理由。虽然现今缺乏实证材料，但是按照心理学的观点，似可做出如下的推想：长期守寡的妇女视儿子为生命，不能接受儿子因娶妻所带来的感情转移，势必虐待儿媳，阻挠其夫妻感情，以夺回儿子对自己的爱。婆媳关系不易处，矛盾的原因虽不能一概而论，但两个儿媳都因与谢氏不合而被休弃，第三个儿媳的死因似也与谢氏有关，如此看来，谢氏显然是不能容忍任何一个女人作儿子的妻子。她刚强的个性和几近变态的心理，是引起家庭纠纷的主要原因。孟子说："仰则事父母，俯则畜妻子"，这一"仰"一"俯"已透出玄机，而其后曹植更明白无误地说："父母且不顾，何言子与妻。"海瑞无论遇到什么情况，都要无条件地服从母亲，不惜以一次又一次的婚姻破裂为代价。

五十七岁的海瑞，身边没有子女，没有夫人，只有八十一岁的老母，还有祖传的四十亩土地赖以糊口，这就是海瑞在琼山县的生活概况。

在此后的日子里，海瑞也并非没有东山再起的机会，但是不幸的是，他又和实权人物张居正搞坏了关系。

隆庆六年五月，穆宗皇帝病卒。六月，穆宗的第三个儿子朱翊钧（神宗，年号万历）即位。新皇帝年龄只有十岁，需要内阁首辅主持朝政。大学士们无不窥视首辅的职位，吏部尚书兼武英殿大学士张居正棋高一招，他联络宦官头目冯保，赶走了高拱，自己一跃而坐上了首辅的宝座，而且一坐就是十年，中间他父亲死了也不敢弃官回家守丧，一直实行铁腕统治。

海瑞那个时期，正是明朝历史上名人辈出的时期：政治家高拱、张居正，军事家戚继光、俞大猷，文学家归有光、吴承恩、李攀龙、徐渭、王世贞，思想家何心隐、李贽，水利专家潘季驯，医学家李时珍。然而就当时的影响而言，没人能超过张居正。他比海瑞小十一岁，在位时进行了一系列的改革，但他比海瑞谙熟政治策略，又值皇帝年幼，所以位置一直坐得很稳。

新皇帝一即位，就有人为海瑞鸣不平。吏科给事中雒遵（这位也是心直口快，后来因向万历皇帝上《酒色财气四箴》而削职为民），首先上书推荐海瑞，但吏部前不久刚刚免了海瑞的职，不可能这么快就自相矛盾，于是回复说："海瑞秉忠亮之心，抱骨鲠之节，天下信之。然夷考其政，多未通方，只宜坐镇雅俗，不当重烦民事。"尽管初次受挫，但海瑞并没有失望，他写信给张居正，表明复出的愿望，希望他主持公道。

有两个原因，可以使海瑞与张居正结成"盟友"。第一，张居正推行"一条鞭法"，而海瑞早在担任知县时，就曾力行此法，二人在这方面有相同之处；第二，徐阶、高拱争斗时，海瑞站在徐一边，高拱后来任首辅，罢了海瑞巡抚的官职，而张居正取代高拱之后，完全有理由为海瑞"平反昭雪"，使海瑞官复原职。

然而就本质而言，张居正与海瑞不是一路人。海瑞古直而节俭，张居正则矫饰而奢侈。这时张居正立足未稳，不想让一个肆无忌惮地提意见的人来危及自己的政治地位。于是他写了《答应天巡抚海刚峰》：

> 三尺之法不行于吴久矣。公骤而矫以绳墨，宜其不能堪也。讹言沸腾，听者惶惑。仆谬忝钧轴，得与参庙堂之末议，而不能为朝廷奖奉法之臣，摧浮淫之议，有深愧焉。

这封信是老吏"文字办公"的范文，它简短而婉转得体，表面上夸赞海瑞是奉法之臣，实际上却责备海瑞是鲁莽之人，最后表达一个客气而冷峻的拒绝：爱莫能助。张居正曾用这个办法拒绝过许多人向他讨官，比如与他同年考中进士的王世贞，是当时著名的散文大家，盼望做尚书，所以主动靠拢张居正，既为他的父母作寿序，又赠送了很多礼品；可是张居正认为王世贞有文才而无吏能，最终只写了一封短信，说："才人见忌，自古已然。吴干越钩，轻用必折；匣而藏之，其精乃全"，轻描淡写地把王世贞打发走了。

海瑞自然读懂了张居正信中的意思，以他倔强的性格，决不会第二次再求张居正，而且逐渐成为张居正的对立面。这中间发生了两件事，使张居正十分怨恨海瑞，决定冻结他的复出之路。

第一件事发生在万历二年（1572 年）。这一年将要举行会试，由大学士吕调阳任主考官，而张居正的儿子张敬修参加此次考试，引起众说纷纭。科场到了明中叶，早已不是“净土”，以权谋私的现象极为严重。张居正当国，他儿子考个进士还不如探囊取物？人们深知其中的“猫腻”，却敢怒而不敢言。关键时刻，又是海瑞出面，写了一封信给吕调阳，直言其事，劝告他要秉公取士，不可徇私。此时海瑞虽是个“下台干部”，但《治安疏》、《告养病疏》的余波仍然威风八面，吕调阳不敢小视，而初掌权柄的张居正还未达到一手遮天的程度，所以吕调阳似乎是听从了劝告，这次考试张敬修名落孙山。张居正觉得丢了颜面，下令停止是科的“馆选”以示报复。三年之后的会试，他的次子张嗣修以一甲第二名（榜眼）及第；再下一次会试，第三子张懋修又高中状元。“炙手可热势绝伦”，海瑞的谏书，只会刺激张居正以更凶悍的方式我行我素。

第二件事发生在万历五年。是年张居正父死，按照礼节，他应辞官守丧三年。权力一旦交出三年，后果难以预料，张居正断不会因此铸成大错，决定带孝执政——儒家对这种做法有一个专门的称呼，叫“夺情”。张居正的夺情，引起轩然大波，戚继光等人坚决支持，邹元标等人则激烈反对。文官集团备受张居正的压抑，好不容易遇上“天赐良机”，却被“夺情”冲散，于是一篇又一篇疏斥张居正的文章出现了，人们希望形成强大的社会舆论，迫使张居正下台。琼山县远离京师，海瑞知道此事较晚，而且历史资料未见他有何反应。可是他根本想不到，有人竟假冒他的名义，上疏弹劾张居正。这个人叫吴仕期，安徽宁国人，义愤填膺欲讨伐张居正，可又觉得自己没有声望，便采取“拉大旗，作虎皮”的招式，以海瑞的名义拟疏指斥张居正贪图禄位，不尽孝道，不忠不义，并矫旨罢张居正官，以平稳舒适的车子征召海瑞进京为相。这篇“伪作”一出，竞走俏江南，更有好事者推波助澜，又将奏疏、圣旨一起印行，广为散发。吴仕期玩得固然痛快，但玩得破绽百出，尤其是虚构圣旨一事，正好为张居正下杀手锏留下了堂堂正正的借口。事情很快被查明，吴仕期下狱而死。张居正不肯善罢甘休，乘机株连众人，警告政敌和“酸儒”不得对“夺情”说三道四。这件事虽与海瑞无关，但张居正由此得知：海瑞“沽名卖直”，在地方官吏和民众中影响很大，一旦局势有风吹草动，海瑞极易被人利用，所以海瑞是一个潜在的政敌。

既然如此，张居正不喜欢海瑞，也就是“顺理成章”的了。史书记载，他曾派巡按御史去琼山侦察海瑞的动静，御史来到山村，见海瑞杜门不出，专心于读书研史，又见海瑞生活极为简朴：屋内空空荡荡，只有四五列书橱，墙上“忠孝”的字幅尤为醒目；斋西有个小菜园，有两三个小童种植瓜果蔬菜；院内只有十多棵铁树，几竿翠竹。这位御史虽早已风闻海瑞清廉，但实地考察之后，还是被眼前的情景感动得连连叹息，当他回去向张居正复命的时候，良心不允许他陷害海瑞。

在张居正执政的日子里，推荐海瑞的奏疏一直没有断过，但张居正一概置之不理。

赋闲的日子格外漫长，可是化作历史传记之后，竟是出奇的简短，寥寥几个字就带过去了。不过，研究海瑞，这十几年的生活却不可忽视，因为在此期间他写了大量的书信、序文、墓志铭等，整理了自己的文稿。虽然身居山林，免职在家，但毕竟曾为巡抚，再加上他独特的名气，所以地方官对他比较敬重，并时常向他询问有关政事。海瑞乐此不疲，还时常主动提出建议。琼州分道按察副使唐可封（号敬亭）即曾多次请教海瑞，海瑞写了《奉分巡道唐敬亭》、《复唐敬亭》等四封信，认为治理民众的关键在于清丈土地、平均赋役，论述了清丈土地的方法，讲述了自己在淳安、兴国、应天丈量田地的经验教训。这些后来收入《海刚峰先生集》的文稿，都是研究海瑞经济思想的翔实资料。

可是深入研究海瑞的经济思想，结果却是悲观的：海瑞在清正廉洁上堪称巨人，在财贸经济上却是个矮子。

如前边所述，他迷信井田制，企图用复古的手段来解决日益更新、日益复杂的现实问题，这本身就走进了一条死胡同。更为严重的是，他很少把财政和经济问题当作财政和经济问题来看待，不研究方式和策略，而只想用一时的政治力量去解决存在的问题，这就势必出现“好心办坏事”的情况——他在应天巡抚任上干预农田所有权的惨败，即是明证。

另外，海瑞还犯了一个错误：他把个人俭朴清苦的标准强加给整个社会，实行极端的经济紧缩手段，抑制消费，窒息经济的增长。

明太祖朱元璋靠农民起义起家，他建立的一套政治经济制度，完全在于维持农业社会的俭朴风气，当时全国的文官仅有八千，而且官吏的俸禄微薄到只能供一家人糊口。后来又借胡、蓝之狱大肆诛杀官僚、乡绅、富户，使本来就不多不强的集团型经济资本，又都返回到零碎的自耕农状态。在金融制度上，朱元璋也十分落后，他禁止使用金银这种方便的流通方式，而下令发行宝钞，它既不能兑现，又不能用以交纳田赋，根本就无法周转使用，结果不久就沦为废纸。朱元璋又想到铸造通宝铜钱，可是他对铜钱的认识以及管理水平，甚至比不上一千多年前的汉武帝。大量劣质的铜钱充斥于市场，人们拒绝使用它，造成通货紧缩，商业萧条，于是人们转向偷偷地使用碎银进行交易。这种地下交易，带来的问题更多，最直接的作用是唤醒了高利贷者的贪婪，使土地又走向兼并的旧路。

尽管这套财政制度极不合理，但朱元璋靠着他的政治威势，还能控制局面。后来几个皇帝，尤其是自明武宗之后，一个比一个荒唐不理政事，使得中央对经济的干预力量大大减轻，朱元璋规定的制度被涤荡殆尽，明中叶时官员已扩大到两万人，官员的明暗收入也已翻了几十倍。政治的腐败固然不是好事，但在相对的一段时期内，它倒可能给先进的经济方式松绑，为经济发展提供契机。嘉靖以后，国家折银征收赋税，地租形式也由实物向货币过渡，政府开始公开承认先进的财政制度，货币体系发生了很大变化，由此带来了产业结构的调整及外贸的进展。例如白银的开采，国内出现了大批矿工，戚继光在浙江招募的三千士兵就大多是银矿矿工；国内白银供不应求，转而外求，墨西哥的白银便经菲律宾输入中国，同时美洲的玉米、烟草，以及吕宋的番薯等农作物也结伴而来，一定程度上改变了传统的农业格局。有了货币和贸易，商业就红火起来，经商成为时髦的行业，大小官员也抛弃了四品以上官员禁做买卖的清规戒律，顾不上什么身份、地位，竞相投入经商逐利的澳流。

史家常称明中叶后出现了所谓的“资本主义萌芽”，这种萌芽即破土于封建政治的松弛乏力。在这里，不妨多说几句，暂时离开海瑞，看一看明代《三言二拍》等商业、世俗小说——《醒世恒言》中，就有这样一段故事：

> 且说嘉靖年间，苏州盛泽镇上有一人，姓施名复，浑家俞氏，夫妻俩口，别无男女，家有机杼，以养蚕织绸为生。一来二去，不几年，增加了三四张绸机，光景过得饶裕。邻里送他个外号叫施润泽。施润泽仍是苦心经营，也是时运不错，不上十年，积下了千金家私，又买了左近一处大房住处，开起三四十张绸机，又讨了几房家人小厮，把个家业收拾得十分完美。

这段开场白，描绘了一个“企业家”的发家史，由一个小小的手工业者上升为一个拥有百名雇工的手工工场主，社会地位也大幅度提高，以至于邻里送他个雅号叫润泽。其实，在苏州、松江等地，这种情况比比皆是。当时苏州是纺织中心，织机多达万台，工匠多达五六万人，已形成一个庞大的劳务市场。无长期雇主的工匠，黎明即站在花桥、濂溪坊、广化寺桥等处等待雇主。小说中所写的盛泽镇并非虚构，实有其地，那里明初还是个只有五六十户人家的小村子，可是随着丝绸业的发展，嘉靖以后已一跃成为拥有五万人口的大镇。此外，在棉纺中心松江，制瓷中心景德镇，手工业和商品经济也相当发达。

商品经济的繁荣，带来生活水平的提高和社会风气的变化。昔时妇女荆钗布裙，衣着朴素，而嘉靖以后，讲究绫罗绸缎、雍容华贵了；过去宴请客人，四菜一汤已是高规格，这时却发展到八碗、十二碗、十六碗了；以前只有文士才配得上起雅号，如今普通百姓、商人也不妨有个别号潇洒一番（施复即号润泽）；往时帝王将相、达官贵人垄断了社会空间，现在珠宝商人、丝绸场主、药店掌柜、当铺老板乃至于卖油郎、烟花女，都活跃在社会舞台，成为时代的弄潮儿。遍读中国古代各个时期的小说，就人物的衣着打扮、饮食水平来说，明代小说给人的印象最深。小说虽有虚构的成分，但它毕竟源于生活。明中叶以后的商品大潮、享乐思潮以及“高消费”的生活方式，确实刺激了经济的发展。尽管这中间难免有官吏的贪污受贿，有经济法规的空缺与混乱，有奸商的欺诈牟利，有市民的唯利是图，还有其他一些消极因素，但总起来看，经济制度和生产技术都有进展，人民的生活水平也有较大的提高。

遗憾的是，海瑞只盯住了其中的奢侈、享乐、贿赂、逐利，进而全盘否定这种经济走势。他抱定农业是本、商业是末的观点，一意重农，痛恨因经商谋利而带来的人心不古、道德滑坡，决心用严厉的克勤克俭来遏制奢侈消费的热潮。然而他矫枉过正了，留心阅读一下他在应天下车伊始所公布的《督抚条约》三十六款，发现俭朴节约已被强调到不近人情、刻薄可笑的程度。例如过去的公文习惯上在文后都留有空白，海瑞认为这是浪费，下令废止，并且所有公文均使用廉价纸张；稍为高档一些的生活日用品，像忠靖凌云巾、宛红撒金纸、大定胜饼桌席，还有一些新颖别致的纺织品，都被列为奢侈品而严禁制造。要知道，在苏州、松江一带禁止制造高档的纺织品，这无异于烈性自杀、自断财路。俭朴固然是一种美德，海瑞也是率先垂范，但是作为一个行政官员，不能责成整个社会经济都向他个人的标准看齐。也许海瑞永远也无法懂得：没有消费就没有生产。

至此，我们或许更能明白，为什么海瑞在应天任职只能是昙花一现。让一个小农经济意识极度浓烈的人去管理一个商品经济高度发达的富庶地区，其结果是可想而知。

因此，海瑞的免职，对他来说可能是不幸，但对江南地区却是大幸——请原谅对这位赫赫有名的清官说如此不恭敬的话，因为个人道德是一回事，财政管理和社会效果又是一回事。

海瑞在五指山下闲居十余年，本来有机会反思自己的失误，但是独学无友的他孤陋寡闻，他可能只关注于儒家的“忠孝”之书，而对《管子·侈靡篇》等诸子百家的著作不屑一顾；他固执地认为：举世皆浊己独清，是皇帝和满朝“妇人”般的官员跟他过不去，是境内的刁民奸商跟他过不去，而他本人却不负任何责任——从他的文章以及他再次复出的情况来看，事实就是如此。

万历十年六月，张居正病死。万历皇帝听从太监张诚的弹劾，下令剥夺张居正的赠谥，籍没家产，子弟戍边。形势陡转，有人预料：海瑞被张居正压了十几年，现在可能要反弹回来了！

桑榆未晚，大器晚成，六十九岁的海瑞仍憧憬着美好的未来，沸腾着再立新功的热望。

重返政坛，海瑞又因上疏请求恢复酷刑，羞辱救命恩人，杖打御史，遭到猛烈非议。

然而事情并不顺利。又拖了三年。海瑞才重返政坛。

接替张居正任内阁首辅的是东阁大学士张四维，此人一向谨小慎微。另一位文渊阁大学士申时行，正像他的姓名一样，最善于审时而行，他不希望快速启用海瑞，以免海瑞在本来就乱哄哄的朝政中再惹事生非。所以，直隶巡按御史王国、兵科给事中王亮等人对海瑞的疏荐，都交付吏部之后束之高阁。直到万历十二年十二月广东巡按御史邓錬上疏再荐，皇帝才下旨起用海瑞。

同月二十六日，吏部拟定海瑞补通政司左通政，但是皇帝觉得既然起用这位享有声誉的直臣，就应起码不低于罢官前的职务，便下令查与海瑞原任南京右佥都御史的相应缺官补之。次年正月十六日，朝廷正式下令起用海瑞为南京都察院右佥都御史。二月十一日，又改任为南京吏部右侍郎。接受以前的教训，这次朝廷没再授予巡抚那样的实职，而任命书的朝令夕改，也足见对海瑞的安排颇费琢磨。大学士申时行还不放心，又专门给海瑞写了一封信，含蓄地表示这次起用只是顺应舆论的要求，并非看中他的才干，希望他在"久居山林"之后能理解朝廷的苦心，安心当一名点缀性的有名无实的官员。

可是海瑞不能理解朝廷的苦心，接到任命之后不作任何谦让，毅然就要北上赴任。有人劝他应有所谦辞礼让，他很不以为然地说："主上有特达之知，臣子不可无特达之报。区区虚袭，奚取焉！"

二月二十八日，七十二岁的海瑞由琼山海口镇启程北上，三十日渡过琼州海峡至雷州半岛，三月末至南韶，四月七日至英德县。一路急行军，颇有“即从巴峡穿巫峡，便下襄阳向洛阳”的势态。五月二日到达江西赣州，南赣巡抚贾待问派遣大船护送，自湖口行船经二日抵达南京郊外的上新河。两个多月的旅途劳顿，又兼年事已高，海瑞身体疲惫，双足生疮，再加上冠服还未准备妥当，便在上新河一带稍事停留，直到五月十二日才正式到南京吏部衙门办公。

此次赴任的历程，海瑞在文集、日记、书信中都有详细记载，足见他十分看重这次复出，并没有折损锐气。可是毕竟“廉颇老矣”，年龄不饶人，他在一些书信中也流露出“知其不可而为之”的悲观情绪，《复汪渠瀛广东巡按》一信中就有这样一段话：

> 主恩三四及矣，如天之高，并地之厚。然瑞今年何年耶？古人致仕有期，而今过其二。杜少陵之齿发，自料曰意深辞苦，瑞之谓矣。况人情世态，见知于一时，焉保有终于后日？汉魏桓谓宫女千数，其可损乎？厩马万匹，其可减乎？触类而长，小小补塞其罅漏，或不如不为之为愈也。

信中对自己已过了退休年龄仍出山为官，表示了“只是近黄昏”的无奈；更借古喻今，影射万历皇帝迷恋女色和畋猎，是一个无可救药的君王。

好在还有“鞠躬尽瘁，死而后已”的古训，海瑞认为仍可放手一搏。

只是南京吏部右侍郎一职，实在是一个有职无权的闲官。靖难之役后，明成祖迁都北京，南京成为陪都，虽保留原有的中央机构，但已完全成了陪衬角色，恰似官员俱乐部。没有事做，对海瑞来说是最痛苦的，他不甘寂寞，到任不久即拟定和张贴《禁革积弊告示》，仍一如既往要肃清吏治。不过今非昔比，失去巡抚的头衔，海瑞的这些告示更是寸步难行。

愤激之下，海瑞想到了法律和惩罚，希望用严刑酷法来惩治贪吏，力挽颓风。昔日曾给嘉靖皇帝上《治安疏》，给隆庆皇帝上《告养病疏》，现在海瑞又打定主意，给万历皇帝上了《一日治安要机疏》。

这奏疏又一如既往地引起轩然大波，因为疏中提议：杜绝官吏的贪污，酷杀最为便捷有效；特别谈到明太祖当年的重典，对贪官处以枭首示众并剥皮实草的极刑，凡贪污受贿八十贯钱以上的官吏处以绞刑，要把这些惩罚条例运用在当今。

这一提议令人毛骨悚然。它的提出虽有一定的偶然性，但却真实地反映了海瑞的法律观念：如同他的经济思想一样，其司法观念也是泥古不化的，他乐于把朱元璋规定的条例奉为金科玉律。而朱元璋的那些“科”那些“律”都是随意性很大的，根本说不上是法律意义上的法律。封建时代人治胜过法治，这是不争的事实，我们不能苛求海瑞在这方面有明智的见解，读读其文集中有关司法的部分，不难发现他分不清人权与产权的区别，法律与伦理道德的区别。像历史上许多清官一样，他也喜欢处理诉讼，却又采用排中律的办法简单地断定“善”和“恶”，用抽象的道德取代法律，而不是关注真正的“合法”或“非法”。在文集中，他声称可以凭直觉按善、恶的标准轻松判定所有诉讼中的一多半，那些少数有争议的疑难案件，也有斟酌的标准，这标准是：

凡讼之可疑者，与其屈兄，宁屈其弟；与其屈叔伯，宁屈其侄。与其屈贫民，宁可屈富民；与其屈愚直，宁屈刁顽。事在争产业，与其屈小民，宁屈乡宦，以救弊也。事在争言貌，与其屈乡宦，宁屈小民，以存体也。

这是海瑞的得意之作和经验之谈。当他坐在办公椅上把惊堂木一拍，大声宣告裁决结果的时候，其公正性和合理性又怎能不令人怀疑呢？

海瑞斟酌疑狱的标准，对于饱读圣贤经传的文官们来说，或许能够接受，甚至提不出什么异议。但是当海瑞过激到要袭用旧典大开杀戒的时候，一向标榜“仁者爱人”的文官集团怎能坐视不管?！万历十四年三月，山东道监察御史梅鹍祚率先发出弹劾奏疏，指责海瑞“侈谈高皇帝剥皮囊草之法者，以清平之世，创闻此不祥之语，岂引君当道志于仁者哉！”皇帝经过权衡，采取各打五十大板的办法化解矛盾，将“轻率渎奏”的梅鹍祚“罚俸二月”，亦批评海瑞“条陈重刑之说，有乖政体，且指切朕躬，词多迂戆”。

虽然没被弹劾倒，但看到皇上所下的“迂戆”的评语，海瑞心里很不是滋味，也颇不服气。其后不久，他升为南京右都御史，尽管这是个“即京中人从来未知右都御史为谁氏”的闲官，但他还是兢兢业业，颁布了《夫差册》以均徭役，力图有所作为。为了整肃吏治，他还惩治了一个坏典型，又引起议论纷纷。

这个“坏典型”是个御史，他在家里摆宴，请来伶人排戏助兴。海瑞得知后，把他传唤到堂，宣布明太祖的祖制，说他应受到杖责。诸位御史听了都面面相觑，因为这类事情在南京相当普遍，根本犯不着小题大做。海瑞不听他们的辩解，强行杖打了那个御史。一时间舆论哗然，众官吏大多同情那个御史，说海瑞胶柱鼓瑟，用刑有瘾。

海瑞确实是执法的模范，但有时太僵硬，僵硬得完全不近人情。户部司农何以尚，曾因上疏救海瑞而入狱受刑，当海瑞复出就任南京吏部右侍郎时，何以尚以部郎的身份去谒见上司海瑞，海瑞不但不热情相待，反而按法规摆出上级的架式，自己坐在正座上，给何以尚在角落里安排了座席。何以尚大为气恼，说：“如果比较名份官位，当然是该如此。可是当年我曾仗义相救，你难道就不能用对待客人的礼节对待我吗?”海瑞表示坚决不行。何以尚拂袖离去，甩给海瑞一句春秋时代郑庄公曾说过的话：“不及黄泉，无相见也。”这句话在南京广为流传，严厉地针贬了海瑞的绝情与古怪。如果海瑞再度入狱，相信何以尚再也不会去做从前的“傻事”。

上疏请求恢复酷刑，羞辱救命恩人，杖打御史，这一连串事件使海瑞又成为南京的新闻人物，引来强烈的争议。梅鹍祚上疏后一个多月，提学御史房寰、给事中钟宇淳又上疏抨击海瑞，言辞更为激烈，说海瑞“欺世盗名，诬圣自贤，损君辱国”，一无是处。看来房寰从海瑞的奏疏中学到了骂倒一切的“气概”，用来“以毒攻毒”。

房寰的参劾如此耸人听闻，吏部不得不参与辩论并作出答复，皇帝也批准了吏部的建议，认为海瑞“当局任事，恐非所长，而用以镇雅俗、励颓风，未为无补，合令本官照旧供职”。

“迂戆”和不能“当局任事”的评价，太令海瑞难堪了。虽然仍留在任上，但感到脸面全无。此时他似乎应该明白，自己这一次的出山，是个不幸的选择，倒不如终老山林来得利索；他终于明白了，朝廷根本就不承认他有才，而只是利用他这位老臣、直臣来表明圣上的宽容和优待；他恰似插放在花瓶中的一枝枯萎了的花朵，惹人厌恶，而“主人”出于种种考虑又不便丢弃它。

回首平生的坎坷，海瑞酸楚满怀。他已身心交瘁，决意退休。

一连写了七次辞呈，都未被皇上恩准。

还要不要写第八次？时间已不允许这样做了。万历十五年十月十三日，七十四岁的海瑞卒于任上，生命和事业同时走到了终点。

海瑞身边没有亲人，官方派人为他料理后事。南京都察院佥都御史王用汲收集海瑞的遗物，见竹箱中只有俸金十几两、葛巾一条、旧衣数件而已，比一般寒士还要贫困。王用汲感动得流下眼泪，募集资金运送海瑞的灵柩归琼山安葬。

朝廷得知“噩耗”，长长地舒了一口气，庆幸甩掉了一个包袱，从此再也不用为挽留一个不想挽留的老臣而惺惺作态了。诏令下达，慷慨地赠海瑞为太子太保，谥曰“忠介”。

平民百姓尊重这位“不怕死、不爱钱、不立党”的清官，身穿白色丧服为海瑞送行，哭祭声百里不绝。苏州人朱良知作挽诗道：“批鳞直夺比干志，苦节还同孤竹清。龙隐海天云万里，鹤归华表月三更。萧条棺外无余物，冷落灵前有菜羹。说与旁人浑不信，山人亲见泪如倾。”

商人、画师也加入了悼念的行列，只是他们更善于“化悲痛为金钱”，绘制并销售海瑞的肖像，一幅肖像画售价五钱，供不应求，许多商人和画师因此而发家致富。海瑞毕生仇视商业行为，他永远想不到他的死会给某些人带来这么大的商业利润。

对海瑞的“清”，我们充满敬仰；对海瑞的“官”，我们不敢恭维。海瑞是中国的堂吉诃德吗？

人死了，棺盖了，结论却难以确定：海瑞一直是一个争议纷纭、充满毁誉褒贬的人物。但是无论如何，海瑞的一生都是一场悲剧，而且是诸种悲剧的汇合。

他的悲剧是社会悲剧。明朝的灭亡，主要源于皇帝昏庸和党派斗争，这两个祸根均形成于明朝中期。海瑞生于正德八年（1514 年），那时明武宗已开始大踏步地败坏朝政，随后登基的嘉靖皇帝又以四十几年如一日的荒唐糜烂了帝国的各个角落，隆庆皇帝尸位素餐，接下来的万历皇帝又是一个昏君。阉党与朝臣之争，夏言与严嵩之争，徐阶与高拱之争，高拱与张居正之争，明朝的党争此起彼伏，愈演愈烈。在封建政治的大面积污染下，当时的社会已变成一条混浊的河流，海瑞充其量不过是一滴清澈的水珠。一滴清水珠投身于一条大污河，怎能不以悲剧而告终？

他的悲剧是家庭悲剧。幼年丧父，中年丧子、休妻，老年孤单寂寞。海瑞一生，基本上没有正常的家庭生活，他曾批评嘉靖皇帝没尽到为人夫及人父的责任，而他自己也没尽到，尤其是对妻妾的无情，简直达到冷酷的程度。

他的悲剧是性格悲剧。清官一般都具有刚直不阿、不畏强权的性格特点，海瑞尤为突出。这种性格的负面表现，就是更革太骤、言行过激，办事不近人情。像他大骂群臣都是妇人，下车伊始就颁布不切实际的禁令，提倡节约以至于节约到吝啬的程度，公开主张恢复酷刑，羞辱救命恩人何以尚等等，就都带有蛮干性而没有策略性，光讲原则性而不讲灵活性，失去上下左右的理解与支持，这种单打独斗、意气用事的作风，必将使他陷入孤立无助的困难境地。

他的悲剧是命运悲剧。毫无疑问，海瑞具有良好的个人道德，他的作品和行为都告诉我们，他做官是出于恻隐和义愤，完全是为了对国家尽忠，为百姓办事。可是海瑞的经济思想、法律观念又十分陈旧，也缺乏行政管理能力，这种巨大的反差，使他命中注定要成为一个失败者。热情和能力是两个概念，能力差的人办事的热情越高，成事不足、败事有余的结果也就越大。客观地说，海瑞在行政管理上缺乏“智商”，在人际关系上缺乏“情商”，却热烈执著地追求“为官一方，造福于民”，这就无可避免地埋下了危机。《明史》本传说他“意主于利民，而行事不能无偏”，就是一个很中肯的评价。

直面这个很中肯的评价，我们心中会涌起一种尴尬：对海瑞的“清”（个人道德），我们充满敬仰；对海瑞的“官”（政绩），我们不敢恭维。当“清官”这个词汇在海瑞身上要分裂为两个部分来认识时，海瑞就会蜕变为一个破碎的形象，一个自我矛盾的形象——美国学者黄仁宇就称他是一个“古怪的模范官僚”。

让我们暂时离开一下中国历史，转向欧洲大陆。就在海瑞逝世十八年之后，西班牙作家塞万提斯出版了小说《堂吉诃德》，书中的主人公堂吉诃德是中世纪骑士道德的体现者，他具有崇高的理想，清廉公正，同情人民，不畏艰难，但又脱离实际，一心想恢复过时的骑士制度，把游侠骑士单枪匹马打抱不平的方式当作主持正义、改造社会的途径，一味荒唐蛮干，弄得头破血流，其善良的动机总是得到相反的结果。

海瑞，难道就是中国古代官僚中的堂吉诃德？

第二章

风顺帆满展宏图

在古东昌府——也就是今天的山东聊城的古运河边，有一座山陕会馆，是当年山西、陕西的客商歇脚聚会的地方。馆内有一座戏台，戏台的两侧镌着一幅对联，上联是“洞房花烛金榜题名”，下联是：“高帆顺风坦道骏马”。它实实在在地道出了那个时代读书求官之人的全部理想：孜孜矻矻地读书，顺顺当当地升官，和和美美地过日子。然而，在封建制度下，官僚的命运并非都如他们所祈求的那样，尤其是那些为国为民鞠躬尽瘁的清官廉吏、忠臣良将，其仕途反而更加坎坷，命运更加凄苦。屈原、李广、柳宗元、苏轼、欧阳修、海瑞、于谦、郑燮，等等，他们或被贬官，或遭流放，甚至难保身家性命。“黄钟毁弃，瓦釜雷鸣；谗人交张，贤士无名”，这已是中国封建社会的常态。

但是，历朝历代，也确实有一些居官鲠正，为政清廉，兴利除弊，犯颜直谏的封建官吏，委实一生风顺帆满，高官显爵。他们生前权倾一方，死后声誉日隆，至今仍为人们所景仰。本章所要叙述的包拯、第五伦、陶侃、裴侠、卜天璋、况钟，就是这样一些人。是他们“命”好，赶上了好时光，遇到了开明的皇帝，碰巧身边没有奸佞小人？亦或是其他原因？

《易·乾》曰："乾道变化，各正性命。"命运指的是人对之无可奈何的某种必然性。对此，《论语·颜渊》中的"死生有命，富贵在天"一句说得再清楚不过。但是也有人不这么看，孟子就说："祸福无不自己求之者。"是看出了偶然中隐含着必然，客观中潜在着主观。以此考察这些"好命"的清官的命运，就会发现，每个人的命运还是更多地掌握在自己手中，只是程度和方式不同而已。

1. 第五伦：憨质立身　明智处世

"第五伦"这个名字初听起来有些怪，以序数词为姓，不知后世的《百家姓》中是否还有。不过这姓氏乍一接触，倒是给人一种憨直质朴的感觉。好象是顺手拿来，就那么随随便便地用了。

姓氏于中国人绝不仅仅是一个代号，它还代表着门第、家族、荣辱、权位等。不然，赵太爷怎么不准阿 Q 姓赵呢？在封建家天下的时代，一个姓氏便是一个国家的代表，皇帝高兴时，会将自己的姓氏赐予异姓，以示恩宠。反之，姓氏有时也会与耻辱沾边，宋代秦桧残害忠良，为后人所不耻，于是有秦姓后裔谒岳王墓后写诗说，"我到墓前愧性秦。"如果说"第五伦"这个名字与用这个名字的人有什么特别关系的话，那就是二者一样的憨直朴实。

乱世中抓住机遇，第五伦在乡里树立了良好的形象，进而初入仕途。

第五伦，字伯鱼，东汉京兆长陵（今陕西咸阳东北）人。他的祖先是战国时齐国的田氏。田氏在西汉初迁徙至皇帝园陵的很多，便以迁徙次序为姓，不复姓田。田氏在齐国是望族国姓，祖上自陈国逃出来，后经几代人励精图志，不仅站稳了脚跟，而且相继打败了齐国原有的贵族，最终掌握了国家政权，把姜齐变成了田齐。可不知怎么，就这么轻易地把个田姓放弃了，改用了这么个随随便便的姓氏。

第五伦年少时耿介而好气，那是年轻人的朝气，也是年轻人的自信和对未来的一份憧憬。很快地，他在乡亲们中间就有了一定的号召力。

西汉末年，土地兼并加剧，百姓流离失所，阶级矛盾激化。公元8年，外戚王莽乘机夺取政权。之后，王莽试图限制土地兼并，缓和阶级矛盾，但不仅未见成效，反而加剧了各种矛盾，终于导致了大规模农民起义。

乱世是灾难，也是机遇。

西汉天凤五年（18年），琅邪人樊崇聚众百余人在莒县起义，民众纷纷响应，队伍很快就发展到几万人。他们把眉毛涂成红色，称为“赤眉军”，与同时的湖北绿林军、河北铜马军一起奋起反抗王莽暴政，打击地主豪强势力。

战火波及到了第五伦所在的乡里。兵荒马乱之中，同姓宗族及邻里乡人争相投奔第五伦，以求得到他的庇护。第五伦把乡里人组织起来，在险要处修筑堡垒，率众坚守自卫。先后有铜马、赤眉的军兵数十部围攻他们，都无法攻克。第五伦也就因此树立起了自己的声望。

起义军最终以暴力推翻了王莽政权，但胜利的果实却落到了刘秀之手，东汉政权建立。

天下安定后，第五伦开始以营垒首领的身份去见本郡长官鲜于褒。鲜于褒很欣赏他的才干，就留他作了自己的属吏。尽管是属吏，但也算正式入了仕途。后来，鲜于褒因过失降职为高唐县令，临行时，他握着第五伦的手告别说：“只恨与你相知太晚。”

任地方官，敢于破除陈规陋习；任京官，勇于弹劾皇亲国戚。第五伦赢得奉公尽节、刚烈耿直的美誉。

历史上的清官廉吏，无不是些能切实为百姓谋利益的良吏，能真正为江山社稷着想的忠臣。他们中的有些人，由于自己的为人、政绩和所获得拥戴及声誉，使那些企图诋毁诬陷他们的人难以得逞。即使时常遭人忌恨，甚至被皇帝怨怼，却仍能稳居官位，寿终正寝。第五伦就是一位有这样仕途命运的清官。

第五伦的官场生涯是从基层开始的。鲜于褒调任高唐县令后，第五伦也离开郡府回到家乡，担任掌管诉讼、赋税的乡官。这虽是个公务繁杂的差使，第五伦却干得兢兢业业，尽职尽责。他为人们均平徭役赋税、调解纠纷、消除仇怨，以办事公平合理而深得人们信任。这种又忙又累的基层工作，第五伦一干就是几年。

建武二十七年（51 年），第五伦被推举为孝廉，补淮阳国医工长。两年后，他随淮阳王到京师，见到当朝皇帝刘秀，深受赏识。刘秀随即任命他为扶夷（今湖南武冈东北）县长，尚未到县任职，又有诏令追拜他为会稽郡太守。

第五伦在其位，谋其政，敢做敢为。只要是认准了对百姓有利的事，他就一干到底。

会稽素有迷信鬼神的风俗，各地滥设祀庙，盛行用龟甲和筮草占卜问卦。民众还经常杀牛祭神。当地流行一种说法，如果谁杀牛吃肉而不敬献神祠，那么他生病临死时就会发出牛叫。百姓因此不敢不杀牛祭祀。仅此一项，每年就要耗费大量资财，而且滥杀耕牛也直接影响到生产，百姓生活越发贫困。但是，慑于民间习俗的威力，先后几任郡守都不敢禁止杀牛祭祀。第五伦到任后了解到这一情况，随即向各属县发布文书，严令禁止此类劳民伤财的迷信活动，明确告知百姓，凡是巫婆神汉有依托鬼神诈骗恐吓百姓的，一律捉拿问罪。对于胡乱杀牛的人，官吏必须查实处罚。一开始，老百姓都很恐惧，害怕因此而招致灾祸。有的巫婆神汉也乘机诅咒造谣，反对法令。但是第五伦不为所动，反而追查得更紧。渐渐地，人们意识到，不杀牛祭祀也不见灾祸降临，谣言不攻自破，人心逐渐安定下来。长期流传的陋习得以革除，百姓过上了安定的日子。第五伦也在当地树立起了威信。

明帝永平五年（62 年），第五伦因事受牵连，被征召入京。郡中百姓不分老少，纷纷上路阻留，沿途攀着车子，扣住马缰，不放第五伦走。第五伦没有办法，只好假装在亭舍休息，却暗中乘船离开了。百姓知道后，又跑到河边追赶。直到京师洛阳，第五伦被送到廷尉（中央司法部门）听候处理，仍有千余名官员、百姓上书朝廷，为第五伦喊冤求情。明帝对此深为不安，下诏给公车司马令，让他不要再接受为第五伦申诉的上书。后来，碰巧明帝前往视察廷尉监狱，省视犯人的罪状记录，方知第五伦确实冤枉，遂将他释放，让他回到乡里。

试想，如果第五伦不为百姓谋利益，怎能得到百姓的拥戴，而如果没有百姓在他蒙难之时冒死为之请命，第五伦的仕途生涯怕是早已划上句号了。可见，沉浮于宦海的人，命运既在他人手里，也掌握在自己手中。

鉴于第五伦在任时的才干和政绩，数年后，又被朝廷重新起用，任命为宕渠（今四川渠县东北）县令。四年后升任蜀郡（今四川成都）太守。蜀地天府之国，土地肥沃，物产丰富。郡府中的属吏从官，有的人家财已累至钱千万。不少人乘华丽之车，骑肥壮之马，以财货拉关系而显贵。第五伦到任后，将其中的富吏全部裁减，另选清贫正直的有志之士替代。于是侈靡浮夸之貌大为改观，行贿受贿之风被遏制。官员人人职责明确，吏治焕然一新。

第五伦还将部下属吏中德才兼备的人向上推荐，多数官至郡守及中央九卿一级。人们十分佩服他善于发现人才，举荐人才。乡官玄贺就是由第五伦举荐的。他先后任九江郡、沛郡太守，以清正廉洁著称，所治之地，风气遂为之改变。最后在大司农任上去世。

治蜀七年，第五伦政绩卓著。汉章帝继位后，将他调至中央担任司空。

第五伦在会稽、蜀郡的所为，代表了清官的为政准则和行为取向。清官的核心是“廉”。做为一种美好的品格和一种精神力量，“廉”支配着清官的各种历史活动。表现在政治生活中，就是“革奢务俭”、“省浮费，去奢靡”和“为政宽惠”等。

与清廉共生的，是对于贪赃枉法、以权谋私、侵害百姓等不廉行为的愤慨、抨击和整治。

陈留县令刘豫、冠军县令驷协都是以暴虐凶残的方式来治理百姓的，处理政务时，一心想着诛杀，百姓困苦不堪。官民忧愁怨恨，但又无可奈何。第五伦对这样的昏官向来痛恨至极，决心彻底整治他们。他上疏说："不应只是将刘豫、驷协治罪，还应当谴责举荐他们的人。如果能一心进用仁德贤良的人，委任以政务，用不了多久，风俗自然就会改变过来。"

他还援引前朝覆国的教训，劝诫皇上宽政爱民。他说：

臣下曾读史书和记载，知道秦朝因为用法严酷急迫而亡国，又亲眼目睹王莽因为法令苛刻而自我毁灭，所以施政勤勤恳恳，就在于防止重蹈他们的覆辙。又听说诸王、公主、贵戚，骄奢僭越国家制度，京城中尚且这样，又怎么能限制外地人呢？所以说，'自己不端正，虽有命令也无人执行'。以身作则进行教育，别人就愿意服从；以言论教训别人，则容易引起争论。阴阳调合了，才会获得丰收；君臣一心，教化就能形成。

这些都是很大胆的话，但是第五伦却怎么想就怎么说。在他看来，只要真心为江山社稷着想，就不必有所顾忌。事情就是这样，有时臣下过于为自己着想，畏首畏尾，反而会招人唾弃。清官廉吏憎恶昏聩庸碌的官吏，其出发点是保民，更是为保江山社稷。正是基于这点，当他们弹劾达官贵人，乃至皇亲国戚时，才能有足够的勇气，同时也能力保自己不因此受到伤害。

第五伦弹劾马廖就是一例。

汉章帝因为明德太后的缘故，尊崇皇舅马廖，让他们兄弟都居于要职。马廖也有意与达官显贵交往，官员士大夫争相前往依附。第五伦认为太后家族势力太盛，便想让朝廷压抑削减他们的权力。他上疏说："臣下听说忠言不用避讳隐瞒，直臣不逃避迫害。臣下不胜狂妄，冒死上疏表白意见。"

他引经据典，又以先帝之为警示当朝。他说：

《尚书》说："臣下不应作威作福，否则将使自家受害，国家也会受损。”近代的光烈皇后，虽然非常亲爱自己的家人，但终于让兄弟阴就回到自己的封国，流徙和赶走阴兴的宾客。此后，梁家和窦家都有人犯法，明帝即位之后，多加以诛杀。自此以后，洛阳城中不再有手握大权的外戚，连通过书信请托的事也没有了。而今，议论又集中在马家。我听说卫尉马廖以三千匹布，城门校尉马防以三百万钱，送给三辅的大夫，不论是否相识，无不赠送。还听说在腊祭之日，又送给洛阳每个士人五千钱；越骑校尉马光，曾在腊祭时用去羊三百头、米四百斛、油五千斤。臣认为这不符合经义，心中惶恐得不敢不向陛下报告。陛下本心是厚待他们，但也应该设法保证他们的安全。臣下今天说这些话，实在要对上忠于陛下，对下保全外戚之家，请陛下检省裁决。

当马防任车骑将军，准备出兵征讨西羌时，第五伦又上疏说，对外戚可以封侯使他们富贵，不应当任命官职，委以重任。希望圣上对外戚严加管束，防患于未然。

第五伦的这些意见虽未被采纳，但也没有由于弹劾皇亲国戚而招来祸患，反为自己赢得了刚烈耿直、奉公尽节的美誉。

宽惠爱民，固守清俭，第五伦把自己每次领得的俸禄，只留下一个月的口粮，其余都低价卖给贫民。

如果说清官在政治生活中多表现为革奢务俭，宽惠爱民，那么在个人生活中则是“志行修洁”、“自奉简约”、“固守清俭”。这已成为历代官吏清赃与否的分水岭。人们看重清官的，与其说是他的政绩，不如说是他的操守。后者更能倡导一种风气，为社会树立一个榜样，让人民看到些希望。

纵观中国历史，虽高官厚禄但在个人的生活上仍能固守清俭的官吏大有人在。这是他们人生的准则，也是他们立身的保障。

春秋时期，鲁国贵族季孙行父历宣公、成公、襄公三世为相，执掌鲁国大权。他精明干练，在政治、军事、外交方面都展示出了杰出的才华，为鲁国强盛做出了重大贡献，也为自己带来了显赫的名声。但就是这样一个久居权位的重臣，家中竟无衣帛之妾，食粟之马，更无金玉等贵重财物。他死后，鲁国国君亲往看视，见季孙氏家臣仅以其日常用具作为随葬，并无任何豪华奢侈之物，大为感慨。《左传》借君子之口称他为“忠”的楷模。还有齐国的晏子，他辅佐景公重振齐国，但自己的住处却“近市，湫溢嚣尘”，出门仍旧是“老马旧车”，以至司马迁为之感慨道：“假令晏子而在，余虽为之执鞭，所忻慕焉！”凡此等等。在这些良相身上，无不表现了个人生活的廉洁自律，他们是否是第五伦直接的榜样，不得而知，但是他们的品格和精神确实为第五伦所继承了。

从传统上看，像第五伦这样的官吏，以廉洁为立身之本，是有其历史渊源的。

《周礼·天官冢宰·小宰》篇里，就有对为官清正的明确要求：“以听官府之六计，弊群吏之治。一曰廉善（善于行事），二曰廉能（较好贯彻法令），三曰廉敬（尽职守责），四曰廉正（品行方正），五曰廉法（有法必依，执法必严），六曰廉辨（明辨是非）。”这六条标准都以“廉”字开头，含有要求为官者方正、俭约、清白、公道的意思，遂成为中国古代为官的一般原则。其原则精神在封建社会里，长期被历代统治者中的一些人所沿袭，尤其是个人生活的修洁俭朴上，几乎是共通的，否则就不为清官。

历史上，官居高位而生活奢华，却被世人颂扬的，恐怕只有管仲。他辅佐齐桓公成就霸业，自己过着豪华的生活，财富与公侯相似，像国君那样饮酒欢宴，可是“齐人不以为侈”。但太史公在《管晏列传》中对他的评价的确不如对晏子那般动情，不知是否与他的“生活问题”相关。以第五伦的贡献，把日子过好一些，想必不会招人非议，但第五伦在任期间，不仅能在地方上倡导简约之风，裁撤奢靡官吏，举荐贫寒而有节操的人担任属吏，而且自己以身作则，始终过着简朴的生活。他虽为二千石一级的官员，仍然亲自铡草喂马，妻子亲自下炊做饭。这在当时，不为仅有。与第五伦同时代的南阳太守杜诗，死后贫困无田宅，以至丧无所归；蜀郡太守张堪，手中掌握的财富足可使十代成为巨富，但他离任时只乘了一辆车辕折坏的车子。与这些人相比，第五伦有相似之处，也有过人之处。他把自己每次领得的俸禄，只留下一个月的口粮，其余都低价卖给贫苦百姓。这大概就是第五伦尤为人所敬重的原因之一吧。

第五伦生活在东汉初年，他既是中华民族俭约美德的继承者，也是它的发扬光大者。他以自己的清正廉洁为后世树立了榜样。

春秋时宋国贤臣乐喜，在拒绝别人献上的美玉时说："我以不贪的品行为宝，你以美玉为宝，我们各有其宝，这不是很好吗?""不贪"的确是无价之宝。有了它，为官能为百姓着想，事君能以国是为重，律己能以俭约为上。如此为官，于国、于民、于己都有利。

为做官，第五伦也费了些心思；他精通谈话技巧，"憨"中带着智慧。

为官清廉是立身之道，但在具体问题的处理上，也可以或者应当讲究些策略，选择些适当的方式方法，此可谓立身之术。把原则性和灵活性相统一，是智慧的表现，也是一个将目的看得重于过程的成熟政治家的标志。昔者韩信胯下受辱，忍了一时而赢得一世，不是一直被后人视为明智之举吗?

从史料上看，第五伦一直是很想做官，而且是很想做大官的。为此，他也费了些心思。

第五伦起初任乡官时，虽然工作很出色，但他认为长久在乡里，很难升迁，于是带着家人迁居河东郡。他甚至不惜为此改名变姓，给自己起了个王伯齐的名字。他驾车拉盐，来往于太原、上党之间。所过之处，都把粪便打扫干净才离去，路人都称他是有道之士。就这样过了许多年，他才再次被鲜于褒推荐给京兆尹阎兴当属臣。那时，第五伦一方面竭力把工作做好，博得百姓的欢悦支持，一方面又非常不满足于眼前的差事。他每次读诏书，都叹息说："这是圣明的君主，见他一面。便可决大事。"同僚们笑他说："你连州将都无法说服，怎么能说动万乘之君呢?"第五伦不以为然地说："那是因为没有遇到知己，道不同的缘故。"这很使人想起那句从欧洲走向世界的名言："不想当元帅的士兵不是好士兵。"

果然，建武二十七年，第五伦被举为孝廉，不久就跟淮阳王见到了光武帝刘秀，并受到赏识，很快就官至太守了。

第五伦唯一一次丢官是在永平五年。他因触犯法令被押进朝廷监狱，后碰巧因明帝视察监狱而得以免罪，放归乡里。第五伦自此躬耕田野，闭门谢客，不与官宦来往。是心灰意冷，还是等待时机？是自甘寂寞，还是韬光养晦？从他数年后欣然赴命，出任宕渠县令看，第五伦当是不甘做一辈子草民的。

但也不要因此认为第五伦是势利小人，其实想不想做官这不重要，重要的是做了官干什么。《后汉书》上说第五伦一心奉公，尽守节操，上书论说政事从不违心阿附。这从他"斗胆"弹劾皇太后之兄马廖兄弟和奏请将刘豫、驷协连同举荐他们的人一并治罪等行为上就可以看出。以至连他自己的儿子也经常劝他不要这样。但第五伦非但不听，反将儿子狠狠训斥了一番。第五伦任职，素以清白著称，当时的人把他比作前代的贡禹。贡禹，字少翁，以明经洁行，征为博士。汉元帝时，累官至御史大夫。屡次上书言朝事得失，主张选贤能，诛奸臣，罢倡乐，修节俭。时人以贡禹比第五伦，可见对他的评价之高。

史书上还说，第五伦天性质朴、憨厚，没有文彩雕饰，缺少威严仪表。其实，第五伦还是很会说话的。

建武二十九年，第五伦随从淮阳王至京城，与其他官属一同被接见，光武帝刘秀向他询问政事，第五伦趁机奏为政之道，光武帝非常高兴。第二天又特地召他入宫，和他一直谈到天黑。光武帝和第五伦开玩笑说："听说爱卿曾殴打岳父，不让兄长和你一起吃饭，有这事吗?"第五伦回答说："臣三次娶妻都没有父亲。少年时曾遭饥荒之苦，实在不敢随便请人吃饭。"这不卑不亢，令人忍俊不禁的回答，引得光武帝大笑，也博得了他的好感和信任，遂任命他为扶夷县长，还没到任又追任为会稽太守。

更能表现第五伦说话才能的还是他奏请限制窦宪一事。

皇后之兄窦宪掌管禁军，出入宫廷，结交四方，权势日隆。第五伦恐其势力过大，危害国家。于是上疏请求对其严加管束，目的显然如此，但话说出来却是另一番意思。他先是借贬低自己来表白心迹："臣下以空虚无能的才质，处于辅佐陛下的职位。素来性情迟钝怯懦，却地位尊贵，爵位很高。因而尊循经典大义，暗自鞭策砥砺，即使处于百死之位，也不敢逃避。"然后话锋一转，谈及窦宪之事，但锋芒并不指向窦宪："我见虎贲中郎将窦宪，属于后妃的亲属，掌领禁卫军，出入宫廷，正值壮年，志向远大，谦卑而喜好善事，这实在是他喜欢名士并与他们交结的原因。然而那些出入奔走于外戚门下的人，大多品行不端，曾受过法令制裁，特别缺少遵守法令、安于贫穷的气节。士大夫中那些没有志向之徒更是互相吹捧引见，云集在贵戚的门下。众人一起吹气也会把山吹走，众多蚊子一起叫的声音也如同打雷一样，这就是骄横产生的原因。那些阴险谄佞、趋炎附势之徒，实在不可亲近。"这样说既陈述了事实，又不至于太刺激皇帝，是很讲究策略的。最后第五伦明白表示了要严加管束窦宪的请求，但话说出来依旧很委婉："臣认为陛下和皇后应严令窦宪等闭门自守，不得任意交结官吏士人，以防止祸患于尚未萌生之日，思虑灾害于尚未发生之时，使窦宪可以永久保住幸福和俸禄，使君臣都欢喜，没有丝毫的隔阂。这是臣下极大的愿望。"明明是要整治窦宪，说出来的话却是为他好。可是，在封建专制时代，臣子对皇上说话，不这样行吗？像第五伦这样委婉求达，充其量也就是为了在讽谏之时讲求一点护身之术。

第五伦为官清正，为人诚实坦白。有人问第五伦说："您有私心吗？"第五伦回答说："先前有人送我一匹千里马，我虽未接受，每次选拔举荐官员时，我心里都不能忘记此事，可是也始终没有任用此人。我哥哥的儿子常常生病，我一夜前去看望几次，回来后却安然入睡；我的儿子生病，虽然没去看望，却整夜难眠。这样看来，怎么可以说没有私心呢？"这简直就是"狠斗私字一闪念"了。清官也是人，有点私心是正常的，但他却不忙私事，不谋私利，不填私壑，这大概就是清官与贪官的区别吧。

第五伦位居三公多年，晚年接连以身老体病上疏请求辞职。元和三年(86年)，皇帝批准了他的请求，终身给予二千石级官员的俸禄，加赐给钱五十万，公宅一所。此后数年去世，享年八十余岁，诏令赐给安葬的秘器、衣被和钱币。

第五伦不仅自己寿终正寝，还恩及子孙。小儿子第五颉历任桂阳、庐江、南阳太守，所在政绩斐然。曾孙第五种在汉桓帝时为司徒椽，兖州刺史，也以清正廉洁、敢于搏击不正之风而名冠当时。

从本质上讲，清官是封建统治集团的成员，是封建制度的忠实捍卫者。当封建最高统治者出于维护社会安定，整肃朝纲朝政，亦或牵制异己势力，或者干脆就是收买人心时，也会对清官重用提拔，庇护表彰。另外，清官自身的为政目的、价值取向、行为方式等，也是决定自身命运的重要因素。历史上的清官多对国家、皇上忠心耿耿，有权力而无野心，讲实干而不妄言，实际上是些用着放心、安心（尽管有时不太舒心）的臣属，只要这皇帝还不是太昏聩，心胸不是太狭窄，大多还是能够善待清官的。仅就汉代来说，像萧何、杜诗、杜宣等贤臣廉吏，都是生前权重一时，死后殊荣有加，可谓善始善终。至于第五伦，自乡官起步，数年后官至太守，后位居三公多年，死后仍受封赏，也就不足为奇了。

2. 陶侃：上交不谄，下交不渎

陶侃（256—332年），字士行，东晋庐江浔阳（今江西九江）人。少孤贫，后自县吏一直做到大司马、都督八州军事。在门阀政治鼎盛的东晋，大族子弟多“凭借世资，早蒙殊遇”，即承袭先世的官职爵位，理所当然地获得高官厚禄。而像陶侃这样出身寒微的人，只有经过自己的艰苦努力和命运的垂青，才能博得功名利禄。

不阿、不傲、不刁、不妄，以诚相待，以情相交，建立良好的人际关系，是陶侃成功的重要保证。

中国传统文化一向以“中和”为本。在人与其周围事物的关系上，主张“和谐”，注重“整体”和“关系”。在人与自然的关系上，中国古代思想家主张“天人合一”。《文言》说：“夫大人者，与天地合其德，与日月合其明，与四时合其序，与鬼神合其凶。先天而天弗违，后天而奉天时，天且弗违，而况人乎?”“先天”指在自然变化之前对自然加以引导，是“天合大人也”；“后天”指遵循自然的变化，是“大人合天也”。也就是天人协调一致，人类一方面应遵从自然的普遍规律，另一方面又应以辅助者的身份引导自然符合人类的需要。这不失为全面而辩证的观点。这种观点推及于人与人之间的关系，就是主张遵奉“天下如一家，中国如一人”，讲求人际关系的和谐、亲善、有序。在家为父慈子孝、兄友弟悌、夫唱妇随之类，在外为“四海之内，皆兄弟也”，以家庭伦理关系为准则来协调人际关系，亦所谓“君君臣臣父父子子”。这种处世之道，在人际交往中必然注重人伦、人情、人心。为国有“得人心者得天下”，交友有“交心不交面”（白居易），“同心而共济，终始如一，此君子之朋也”（欧阳修），主张“志同而气合”（韩愈）。

在这样一种文化氛围中谋求生存的中国人，自然非常看重人际关系。一个人，在官场上、团体中、社会上是否“吃得开”，关键在于他有没有“人缘”。于是，广交朋友，谨慎处置人际关系，赢取上面的信任和下面的支持，就成为施展报负或安身立命的保证。这也就是俗语所说的“一个篱笆三个桩，一个好汉三个帮”，“多个朋友多条路，多个仇人多堵墙”。

当然，自古以来如何处置人际关系是有道德标准的。孔子曰：“益者三友，损者三友。友直，友谅，友多闻，益矣。友便辟（逢迎谄媚），友善柔（当面奉承），友便佞（善于花言巧语），损矣。”（《论语·季氏》）在交友中，坑蒙诳骗，损人利己，结党营私，历来为人所不耻；肝胆相照，同心共济，历来为人所称道。在人生道路上，与哪些人形成家庭的人际关系，这是客观存在，往往是无法选择的。但是，以什么态度，采取什么方式与人交往，却是可以选择的。《周易·系辞下》："君子上交不谄，下交不渎。"意思是说，结交地位高的人，不谄媚讨好；结交地位低的人，不轻侮傲慢。陶侃一生为官，上交王公大臣，下友僚属士卒，他都能以诚相待，以情相交。不阿、不傲、不刁、不妄，光明磊落，公正宽宥。既赢得了上面的赏识，也获得了同僚的拥戴，为自己创设了一个良好的生存环境，使他得以在这样的环境中施展才华和抱负。

在陶侃与形形色色的人物的关系中，我们可以了解他的为人，也可以约略知道一个出身寒微的人何以能在门阀制度下扶摇直上，且以美名传扬后世的。

在朝为官，皇上的态度对于大臣的命运是决定性的。陶侃一生历明、成两帝，均得到信任与重用，而陶侃也都在关键时刻挺身而出，挽皇权社稷于即倒。

晋明帝太宁二年（324 年），王敦起兵造反，旋即被平定，陶侃以功迁征西大将军，都荆、雍、益、梁州诸军事，领荆州刺史。成帝咸和三年（327 年）历阳太守苏峻叛乱，京城不守，苏峻"逼迁天子于石头，帝哀泣升车，宫中恸哭"。在这危急时刻，陶侃挺身而出，率大军会同平南将军温峤等诸路军马，一同平定叛乱。陶侃部将彭世斩苏峻于阵上，又在石头城上杀了苏峻的弟弟苏逸。至此，叛乱平定，京师克复。陶侃以功大，改封为长沙郡公，赐封地三千户，绢八千匹，加都督交、广、宁州军事。看来，陶侃忠心耿耿，明、成二帝对他也信任有加。

常言说，伴君如伴虎，是说封建社会天子掌握着生杀予夺的大权，对臣子可以听凭自己的喜怒哀乐随意处置。当然，有时也视天子的性情而定。性格乖戾的帝王往往视杀人为儿戏，而温和理智些的，则或许能宽厚许多。从《晋书》上看，明帝"幼儿聪哲"，"钦贤爱客"，"喜抚将士"；成帝则"少而聪敏"，"恭俭之德，足追踪于往烈"。而且，二人死时年龄都不大，明帝二十七岁，成帝才二十二岁，还未到老迈昏聩、刚愎自用的年纪，故尚能善待臣属。加之东晋一朝，"门阀专政"，"晋主虽有南面之尊，无总御之实，宰辅执政，政出多门，权去公家，遂成习俗”。天子的权势相对较弱，臣僚的日子就好过些，君臣之间的关系也多少能随和些。《世说新语·排调篇》中一段君臣相嬉的记载，可见“随和”之一斑：一日，明帝问周颛：“真长（刘惔）像什么?”周颛回答：“好比一头去势的公牛。”丞相王导在一旁讥笑周的话。周颛于是又说：“不如弯角的母牛，虽不善负重，却擅长顺随骑乘者的意思，盘旋进退。”这话显然是在讽刺王导。两位重臣在小皇帝面前如此轻松地开玩笑，足见气氛随和。

陶侃伴君一生，未见天子与之有何抵牾，也未见陶侃有何怨怼天子的记载，倒是常闻赏赐，一路迁升。这固然首先是因为陶侃功勋卓著，但天子能知人任善，钦贤爱客，也是原因之一。

欲交天下士，未面已虚襟。陶侃这种善良友爱、悉心结友的品性来自母亲的教诲。

陶侃在庐江太守张夔属下任主簿时，张夔的妻子病了，要到几百里外去请医生。当时正下着大雪，各臣僚都面露难色，只有陶侃说：“对待君长就像对待父亲，君长的妻子就如同母亲，哪有父母生病做儿子的却不尽心尽力的道理?”说罢便请求前去。大家都佩服他义气。长沙太守方嗣经过庐江时，得知陶侃为人忠诚热情，很是佩服，说他日后一定会有所作为。并让自己的儿子和陶侃结为朋友后才肯离开。

陶侃这种善良友爱，悉心结友的品性来自母亲的教诲。

陶侃的母亲湛氏是豫章郡新淦县人。当初陶侃的父亲娶她为妾，生下陶侃。陶家贫困，湛氏经常靠纺线织布挣点钱帮助丈夫，要他广交朋友。后来，她也教诲儿子，要他学交友，学做人。陶侃年轻时担任过寻阳县吏，曾经监守鱼梁。有一次他装了一罐腌鱼，托人带给母亲。湛氏把鱼封存好，同时写信责备陶侃说：“你身为官吏，竟把官物送给我，不但不能使我得到好处，倒使我添了一份忧心。”一日，鄱阳郡的孝廉范逵在陶侃家留宿。正赶上那天下雪，人饥马倦，湛氏就撤下自家的新草席，亲自动手剁成饲料喂马。又暗地里把头发剪掉，卖给邻居，换来酒肉。大家宴饮，尽欢而散。范逵后来知道了这件事，十分感动，慨叹说：“不是这样贤良的母亲，也养不出这么好的儿子!”后来，范逵拜访庐江太守张夔时，把陶侃赞扬了一番，张夔遂录取陶侃为督邮，代理枞阳令。陶侃也不负太守的期望，勤勉能干，很快又升为主薄。及至日后，陶侃功成名就，仍不忘当年范逵举荐之恩，任命范逵的儿子范珧为湘东太守。

东晋政权继承和发展了西晋门阀士族统治，把门阀政治推向极致。“高门华阀有世及之荣，庶人寒人无寸进之路”。当时，北南高级士族为东晋政权的主要支柱，并大有与天子共享天下之势。东晋初年即有“王与马（司马氏）共天下”之说。终东晋一朝，差不多是由瑯邪王氏、颖川庾氏、谯国桓氏和陈郡谢氏等儿家大族相继专权。魏晋南朝的九品官人法，不重行能，专重门资。一个人的家族地位及父兄官爵，即“资”，在品评中占据非常重要的地位。他们的子弟即使无尺寸之功，也可凭此封爵。《晋书·张轨传》说：张轨于泰始初，“受叔父锡官五品。”即因叔父资荫而取得了做五品官的资格。又，《宋书·谢弘微传》曰：“晋世名家有国封者，起家多拜员外散骑侍郎（五品）。”致使“居上品者，非公侯之子则当涂之昆弟。”大族子弟多凭门资入仕。那些不具门资者，称为“寒素”。《晋书·李重传》云：“寒素者，当谓门寒身素，无世祚之资。”也就是没有父祖官爵相依仗。在当时，这等家庭出身的人是很难晋身的。偶有为官，也多在六品以下。有人做过统计，《晋书》中出身寒门的官吏仅有二十六人，而这中间只有十人受封，十九人任至五品以上官，可谓凤毛麟角。

如此看来，陶侃当为起身寒素之家的佼佼者了。

陶侃的父祖皆为孙吴官，但那是“伪官”，在晋朝不作数，所以也属于无官位、封爵。《烈女传》也说陶家贫寒，尚需母亲辛勤劳作以贴补家用，来了客人都没钱招待。因此，陶侃凭藉一己之力闯荡天下，比起高门大族的子弟，就不知要难多少倍了。他是靠了自己的能力、智力和毅力才得以位列重卿。而他的子嗣则可以凭着他创下的“门资”封爵取贵了。

在各种成功因素中，对于出身寒素的陶侃来说，广泛地结交朋友，获得他人的信任与赏识，显得尤其重要。

就是那位受范逵之托而录用了陶侃的张夔，后来又推举陶侃为孝廉，送他到洛阳。为陶侃日后腾达奠定了基础。

在洛阳，陶侃多次去拜见右光禄大夫张华。张华一开始因为他是边远地区的人，不太愿意接待他。陶侃并不在意，每次前去，脸上没有一点不高兴的神色。陶侃的诚心终于感动了张华。张华也是寒门出身，小时候给人放过羊，因此，对那些同样出身贫寒的人，只要有真才实学，他都全力举荐。在交谈中，张华渐渐了解了陶侃，对他的才智甚为惊奇，于是举荐他做了郎中官。不久，伏波将军孙秀招募部属，但因孙秀是亡国之君的后代，所以中原人士都不愿出任他的部下。孙秀听说陶侃出身寒门，又颇具才干，就将他召来做了舍人。

陶侃做事有明确的目的性和一股不达目的誓不罢休的劲头。当时的豫章郎中令杨晫是陶侃同州乡亲，在乡里声望很高。陶侃去拜见他时，杨晫说："《易》里说'贞固足以干事'（坚定不移就定能成就事业），指的就是陶侃这一类人。"杨晫十分欣赏陶侃的才干，曾和他同乘一辆车去见中书郎顾荣。吏部郎温雅瞧不起出身微寒的陶侃，就对杨晫说："何必和小人同乘一辆车？"杨晫说："此人才干非凡，日后必定大有所为。"不久，尚书乐广想会会荆州、扬州一带的贤能人物，武库令黄庆推举陶侃去见乐广，有人认为他举荐得不对，黄庆说："此人志向远大，且定能实现。"黄庆后来做了吏部令史，遂保举陶侃为武冈令。

可见，没有这许多人的慧眼识才和鼎力相助，陶侃的命运怕会是另一种样子了。

陶侃为官果不负众望。且不论披坚执锐，"匡主宁民"，仅就对待同僚部属，也表现出真诚、宽厚与公正，深得敬佩与拥戴。

陶侃处理军政事务认真仔细。战斗中有所缴获，他全都分给士兵，自己不留。他做武昌太守时，山中少数部族的山民常拦江抢劫，陶侃令将领们伪装成商人，驾船引敌出山，将这伙强人一举擒获。自此，江中陆上清平安定，流亡在外的人纷纷归家，陶侃又尽散财物接济他们，众人感恩戴德。更难能可贵的是，陶侃并不以武力剿杀为目的，而是要谋求当地的长期安定。于是，他在郡东边建立了市场，和当地山民进行贸易，既促进了当地的社会稳定，又从中赚取了丰厚的利润。

陶侃勤于政事，谋事周密。尽管政务、军务繁杂，千头万绪，但他从没有一件遗漏。他待人恭敬有礼，善于结交人际关系。各处送来书信，他都亲手答复，文笔如流，毫不滞涩造作。他接待客人从不避疏远，一律以诚相见。当年，周公虚心招纳贤才，辅佐成王治理天下，“一沐三握发，一饭三吐哺”，忙得连洗头、吃饭的时间都没有。后来同样求贤若渴的曹操，将周公的事迹归结为两句感人的诗句：“周公吐哺，天下归心。”陶侃自然尚不足以同周公、曹操比肩，但他的礼待宾客确已做到了如后人所说的“欲交天下士，未面已虚襟”。

陶侃待人，还表现在他的磊落与宽容。

成帝时，庾亮（字元规）以帝舅的身份执政。因怀疑历阳内史苏峻要举兵反叛，于咸和二年（327 年）召苏峻入京为大司农，实际是想借此褫夺苏峻的兵权。苏峻害怕入朝被杀，便真的举兵叛乱，攻入建康，纵兵大掠，废黜百官。守将庾亮遁逃，急求救于江州刺史、平南将军温峤。此时，陶侃的儿子陶瞻被叛军杀害，温峤就邀陶侃戮力平叛，但是陶侃没有答应。这是因为，当初晋明帝去世前，陶侃不在顾命大臣之中，他很遗憾，于是回复温峤说：“我只不过是疆场上一员将领，不敢越位去管朝廷内部的事。”但温峤坚决请他出来，并推他为盟主。陶侃于是令督护龚登带军队到温峤处，但随即又将他追了回来。温峤再次致信，以苏峻杀死他的儿子来激怒他。陶侃的妻子龚氏也竭力劝丈夫亲去。毕竟国事重于私怨，陶侃登舟起航，星夜兼程，以致连自己儿子的丧事也无暇顾及。五月，他与温峤、庾亮等在石头城会合。

当时，庾亮的名气比陶侃大，又是明穆皇后的哥哥、当朝皇帝的舅舅。但这次叛乱实在是由他引起的，陶侃当初曾说过：“苏峻作乱，全是由于庾亮做事不周，就是砍了他的脑袋，也不足以谢天下。”陶侃有一段时间曾与庾亮不和，这次庾亮闯下大祸，舆论都认为陶侃一定会借机杀了庾亮，好向天下人交代。所以庾亮很害怕，躲着不肯出来。后来还是温峤劝他主动去向陶侃谢罪。温峤说：“陶公的为人我很了解，你只管去见他，保证没有问题。”庾亮走投无路，只得硬着头皮去见陶侃。他进门便拜，陶侃一把拉起他说：“庾元规还来拜陶士行么？”二人相视大笑。陶侃设宴款待，二人整整交谈了一天。席间，庾亮吃薤，顺手留下薤白，陶侃问：“要这东西干什么？”庾亮说：“还可以种。”陶侃听了，称赞说：“公不但风流文雅，而且有治国的实际才干啊！”庾亮十分感动，当即表示要全力杀敌，将功折罪。

到了石头城，庾亮派督护王彰讨伐苏峻党羽张曜，却连吃败仗。庾亮传信向陶侃请罪。陶侃回答说：“古人三败而后可胜，你才两败。现在形势危急，不应计较。”庾亮又是感激，又是鼓舞。当时他正带着二千人守卫白石垒，苏峻一万多兵来攻打，四面围攻，大家都很害怕。庾亮鼓励将士，奋力死战，终于打退了敌军。庾亮又追杀出去，斩获数百人。

在这时，有人主张立即和敌人决战，陶侃却认为敌人气势仍很盛，不可与之争锋，应等待时机，以智谋取胜。陶侃令将士在查浦筑垒，监军部将李根建议筑白石垒，陶侃不听，说：“如果垒筑不成，你要承担责任。”李根说：“查浦地势低下，又在长江南岸，只有白石峻极险固，敌人来攻不易下，这是消灭敌人的策略。”陶侃听罢李根的分析，笑着说：“你真是位好将领。”于是采纳李根建议，连夜筑垒，早晨就筑成了。敌人见了大吃一惊，疑有神兵助阵，不战自乱，旋即被彻底平定。

陶侃为人公正率直，有时也难免意气用事，但在关键时刻能以国家利益为重，不计较个人得失。

还是在苏峻叛乱初起时，温、陶联军在人数上不敌苏峻，屡战不胜，粮草又将尽。陶侃心里很不痛快，就对温峤发怒说：“你上次说，不愁没有兵将，只要我做盟主就行。现在几次战斗都失利，良将在哪里？精兵在哪里？要是军队再没了粮食，我就回去了！反正只要在今年内消灭敌人，就不算晚。”温峤知道陶侃的脾气，就劝他说：“你这样说不对。自古以来，军队要想胜利，首先在于内部团结。汉光武帝攻打昆阳，魏曹操攻克官渡，都是以少胜多，都是因为团结一心，正义在手。苏峻是刁顽小人，天下人都痛恨他。我们应当与他决一死战。况且皇帝被幽禁，国家危在旦夕，四方臣子肝脑涂地，我和你都身受国恩，现在是舍身报国的时候了。事情成功，普天同庆；如果失败，我们即使身死，也无法在地下向先帝谢罪。如今的事态，已决然没有退路。骑在虎背上．中途还能下来吗？将军如果违反大家的意愿，自己退回，人们必然灰心丧气。如果因此导致失败，这讨伐的矛头将掉过来指向您了。”

一席话说得陶侃无言以对。于是，他明确表示留下来，不平叛军绝不罢休。

陶侃虽为人宽厚，但凡事能坚持原则，从不循私情，不苟从。

母亲去世时，陶侃暂时辞去官职，居家服丧。期满后做了东海王司马越的属官。不久，江州刺史华轶表奏陶侃为扬武将军，让他屯兵夏口，又用陶臻为参军。华轶和晋元帝历来不和，陶臻担心灾祸临头，借口有病回家。他对陶侃说：“华彦夏（轶）有操心天下的志向，但他才干不足，而且和瑯邪王（晋元帝司马睿）不和，大难将发。”陶侃听了大怒，让陶臻先回华轶处，再仔细弄清情况。陶臻后来寻机向晋元帝汇报了这件事，晋元帝很高兴，命陶臻为参军，加陶侃为奋威将军。陶侃自此与华轶绝交。

建立良好的人际关系，不仅是赢取人心、加官进爵的依仗，有时也是确保性命无虞的屏障。

晋明帝时，扬州牧王敦专权。此人为前朝重臣，如狼似虎，残暴傲慢，早有篡位之心。曾以诛灭刘隗为借口，统兵杀入京城，吓得朝廷官员四处逃散。晋元帝也脱去戎装，对王敦说：“你要想坐我的位置，应该早说，我就回到自己的封地瑯邪去。何必以武力相逼，涂炭生灵。”

王敦心胸狭隘，他很妒忌陶侃的功劳。陶侃将回江陵时，去和王敦告别，手下人知王敦性格，都劝陶侃不要去。陶侃不听，果然被王敦“留”住，不得脱身。王敦还把陶侃降为广州刺史、平越中郎将。继而又披甲持矛，要杀掉陶侃。但慑于陶侃的威望，一时不敢下手。就这样在陶侃的帐外走过去走回来，徘徊多次，却终未敢动手。陶侃早看出王敦的企图，就正言正色地对他说："您豪雄果断，能裁定天下所有的事，为什么在这么件小事上犹豫不决呢?"说罢，起身去厕所，王敦也不敢拦。王敦的咨议参军梅陶、长史陈颁对王敦说："周访和陶侃有婚姻关系，好比是左手和右手，哪有斩断一个人的左手，右手却无动于衷的道理?"王敦这才打消了杀陶侃的念头，反而设盛宴为陶侃饯行。陶侃连夜离去，到了豫章后，见到周访，陶侃流着眼泪说："不是你做我的外援，我早就没命了。"

类似蒙难王敦的事，陶侃经历了不止一次，但每次都能化险为夷。

陈敏起事时，荆州刺史刘弘以陶侃为江夏太守，加鹰扬将军。陈敏派他的弟弟陈恢攻打武昌，陶侃出兵抗击。随郡内史扈瓌离间陶侃和刘弘的关系，说："陶侃和陈敏是同乡，他身占大都，统领强兵，假如图谋不轨，荆州城就没有东门了。"刘弘说："陶侃的忠诚和才干，我已有长期的了解，怎么会有这种事?"陶侃暗中听说此事，赶快派儿子陶洪和侄儿陶臻到刘弘处，以便打消刘弘的顾虑，巩固自己的地位。刘弘见此，对陶侃深信不疑。他命陶洪、陶臻为参军，打发他俩回去，并加封陶侃为督护，让他进攻陈恢。陶侃的军队所向披靡，很快平息了叛乱。

东晋流行清谈，陶侃却以务实为本。运砖砺志，禁绝赌博，留下一个又一个佳话。

东晋时期，清谈之风炽烈。清谈者尚玄虚，重口辩，长于言语而轻于实务。沉缅于酒色的士族贵胄更以"望空为高，而笑勤恪"，他们或以醇酒为良伴，或以放浪为旷达，矫揉造作，无所事事。身为骑兵参军的王徽之，竟然不识马，甚至连自己在哪个衙门里任职也搞不清。身为振威将军的殷仲堪全不懂军事，在国难当头时，只落得兵败自杀。

较之这些人，陶侃惟以务实为本。他说："《老子》、《庄子》的话，浮夸不实，不是前代圣王的教诲，不能遵行。有德行的人应该衣冠整洁，仪表堂堂，怎么能把蓬头垢面叫做高远放达呢?"

陶侃在广州时，每天早晨搬一百块砖到屋外，晚上又搬进屋里。有人问他为什么，他回答说："我正要立志恢复中原，过于安逸，恐怕成不了大事。"原来，他是在以此砥砺心志，锻炼筋力。

陶侃为官清正。有人送他东西，他一定要问清来由，如果是那人用自己的力量换来的，虽然微不足道，他也很高兴，一定加倍赏赐；如果是用不正当的手段弄来的，他就厉声斥责，把东西退还。有一次出游，见人手拿一把未成熟的稻谷，陶侃问："拿这个干什么？"那人回答："走在路上见了，就顺手摘来。"陶侃大怒："你自己不种田，还糟塌人家稻谷！"揪住就打。因此，在陶侃管辖范围内，老百姓都能勤劳农事，家给户足。

当初造船时，陶侃令部下把木屑和竹根都收集起来，大家不明白干什么。后来正月初一朝贺时，正赶上积雪初晴，议事厅前的台阶又湿又滑，陶侃就命人取来木屑铺上。待到桓温伐蜀时，又用陶侃所留下的竹根做成竹钉，用来组装战船。

以上几件小事，充分体现了陶侃勤恪务实、周详细密的理政风格。

陶侃为官清廉，在生活作风颓靡的东晋统治阶层中，鲜有能及者。这也是他赢得尊敬和拥戴的原因之一。

东晋上流社会奢侈享乐之风甚烈。诸官吏平日不理政务，"每有会同，务在调戏酒食而已"。"一宴之馔，费过十金"，大小官员"常饮酒废职"。他们不仅吃得好，还要玩得尽兴。赌博是当时最流行的消遣方式，不少人着迷此道，竟至倾家荡产。前面提到的东晋名臣温峤，也嗜赌成性，曾因输钱太多被人扣为人质。有一次正巧庾亮经过，温峤便大叫："卿可赎我！"像这样输个精光，拿自己抵债的事，温峤"经此数四"。

在这一片豪赌之风中，也有个别清醒者，陶侃就是其中之一。他常对人说："大禹是个大圣人，还珍惜每一寸光阴，至于我们这些平常人，就更应当珍惜，怎么能游戏于赌博，沉溺于酒肉呢？活着对国家无益，死后也默默无闻，这是自暴自弃啊！"他的部下有人因为游乐闲谈耽误公事，他就命人把酒器拿来，全都扔到江里。如果发现将士官吏赌博，他就没收赌具，然后让他们吃鞭子。在陶侃看来，"赌博这等游戏，是放猪人才干的游乐勾当"。

陶侃严以责人，也严以律己。他与人饮酒，都要事先规定好限额，常常是欢聚未尽而限额已到，有人就请求再少喝一点，陶侃不许。他说："我年青时曾因酒误事，父母大人有约束在先，我不敢逾越。"

东晋上流社会的另一大享乐是广蓄妓妾，放纵情欲。开国元勋王导惧怕妻子曹氏，就"密营别馆，此处众妾"。他有一爱妾雷氏，喜欢干预政事，人送外号"雷尚书"。连律己极严的陶侃也有"媵妾数十"。这在《晋书·陶侃传》中写得清清楚楚，我们也不必为尊者讳。其实，这在当时实在算不上什么。此外，豪门显贵还拥有大量的女俾，陶侃亦有"家僮千余"。

过度享乐必然导致贪污腐败和聚敛。从《晋书》传记中看，东晋各级官吏"贪污狼藉者"甚众，几乎没有像样的清官，陶侃可谓一枝独秀了。在东晋上流社会腐败堕落的风气中，陶侃的所作所为尤显得可敬可佩。

咸和七年（332 年）六月，陶侃病重。他上疏皇上请求让位，把后事托付给右司马王愆期。重病中的陶侃仍以国事为忧，他在上疏中表达了未能收复中原的遗恨。他说："余寇不诛，山陵未反，所以愤忾兼怀，不能已已。"

陶侃获准辞职后，便欲离开京城。他乘车在临津上船，第二天船行至樊溪（今湖北鄂城西），溘然长逝，时年七十六岁。

陶侃出身微寒，却能在门阀政治之下位极人臣。他戎马一生，又逢多事之秋，可以说是在风口浪尖上闯荡了一辈子，却总能逢凶化吉，遇难呈祥，这不是运气，而是他将命运牢牢掌握在了自己的手中。"大丈夫处世，当交四海英雄"。从陶侃的为人处世中，我们今天仍可悟出些什么。

3. 裴侠：行于大道，唯施是畏

裴侠（？一559 年），生年不详。从权威的正史《周书》上，我们也只知道他字嵩和，河东解地（今山西永济）人。从他后来为官的经历和去世的时间看，当是生活在北魏孝文帝到西魏、北周时期。

历史人物的命运总是由时代决定的，而人物自身的行为又与所处的时代相映照，体现出每个人物鲜明独特的个性。

中国历史自经历了秦汉两个统一的大帝国后，从东汉解体到隋统一中国，这中间经历了一个长时间的分裂时期：三国两晋南北朝，其间还有“五胡乱华”，前后凡三百六十九年。按照史学家黄仁宇的“大历史”观，这是夹在秦汉“第一帝国”与隋唐“第二帝国”之间的一段纷乱时期。自从东汉末年群雄逐鹿，裂土分疆，这三四百年间就没有太平过。尤其是南北朝，不谙熟中国史的人乍读这段历史。突出的感觉只有一个字——乱。不仅战乱频仍，政权更替也令人眼花缭乱，皇帝更是走马灯似地换。真正是“乱纷纷，你方唱罢我登场”。以北魏为例，其君主之短命堪称中国历史之最。从公元452年统一华北的太武帝拓跋焘被宦官谋杀，到471年，在不到二十年的时间里，就换了四任皇帝，而且代表着祖孙五代。

为了大致弄清裴侠所处的这个时代，让我们先用最简单的语言交待一下这段历史。

东汉末年，各军事集团割据混战，国家分裂，社会动荡，最后形成魏、蜀、吴三国鼎立的局面。不久，司马氏取代曹魏，建立西晋，暂时统一中国。由于阶级矛盾和民族矛盾的激化，西晋迅速灭亡。司马氏皇室随后在江南建立起东晋政权。匈奴、鲜卑、氐、羯、羌等少数民族在北方先后建立起十六个割据政权，形成了与东晋对峙的局面。

东晋之后，南方经历了宋、齐、梁、陈四个朝代，史称南朝。十六国后，北方出现的北魏，后分裂为东魏、西魏；再后来，东魏为北齐所代，西魏为北周所代，合称为北朝。北朝与南朝并存，合在一起叫南北朝。北朝政权最终统一于北周，为隋统一全国奠定了基础。

裴侠本名协，西魏太祖在表扬他的忠勇时说：“仁者必有勇。”于是赐名曰“侠”。

建立北魏的鲜卑族拓跋部，最初活动于大兴安岭北端东麓一带，过着游牧生活。经过了长时间的武力兼并，于公元386年由拓跋珪建立国家，定国号为魏。后由拓跋焘继续征战，于439年统一北方。

拓跋部是一个文化较低，社会发展落后的部族。在它的统治下，阶级压迫和民族压迫交织在一起，构成了其政治特点。

北魏统治者对各族人民的压迫极为残暴。在征服过程中，它把大量汉族和其他族人民变为奴隶和杂户。在战争中，驱使汉族和其他族人为步兵，在阵前冲锋，鲜卑骑兵在后面督阵。如果步兵不前进，就被骑兵踏死。

他们对人民这样，对统治阶级内部的汉族贵族也存有戒心。清河大贵族崔浩在巩固北魏统治上出过大力，后来因具实直书，对鲜卑族和皇室有叙述不当的地方，太武帝拓跋焘一怒之下，族灭崔浩，与崔有姻亲的汉族门阀范阳卢氏、太原郭氏、河东柳氏，也同遭灭族之灾，两千多人惨遭杀害。

以上我们略微详细地追溯一下北魏的史实，是想提供一个比照：同是生于汉族官僚世家的裴侠，一生都在北朝为官，却能善始善终，并一直深受重用，这不能不说是一个奇迹。

裴侠的祖父裴思齐是个秀才，官拜议郎；父亲裴欣，博涉经史，曾任西河郡守，赠晋州刺史。裴侠在童年时便异乎寻常，七岁前还不会说话。据说七岁那年的一天，他在洛城看见自西东飞的鸟群，指着凌空而过的飞鸟，破天荒地开口说话了。此后成长迅速，到十三岁父亲去世时，行为举止已相当成熟。后经过州郡的推荐，成为秀才，从此步入仕途。历任北魏员外散骑侍郎、义阳郡守、乾车将军、东郡太守、建威将军、左中郎将，西魏行台郎中、河北郡守、大行台郎中、郢州刺史、拓州刺史、雍州别驾，北周司邑下大夫、骠骑将军、民部和工部中大夫等职，武成元年（559年）在任内去世。

裴侠深得北朝最高统治者的信任，不只是他的文武韬略，还在于他的忠诚。可以说，后者是他的立身之本。

永安二年（529年），北魏六镇和其他农民军余部还相当活跃，各种地方势力对北魏政权也趁火打劫。当时与北魏对峙的南朝梁武帝，为了分化瓦解北魏政权，任命魏北海王元颢做魏主，另立政权中心。裴侠不承认元颢的魏主地位，他扣押了元颢派来的使者，烧了元颢所谓的“赦书”。为此，魏孝庄帝十分高兴，为表彰裴侠的忠诚，特授他轻将军、东郡太守，带防城别将。

后来魏孝武帝与东魏神武帝高欢之间陡起争端，为了应付危局，朝廷准备重组生力军，调集河南军队前来勤王。裴侠奉诏率所部奔赴洛阳，同武卫将军王思政共商大计，受到孝武帝褒奖，授建威将军，左中郎将。

再后来，关东大乱，孝武帝被迫西迁。临行之前，裴侠的妻子儿女还留在东郡，他的好朋友郑伟对他说：“现在天下大乱，群龙无首，不知谁是众望所归能平定天下的人。”劝他与其西迁，还不如东去与妻子团聚，静观事态发展，以便择善而从。但是裴侠不为所动，他坚决地说：“忠义之道，怎么可以随意丢弃呢？享受着皇上的俸禄，宁肯抛妻别子，也不背弃朝廷。”言罢，义无反顾地随孝武帝西去。孝武帝感其忠诚，赐爵清河县伯，除丞相府士曹参军。

裴侠不仅忠心耿耿，而且率部驰骋疆场，屡立战功。大同三年（537年）裴侠率领军队在沙苑与敌兵展开殊死搏斗，他身先士卒，冲锋陷阵，杀得敌人丢盔弃甲。裴侠本名协，西魏太祖宇文泰在表彰他的忠勇时说：“仁者必有勇。”于是赐名曰“侠”。沙苑战役后，“以功进爵为侯，邑八百户，拜行台郎中”。

裴侠屡立战功，但并非一介武夫。王思政镇守玉壁时，任裴侠为长史。不久，东魏神武帝高欢派兵攻打玉壁，写信招思政投降。思政不从，令裴侠草拟回信，言辞极为壮烈。后来宇文泰看见了这封回信，赞不绝口，说：“即使鲁仲连在世，也超不过裴侠。”鲁仲连是齐国高士，当时秦国围赵都邯郸，赵向魏求救。魏王慑于秦的恫吓，派客将军辛垣衍去劝赵尊秦王为帝，以解邯郸之围。这时正在赵国的鲁仲连挺身而出，坚决主张抗秦，最终以超人的胆识、有力的证据和雄辩的言辞说服辛垣衍联合抗秦，迫使秦国引兵退去，解除了邯郸之围。现在宇文泰说鲁仲连尚不及裴侠，可见对他的器重。

当然，忠诚并非是裴侠立身的唯一。鉴于北朝社会动荡剧烈，政治、经济、军事、民族等矛盾空前激烈，鲜卑最高统治者也需要得到尽可能多的忠勇之士的支持、辅佐，其中包括汉族官吏的支持。然而，“飞鸟尽，良弓藏；狡兔死，走狗烹；敌国灭，谋臣亡”的悲剧也在不断重演。裴侠以他的忠勇，得以在环境险恶的北朝政权中高居要津，可以说是成功地把握了自己的命运。不过，这远不是裴侠的全部，使他名垂青史的，不是他的武功，而是他虽一生为官，却两袖清风，一尘不染。在中国历史长河中，裴侠算不上声名显赫，影响深远的重要人物，他所以能在史册上留下夺目的一笔，关键在于他以美好的品格、清廉的操守，慎始慎终地走完了清白的一生。

裴侠身居高位，从不被物欲诱惑，“独立君”的美称，使他历仕三朝善始善终。

北朝有一首著名的民歌：

敕勒川，阴山下。
天似穹庐笼盖四野。
天苍苍，野茫茫，
风吹草低见牛羊。

苍茫辽阔，丰美富饶的北方草原舒展在阳光下，淡远质朴，宁静安详。多么淳美的意境！许多人就是从这首美妙的民歌知道了北朝。但事实上，裴侠所生活的这个朝代，远非一片祥和的绿色草原，而是一个充斥着血腥和污秽的战场。如果说北朝社会动荡、皇权更替表现为一个“乱”字，那么其官场腐败，风气堕落，则表现为一个“奢”字。

北魏初期，官吏没有俸禄，全靠贪污和搜刮民财来维持自己奢侈的生活。当时，卖官鬻爵，行贿受贿都是公开进行的。元晖为吏部尚书时，

“纳货用官，皆有定价：大郡二千匹，次郡一千匹，下郡五百匹。其余受职各有差”。吏部因此被人称为“市曹”。随着北魏政治的日趋腐败，官僚贵族的腐化堕落愈演愈烈。鲜卑贵族把在征服过程中劫掠来的汉族人口变为奴隶和杂户以供驱使，而自己在优裕的生活中已经完全腐化。高阳王元雍有僮仆六千，使女五百，吃一顿饭要花费数万钱。河间王元琛则更奢侈，他家的十几匹骏马都用银槽来喂养，请客用的器皿，如水晶钵、玛瑙碗、赤玉卮等，都是由外国买来的珍奇之物。元琛曾自负地说：“不恨我不见石崇，恨石崇不见我。”石崇是西晋贵族，以豪奢著称。如今，元琛连石崇也不放在眼里，其豪奢当何以论？

了解了北魏的大致情况，我们就不难理解裴侠能做到清正廉洁，在当时是多么不容易。裴侠不是等闲之辈，文韬武略，统军理政，无所不长。依他的才干和所居之高位，是完全可以恣意享乐的，但是不然。裴侠之所以如此，首先得益于良好家风的熏陶。成年后，他曾为九世伯祖裴潜作传，认为裴家世代为官清正，自此始也。他还裴家宗室中凡是在外有些名声的，每人送去一部，希望裴家的这一好传统能代代相传。

裴侠一生忠于职守，从不被物欲诱惑。在当时那样一个黑暗污浊的背景下，更凸现出这一品格的高尚。他虽身居高位，但生活非常俭朴，每日粗茶淡饭，与平民百姓的生活差不多。北周时期，裴侠任河北郡守，“躬履素俭，爱人如子，所食唯菽麦盐菜而已”。地方人民深受感动，“莫不怀之”。这河北郡原来有个规定，郡守可以在郡内抽取渔夫猎手三十人为自己服务。裴侠到任后，认为这样做太奢侈，实在是劳民伤财。他明确表示：“为了满足自己的口腹之欲而役使别人，这样的事我不做！”于是立即下令废除这一成例。按照原来的规定，郡府内还有三十个仆役为郡守当差。裴侠到任后，不再让他们为自己服务，而是把他们的劳动所得积攒起来，为公家购买马匹。不几年，马就成了群。

裴侠离任时，郡内钱财分文不取，老百姓都非常怀念他，特地编了歌谣称赞他说：“肥鲜不食，丁庸不取；裴公贞惠，为世规矩，”以至多少年后，河北郡的百姓仍不能忘记这位清正爱民的父母官。裴侠去世时，他们还特意为他写了颂词，以纪念他的功德，感谢他的关爱。

裴侠在朝廷上还有个“独立君”的美称。

宇文泰对裴侠的为人十分钦佩。一天，裴侠与诸郡太守一同谒见太祖。宇文泰让裴侠单独站在一旁，然后扭头对其他人说：“裴侠清正廉洁，克己奉公，是天下最好的，现在，你们当中有认为自己与裴侠一样的，可过来与裴侠站在一起。”在场的所有郡守默然不语，没一人敢应。宇文泰于是厚赐裴侠。自此，朝野上下没有不叹服裴侠的，遂称他为“独立君”。

这使人想起西人卢梭。这位法国十八世纪的大思想家写过一部惊世骇俗的书《忏悔录》。在书中，他把自己的真实面目赤裸裸地揭露在世人面前，坦呈在上帝的眼前。他呼喊道：万能的上帝啊！我的内心完全暴露出来了，和你亲自看到的完全一样，请你把那无数的众生叫到我跟前来！让他们每一个人在您的宝座前面，同样真诚地披露自己的心灵，看看有谁敢于对您说：“我比这个人好！”

这是卢梭对所处的那个荒淫、腐朽时代的挑战。他以一种独特的方式表达了自信、自尊和自傲；这是一个伟大思想家的自我表白，他相信自己的清白与高尚，没有人敢与他比肩。而裴侠之获得“独立君”的美誉，是在朝堂上的面对面的比试，是得自于他人的赠予。当然，卢梭与裴侠是两个性质完全不同的人，不具备可比性。在此我们只是想以此说明，一个人的品德之高尚，行为之高洁，到了无人敢与争锋的地步，就是一个伟大的人了。

对于裴侠来说，在一个腐朽衰败，人欲横流的时代，洁身自好，清慎奉公，也不失一种自我保护，一种自我把握命运的方法。至少，也是以此显示了自身独特的存在价值。

为官清廉，于己是一种美德，对他人则是一种威慑。

孝闵帝时，裴侠任民部中大夫。当时民部主管仓库的官吏利用职权之便隐藏贪污钱财达千余万，影响十分恶劣。裴侠走马上任后，立即严格清查，对贪官污吏一律从重从严惩处。仅数十天，仓库秩序井然，人人畏法。

随后，裴侠又调至工部主持工作。上任伊始，人们就发现专门负责钱物管理的李贵在家中痛哭，有人上前询问缘故，李贵说："我管钱财，贪污缺损了很多东西，听说裴公铁面无私，我是害怕他查帐治罪啊！"裴侠听说这件事后，允许李贵自首认罪。李贵坦白自己贪污了五百万，裴侠没有深究，宽大处理了他。

对裴侠的卓尔不群，孤芳自守，也有不能理解，甚至讽刺挖苦的。

裴侠的堂弟裴伯凤、裴世秀都在朝廷做官，见他两袖清风，家无余财，就劝他说："人生一世，功名利禄都要享受，像你这样一心为公，何苦呢?"裴侠严肃地说："清廉是做官的本分，节俭是立身的基础。何况我们是大家族，清廉的美德世代相传。我们也因此才能在活着的时候，为朝廷所称誉；死了以后，能流芳于史册。如今，我没有多大才干，却承蒙朝廷厚爱。委以重任。我自安于这种清贫的生活，并不是为了猎取美名，目的在于修身养性，同时也害怕有损前辈的清名啊！"一席话说得两个堂弟羞惭而退。

裴侠一生清苦自守，克己奉公。晚年身患重病，卧床在家。大司空宇文贵、小司空申徽前来探视，见裴侠住的草屋透风漏雨，非常吃惊。两人回去后，如实上奏皇上。皇上怜惜裴侠贫苦，又以其功大，"乃为起宅，并赐良田四十顷，奴隶、耕牛、粮粟，莫不足备"。裴侠如何处置这些赏赐，史书上没有记载，我们也不必妄加揣测。不过，裴侠奉公守节一生，此时已身染重疾，受与不受，都在情理之中。

武成元年（559 年）裴侠逝世于位上。赠太子少师、蒲州刺史，谥曰贞。

在北朝这样一个世道变幻莫测，民族压迫异常残酷的环境中，裴侠能历仕北魏、西魏、北周三代而无虞，终老于任上，其忠勇与清廉是根本。诚如裴侠自己所言："夫德者莅职之本，俭者持身之基。"

《老子》曰："行于大道，唯施是畏。"施，通"迤"，斜行，这里指邪道。意思是，在大道上行走，唯恐走入邪道。裴侠立德守俭的人生准则，就是他“行于大道”的保障。

4. 包拯：杲杲清名，万古不磨

“包龙图打坐在开封府。尊一声驸马爷，细听端详……”中国百姓对包公包龙图的认识，多是从戏文或是《龙图公案》一类的公案小说、民间传奇中得来的。包公于其中不仅手持龙头、虎头、狗头铡刀，上斩皇亲国戚，下治贪官污吏，甚至于还能到阴曹地府治事，梦断鬼判，大有诸神之味道。这并不奇怪，中国百姓向来对于自己所喜爱的人物，难免神乎其技，于其事迹往往添枝加叶，吹风敷彩，直至幻构出自己心目中的“这一个”。这与其说是为了表彰人物，不如说是为了表达自己的理想、愿望，不过是借这些传奇人物，出一口怨气，寄托些希望，寻找点安慰，图个痛快而已。

因而，中国百姓赋予包公这许多传奇色彩，并不奇怪。倒是在封建社会，像包拯这样一个为百姓拥戴，且以“犯颜抗谏”闻名的官吏，能善终于参与总掌国家军政的枢密副使任上，而且身后声誉日隆，却是个待解之谜。

包拯（999～1062年），字希仁，宋庐州合肥（今安徽合肥）人。出身于官僚家庭，父亲包令仪曾任福建惠安知县、虞部员外郎。在《铡包勉》、《包公赔情》等戏曲里，说包拯从小受父母遗弃，由嫂子带大成人，这不符合历史事实。

实际上是，包拯自幼深受父母宠爱和教养，他天资聪颖，读书十分勤苦。古圣先贤的教诲，忠义救国之士的事迹、精神在他幼小的心灵中埋下了端方、正义、刚健有为的种子。“天行健，君子以自强不息。”天体运行，永无休止；君子法天，故应自强不息。儒家经典中所蕴含的这种积极进取、奋发有为、刚直不屈的基本精神，成为包拯一生立身行事的准则。

"尽信前书之载，窃慕古人之为，知事君行己之方，有竭忠死义之分，确然素守，期以勉循。"包拯读书，为求知，也为砥砺志节，陶冶情操，树立"辅佐君王，治国安民"的远大抱负。不只是为了走当时文人们共同的科举入仕之路。在所读书中，包拯最喜欢《孟子》。"生，亦我所欲也，义，亦我所欲也，二者不可得兼，舍生而取义者也。生亦我所欲，所欲有甚于生者，故不为苟得也。死亦我所恶，所恶有甚于死者，故患有所不避也……"这些话，他不知读了多少回，背了多少遍。但每次诵读，他依然感到新鲜和激动，他感到有一股至大至刚的浩然之气在心中渐渐地蓄积，有一种精神让他变得坚实有力。在后来的为官生涯中，他以自己的行为实践了孟子所说的"富贵不能淫，贫贱不能移，威武不能屈"，终成一代名臣。

忠与孝，是中国传统文化的两大内涵，在包拯身上体现得也最为充分。仁宗天圣五年（1027 年），二十九岁的包拯考中进士，被授为大理评事，实职为建昌知县。当时包拯父母亲年纪都大了，包拯不忍远离，恳请在当地任职。但宋制规定任官回避当地，所以派包拯到与庐州毗临的和州担任掌管矿税的官，但父母又不想让他离开，包拯就辞去官职，回家赡养老人。这一待就是十年。古人曰"三十而立"，包拯不会不懂得这个道理。其间不少人也劝他尽早出仕，免得错过了机会。但包拯仍旧选择了在家侍奉双亲，他说："一个人如果对自己的亲生父母都不能尽孝，怎么能对国家尽忠呢?"一席话说的人们又是点头又是敬佩。待到父母相继去世，包拯又在双亲的墓旁筑起草庐，直到守丧期满，还是徘徊犹豫，不忍离去。这种对父母的至尊至孝，受到家乡人的交口称颂。近年，安徽合肥发现了一块包拯为父亲立的神道碑，碑上阴刻篆书"宋故赠刑部侍郎包公神道碑"十二字。这既是包拯留下的珍贵文物，也是他力尽孝道的见证。

后来，在同乡父老多次劝慰勉励下，又过了很长时间，包拯才接受调遣，于景祐四年（1037 年）出任扬州天长县的知县。这一年，他已经接近四十岁了。三年后，包拯升任端州知州。任知州三年被召入朝，此后一路升迁。先是任监察御史，后改任户部判官、户部副使和地方三路转运使，掌管中央财政。一年后擢知谏院任谏官。此间，包拯不但对横行不法的权臣屡次抨击，而且对时政的许多方面提出了革新建议。可惜的是，两年之后，包拯改命为龙图阁直学士，这是个虚衔（从此人们又叫他“包龙图”），并且离开京城，出任都转运使、安抚使和瀛州、池州、江宁府知州（府）。直到嘉祐元年（1056 年）才回到京城，任开封府尹一年有余，然后升任御史中丞、三司使和枢密副使，相当于副宰相之职，总掌国家军政。不久，在处理政务时突然病倒，于嘉祐七年五月二十五日去世，享年六十四岁。仁宗皇帝亲到包拯家中向包拯最后一别，追任他为礼部尚书，赐谥“孝肃”，故史称“包孝肃”。与包拯同时代的欧阳修称赞包拯“少有孝行，闻于乡里；晚节有直，著在朝廷”。

那么，包拯既留得一世英名，万人颂扬，成为中国历史上最负盛名的清官；又仕途平畅，权倾朝野，连皇帝都对他敬重有加，这到底是什么原因呢？

天长县巧断害牛案，开封府治理惠民河，朝堂上建言“宽国利民”……包拯留下了保民安国的卓著政绩。

包拯做官，首先以断狱英明、执法如山，不畏权势、为民做主而著称于世，人称“包青天”。在小说、戏曲中，包拯最多的也是以法律与正义的代表出现在舞台上。历史上的包拯也的确爱民如子，铁面无私，因而博得当时和后代人民的颂扬，把他作为受苦受难的救世主。

包拯担任天长县知县时，有一天，有个农民牵着头满嘴淌着鲜血的大黄牛来到衙门，状告有盗贼将他家的牛的舌头割掉了，请求包拯替他作主。包拯却若无其事地说：“你只管回家，把牛杀掉卖了。”那人不解，争辩说：“我的牛让人割去舌头，够倒霉的了。再让我把它杀了，我拿什么耕地？再说，杀牛那可是犯国法啊！我可不想掉脑袋。”包拯说：“你只管回去杀牛卖肉，别的不用多问。”那人虽仍不明白，但包拯断案的神威他早有耳闻，于是，回家真的把牛杀了。这次，果然是包拯有意设下的圈套。包拯的推理判断是：既然有人要害别人，那么别人犯法，那人一定要乘机告状。不久，果然有人来控告，说有人私自杀掉耕牛。堂下，那人正煞有介事地大声控告，却听包拯慢慢说道："不是你割了人家的牛舌头吗？为什么反而来控告人家呢？"盗贼听罢，顿时如五雷轰顶，哑口无言。他又惊又怕，那高坐堂上的仿佛已不是县官老爷，而是无所不知的神明了！只得乖乖地束手就擒。

包拯断案如神，除了过人的聪明，更重要的是他处处以百姓利益为重。他到任开封府后，首先改革不合理的诉讼程序。原来百姓申诉，须把状纸交给"门牌司"，由他们收转。有的人便从中勒索钱财，造成"天下衙门朝南开，有理无钱莫进来"的坏名声。包拯洞悉其弊端，撤销了"门牌司"，百姓可以直接到他面前投递状纸，有理无钱也能伸冤雪恨了。

开封城里有一条惠民河，是由江南向开封漕运粮物的重要航道。这里交通方便，景色宜人，许多达官贵人看中了这块风水宝地，纷纷在此修建府邸。河两岸原本居住着的平民百姓，全被挤到了低洼地带。

包拯任开封府尹时，天降大雨，河水泛滥，许多平民房屋被淹，无家可归，惠民河成了一条"害民河"。"过去开封曾下过比这还大的雨，可并没听说导致河水泛滥啊，今年这是怎么了？"包拯满心疑虑，就带人亲赴河道察看灾情。只见淹在水里的都是平民百姓的茅草屋，而豪门贵族的高宅深院却安然无恙。眼前的景象使包拯陷入了沉思，难道只是因为下雨吗？到底有没有人为原因呢？包拯决心查清此事。

经过周密调查，他了解到河道拥塞不通、不能排水是造成河水泛滥的主要原因，而河道拥塞是由于大官僚和贵族们在河上拦坝筑堤造成的。包拯探访了几家贵族府邸，发现他们将堤坝拦起的水面同自己的住宅连为一体，在里面种花养鱼，有的还修建了亭台水榭，成了供私人享乐的水上花园。河道因此变得狭窄，淤塞。一旦大雨到来，哪有不淹的道理？因此，要疏通惠民河，为民造福，就只有将这些堤坝挖掉，冲走水上花园。

消息一传出，贵族们个个"义愤填膺"。有的辗转托人求情，有的轻蔑地一笑置之——量他一个小小知府，也没这个胆！也有的干脆骂上门来，还有的威胁说，包拯胆敢拆他们的花园，就先让他自己身败名裂。气氛一时紧张起来。好心的人劝包拯别再追究此事，但包拯不为所动。邪恶势力越猖獗，反而越是坚定了他一查到底的决心——包拯就是这样的铮铮铁汉。他对同僚说："我包拯为民兴利，为国除弊，何惧之有？"但包拯并不蛮干，他有办法。他画了地图，让占地的贵族交出地契，一一审验，发现有许多是伪造的。包拯心里有底了，他拿了证据，下令把所有的堤坝、花园统统拆毁。同时把名单报到皇上那里，请求撤去这些人的官职。这一招果然灵验，没有谁再敢闹事。只有个别几个自恃权大位显，跑到仁宗那里去告状。包拯拿出证据，证明他们非法建造水上花园，仁宗也只得睁一只眼闭一只眼，不能为皇亲国戚们说话了。

就这样，河道疏通了，惠民河又成了一条名副其实的施惠于百姓的河。

在封建社会，能不畏权贵，为民请命，需要多么大的胆识和勇气啊！像包拯这样的使"贵戚宦官为之敛手，闻者皆惮之"的朝廷命官，更是被百姓倚为救世主。他们说："关节不到，有阎罗老包。"意思是，如果你找不到打通关节的路，也不要着急，因为有包拯为我们做主。

包拯为官一任，造福一方。他的政绩远不止于明断狱案，秉公执法，更主要的还在于他能认识到维护百姓利益对于国家稳固的重要，做了许多有利于百姓，当然也有利于国家、皇权稳定的事。

在政治上，包拯主张对时政进行整顿和改革，建议裁撤冗官，改革选人用人制度。北宋统一后，官吏大幅度增加，到了仁宗时，授官制度已经混乱之极，官僚机构更加庞大臃肿。皇族皇室原来七岁授官，到仁宗时，甚至还在襁褓之中，就可以授官。为此，仅庆历七年（1047 年）一年内，单是属籍皇族授官的就有一千多人。皇后、皇太后、太皇太后的家族可以授官，文武官员中地位高的家族亲属可以恩荫授官。此外，还有多种授官法，如遇灾荒，地主肯开仓出粮，按出粮多少授官；朝廷也可公开卖官，如出钱六千贯给予簿尉官，出钱万贯给予殿直官等。除正官之外，等候官缺的人员，更是"不知其数"，大约三员守一缺。这仅指朝中而言，地方州县官吏，更是多到数不清的地步。庆历六年，包拯曾上书指出：“臣伏见景德、大中祥符（真宗年号），文武总计九千七百八十五员，今内外官属总计一万七千三百余员。较之先朝才四十余年，已逾一倍多矣。是食禄者日增，力田者日耗，则国计民力，安得不窘。”他力主裁撤冗官，反对滥设官职，任意封官许愿。皇祐二年（1050年）秋天，开封一带连续十余天大雨不停，仁宗吃斋祈晴，不久天霁雨晴。仁宗大喜，祭祀天地，大赦天下，文武百官迁升一级，称为“遍地恩泽”。对此包拯一开始就激烈反对，诏书下来后，他仍旧上书仁宗，指责这是败坏朝政，紊乱纲纪。他建议提拔“奋不顾身，孜孜于国”的“素有才能，公直廉明之人”。同时主张官员年届七十必须离职；即使是恩赐，即由父亲的功劳而录用的子孙，也要通过考试，等等。这些都是为了解决北宋冗官成灾的问题。

经济上，包拯一方面主张压缩开支，一方面主张不能苛剥平民。包拯在担任三司使时，非常注意发展生产，关心百姓疾苦。他认为“民者，国之本也，财用所出，安危所系”，必须注意爱护民力。当时有一种政策，由政府向百姓强行购买国家需要的物资，价格比市场价格低。这就成了剥削民众的一种手段。包拯坚决反对这种害民政策。陕西秦陇斜谷专门置办造船用的木材，随意向老百姓摊派征取，而且这里的七个州负责提供造河桥用的竹索，常常多达几十万，包拯都一一上奏朝廷，停止了这些摊派。他巡视山西，见良田沃野却被用作牧马场，就上奏说：“漳河地区土地肥沃，百姓却不能耕种，邢、名、赵州有民田一万五千顷，都用来牧马，请求全部给老百姓耕种。”朝廷答应了他的请求。包拯还请求不要轻易大兴土木，禁止妖妄荒诞的事情，等等。此外，包拯还曾主张方田均税，即丈量地主豪强的土地，防止他们漏税逃役。他还曾鼓励民间采矿炼铁等。可见，包拯的经济主张和措施，目的在于“宽国利民”。

在国防和对外政策方面，包拯同样认为民富则国强，主张改善现行的边防措施，维护国家的独立和尊严。他出使辽国时，辽国典礼官对他说：“雄城新开了一个便门，是不是想招诱我国叛逆之人，以刺探边疆情报啊?”包拯回答说：“涿州城也曾经开过便门，刺探边境情报何必用开便门的方式呢?”对方顿时无言以对。回国后，包拯积极建议朝廷加强辽宋边境的战备，朝廷采纳他的建议，加强了河北、山西一带的防卫。更可贵的是，包拯建议加强国防与军事力量，是以不增加百姓的负担为前提的。当时中原地区的农民苦于运送军粮，包拯曾提出，在丰收之年，可以购买当地农民的粮食，储备起来用作军粮，以减少运输困难。

包拯把老百姓视作国家的根本，认为只有老百姓的日子过好了，不受贪官污吏欺压了，国家才能富强，才能太平无事。如果过分榨取，使苍生处于水深火热之中，就会导致官逼民反，动摇封建统治。他之所以主张改革，成为我国历史上著名的“清官”，其思想渊源就在于此。

宋代大臣常被贬逐，但以“犯颜抗谏”闻名的包拯却未遭厄运，从“三弹张尧佐”、“七弹王逵”等事件中，或许能领悟到包拯的人格力量。

包拯为后世所歌颂和怀念，不仅是由于他当时为人民做了好事，而且也由于他个人的道德品质，以及由此而折射出的强大的人格力量。

包拯为人刚直，敢于忠言直谏，从不趋炎附势。他敬佩、效法唐朝的魏征，自称“披沥肝胆，冒犯威严，不知忌讳，不避冤仇”。他多次批评仁宗朝令夕改、失信于民的行为，并谏请仁宗广开言路，听取逆耳之言。对仁宗下令赦免的罪人，包拯也敢于抵制，他专门给仁宗上《请绝内降》的奏折，指出凡是皇帝亲自下令赦免的罪人都曾求得人情，走的后宫或宦官的门路。言肯理切，仁宗也只得表示要“严切禁止，示信天下”。

对违法违纪官吏的弹劾，包拯更是不论亲朋故旧，不避显官贵族。史载他“立朝刚毅，贵戚宦官为之敛手，闻其者皆惮之。”有名的“三弹张尧佐”事件就是一个很好的证明。

张尧佐是张贵妃的伯父，这人没什么真才实学，却极善投机钻营，特别是最会讨好皇上。仁宗晚年不理政事，只是贪恋酒色，整天在宫中宴饮享乐，后宫藏宫女数千人，赏赐动辄以万计。张尧佐看准了这个巴结献媚的好机会，为仁宗广罗美女，遍寻山海珍奇，变着法儿的讨皇上欢心。为了显示自己的“才干”，他还不失时机地谈几句“治国方略”、“用兵之道”。这一招果然灵验，他很快就受到仁宗的青睐。皇帝颁旨授予他宣徽南院使、淮康军节度使、景灵宫使、群牧置制使等四项要职。

因为任用不当，满朝震惊。包拯和群臣一同极谏，恳请收回成命，仁宗不听，说：“朕看中的人还能有错?”张尧佐也四处散布谣言，说包拯此举是出于对他的嫉妒，并扬言：“看谁敢动我张尧佐一根汗毛?”一些大臣看皇上表了态，又慑于张尧佐的淫威，不敢再言此事。可是包拯不为所动，他连续动本，尖锐指出：赏者必当其功，不可以恩进；若滥赏必行，必然有损于皇帝尊严，使朝纲紊乱。由于包拯的极谏，仁宗又迫于舆论压力，最终免去了张尧佐的景灵宫使和群牧置制使两项要职。同时规定一条：凡是后妃家庭成员，今后不得担任国家的军政要职。这就杜绝了外戚擅权的悲剧。

“七弹王逵”是包拯又一著名的弹劾案。王逵曾任湖南、江西、湖北等路转运使，每到一地，随意加派苛捐杂税，装入自己的腰包，有一次竟多收了三十万贯。任湖南路转运使时，许多百姓被他逼得逃往深山，人们对他恨之入骨，可又无可奈何，就刻了木偶写上王逵的名字，时时鞭打以发泄心中的愤恨。当王逵调往池州时，湖南百姓数千人聚会庆贺，城中居民接连三天张灯结彩，通宵达旦。但是由于王逵常把搜刮来的民财进奉给朝廷，博得皇帝的欣赏，官运亨通。有人告发，王逵便进行诬陷、排挤。洪州知州卞咸告发王逵，王逵即编造罪名逮捕卞咸，株连五六百人。包拯屡次上书弹劾，仁宗把王逵贬为徐州知府。由于王逵交际广，行贿多，不久又恢复原职任转运使。包拯得知，第七次上书，切言王逵之恶，指责其“累任皆惨虐不法，降黜差遣，纵该赦宥，不可复任原职，乞追还敕命”。由于包拯的据理抗争，仁宗最终罢免了王逵，为民除了一大害。后来，包拯七弹王逵的故事被编成评话，在民间广为流传。

在皇帝面前，包拯从来都是直言不讳，不怕冒犯天颜。为了立太子的事，包拯曾冒死进谏。他上奏说：“太子空缺的时间已经很久了，天下人都很担忧，陛下长时间犹豫不决，这是为什么？”仁宗说：“你想让谁立为太子呢？”包拯说：“微臣我没有什么才能而担任朝廷官职，之所以请求皇上预立太子，是为国家长远着想。陛下问我想让谁做太子，这是怀疑我啊。我已年届七十，又没有儿子，并不是谋求好处的人。”皇帝高兴地说：“我会慢慢考虑的。”由于包拯“有直节，著在朝廷”，对包拯的提议，“朝廷多施行之”。

包拯这种刚正不阿的大无畏气概，不仅受到当时百姓的仰慕，也使一些有正义感的官吏从内心感到钦佩，欧阳修称他“天姿峭直”，连仁宗皇帝也格外尊重他的意见。

无私才能无畏。包拯不畏权贵的忠肝义胆，正是源自于他的廉洁奉公、坦荡无私。

端砚被誉为中国诸砚之冠，产于广东古端州端溪水一带，历来被达官贵人、名人雅士所珍爱。许多人不仅爱用端砚，而且还在这坚实、细腻、纯净的砚台上寄托了自己的志节。南宋民族英雄岳飞留有一块自用的端砚，背面镌刻有铭文：“坚持、守白、不磷、不缁。”寄寓自己“精忠报国”志如磐石之坚。此砚后由人于成淳九年转赠于文天祥。文天祥得砚后，又在旁边刻下铭文：“砚虽非铁磨难守，心虽非石如其坚，守之弗失道自全。”

端砚还是上乘的贡品，每年要向朝廷进贡。包拯的前任知州假借上贡的名义，随意多征几十倍的砚台来送给权贵们。包拯在任端州知州时，下令工匠只按照上贡朝廷的数目制造。一年过去，他自己没拿过一块砚台回家。在他离任端州时，只身而行，百姓仰慕他的清廉，感念他的恩德，特意制作了一块上好的砚台恳请包拯带上。包拯执意不肯，他搀起跪送的百姓说：“你们的心意我领了，但这砚我不能收。如此自然清白之物，决不容丝毫的玷污。我要为自己，为端州这块好地方，也为这么好的端砚留个好名声。”

百姓知道这砚台包拯不会带了，就偷偷地将端砚放在他的行李中。行至半路，包拯发现了砚台，但已无法送还了。包拯拿起砚台，仔细端详了半天："是块好砚啊！"他转身看定路旁一泓碧蓝的湖水，自语道："我为你找个好去处吧。"说罢，就把砚台投入了湖水中。那砚果然不凡，不久，落砚处现出一座沙洲，人称"墨砚沙"，有人写诗赞曰："星岩朗耀光山海，砚渚清风播古今。"

包拯出任过许多地方官，在各州府任上，最棘手的是庐州和开封府。在开封府，他面对的是达官贵人的专横，而在庐州，他面临的是另一种考验。因为，那里是他的家乡。亲朋故旧，熟人熟事，易受人情包围，徇私枉法。包拯又是个至仁至孝的人，面对故里乡亲，他还能做到铁面无私吗？

果然，包拯到任不久，就碰上了一件棘手的案子。

这天，艳阳初照，柳色乍新，是个难得的好日子。知庐州以来，包拯的心情也难得片刻的轻松。他正拈起一片柳叶在庭院里观赏，忽报门外有人喊冤。包拯即刻升堂，当跪在地上的被告抬起头来，包拯吃了一惊——那人竟是他的堂舅！但包拯很快就静下心来，他的心里有杆秤：王子犯法，尚且与民同罪，何况自己的堂舅。包拯喝令堂舅跪好，然后让原告如实禀告。包拯这才知道，堂舅倚仗他是现任知府，胡作非为已不止一天了。"一人得道，鸡犬升天。"老百姓谁不懂这个理，所以受欺负的人一直忍气吞声，无人敢告。直到今天，才碰上这么个天不怕地不怕的，把这位"堂舅"揪到了公堂上。

在传唤了其他几个证人后，包拯大怒，当堂命衙役依法打其堂舅七十大板。消息传开，百姓拍手称快，盛赞包青天铁面无私。"自是亲旧皆屏息"，族人中再也没有人敢为非作歹了。

当初，包拯刚一调任本籍庐州时，亲戚朋友奔走相告，个个笑逐颜开。他们纷纷赶来拜访，以为这下好了，不管做什么，都会有人为他们撑腰了。但事实很快就令他们大失所望了。前去拜访的人全都吃了闭门羹。如今，那些企图仗势凌人的人，不仅没讨得便宜，反而得到了严厉的处罚。家乡的人这才领略到了"包青天"的威严。于是，有人赞许，有人不解，也有人咒骂，说他无情无义。其实，包拯何尝不爱这故乡故土、父老

乡亲啊。但他是朝廷命官，代表的是国家的利益和法制的尊严，还有他自己的正直和良心。但是他也深知这样做的后果，于是他选择了回避。所有熟人来访，全部谢绝，概不接见。触犯条令刑律，一律绳之以法。由此，“故人、亲党皆绝之”。包拯虽深为所苦，却矢志不移。他认为：“法令者，人主之大柄。”因此有法必依，执法必严。即使自家亲戚，也不能留一点情面。旧时戏文《铡包勉》，《包公赔情》虽为虚构，但戏中那个大义灭亲、刚正忠直的包公形象，却达到了高度的真实。在忠与孝发生冲突时，包拯义无反顾地选择了忠，这是忠实于国家，更是忠实于法律。同时人们也看到了忠孝两难下的包拯内心的隐痛。在家乡任职时，包拯面对误解和流言，曾写下一首诗，形象地勾画出自己无所畏惧的性格，吐露了不苟且求荣的心迹和为国家百姓做一番事业的抱负：

清心为治本，直道是身谋。
秀干终成栋，精钢不作钩。
仓充鼠雀喜，草尽狐兔愁。
史册有遗训，无贻来者羞。

这也是包拯留给后人的唯一诗作。

包拯一生简朴，虽然官位很高，但吃饭穿衣和日常用品都跟做平民时一样。他曾不止一次的说：“后世子孙做官，有犯贪污之罪的，不得踏进家门，死后不得葬入大墓。不遵从我的志向，就不是我的子孙。”他还把这些话刻在石头上，立为家训。

宋代官吏贪污成风，生活淫逸奢侈，在历史上是有名的。特别是仁宗治内，更加严重。有一年，杭、越、苏、秀等州“旱涝连年”，“饿尸横路”，仁宗命淮南转运使魏兼去安抚灾民。魏兼到苏州，不但不加抚慰，反倒昼夜歌舞娱游，过起花天酒地的生活来。而对饥民，不仅不闻不问，甚至都赶到庙里关起来，不给饭吃，三天中饿死很多人。魏兼所到各州，州官个个遣送歌妓迎候，以致民间流传歌谣说：“绕梁歌妓唱，动地饥民哭。”

这样的例子举不胜举。但同时在朝为官的包拯，高官显位二十余年，却能做到一身正气，两袖清风，实在难能可贵。

像包拯这样生性耿直，连皇亲国戚都不放在眼里的人能屡获擢拔，与仁宗的性格不无关系，也算包拯有福，赶上一个“好脾气”的皇帝。

继恢弘繁盛的大唐帝国之后，宋朝显得相对羸弱些，从唐诗的雄杰豪壮和宋词的纤细委婉中，也大抵可以感受到诸如此类的区别。

有趣的是，宋是中国历史上第一个由职业军官创立的朝代，反在军事上不及前朝历代。别说是全无汉代开疆拓土的雄悍，连唐代戍边的坚韧顽强也未能继承下来。而是隐忍退避，纳币息事，花钱买得一夕平安。这饮鸩止渴的苦果，一百多年后就由他们自己尝到了。

景德元年（1004 年）秋，宋真宗在刀兵之下与辽国签订“澶渊之盟”，同意每年给辽国绢二十万匹，“岁币”银十万两。宋朝以屈辱妥协的办法，取得了暂时苟安。

宋仁宗在位四十一年，也就是包拯在朝为官的这些年，虽然经济和文化都有所发展，但积贫积弱的局面并没有改善，一遇外族侵略，就只能忍辱求和。自“澶渊之盟”后，北宋有较长时间没有遭遇大的战争。康定元年（1040 年）正月，边关再次吃紧。这回，是西夏的军兵打来了。宋军连遭败绩，结果是北宋答应每年送给西夏七万二千两白银、十五万三千匹绢和三万斤茶叶，两国罢兵。北宋再次以大批金钱财物换取了西北边境的暂时平安。

但是，就是这样一个以军人为首脑组成的国家，在军事上少有作为，在学术上反颇有建树，中国历史上许多大政治家、思想家和文学家均出于宋。文人受到充分重视，有位至丞相，高官厚禄；有“奉旨填词”，倒也快活。这与宋朝，尤其是北宋初年政治的相对宽松不无关系。

中国封建社会是家天下，封建官僚的命运，除大的社会环境外，还与在哪位皇帝之下吃官饭有着直接的关系。

宋仁宗赵祯是宋代的第四任皇帝，公元1023～1063年在位，任内改年号九次：天圣、明道、景祐、宝元、康定、庆历、皇祐、至和、嘉祐。包拯1037年出任扬州天长知县，1062年殁于枢密副使任上，其为官之日，几乎与仁宗在位相始终。像他这样生性耿直，犯颜强谏，连皇亲国戚都敢不放在眼里的官吏，能屡获擢拔，且能得善终，与仁宗的性格不无关系，也算是他有福，赶上了一个“好脾气”皇帝吧。

《宋史》上说，仁宗“天性仁孝宽裕，喜愠不形于色”。事实上也的确是好脾气。包拯每每与皇上的意见相左，且不避圣怒，犯颜直谏，并屡次上书弹劾皇上身边的宠臣，惩治为非作歹的皇亲国戚，非但未见仁宗发火，反而多是好好好、是是是，就照你说的办。仁宗尚能开通言路，采纳善言。庆历七年三月诏曰：“天下有能言宽恤民力之事者，有司驿置以闻，以其副上之转运司，详司可行者辄行之。”从他对包拯等人态度上，也可以看得出他还是听得进善言忠告的。

仁宗也能体恤百姓。翻开《宋史》，仁宗治内水旱、地震、蝗虫等灾害不断，他都下旨赈济。皇祐元年春河北水灾，仁宗遂罢上元张灯，停止作乐，下诏以缗钱二十万买来谷种分发灾民。是年冬又下诏，河北灾民凡八十岁以上或有残疾，生活不能自理者，“人赐米一石，酒一斗”。次年，再次以“岁饥罢上元观灯”。

对百姓的疾苦、冤怨，仁宗也能给于关注。皇祐元年，他曾下诏：“民有冤、贫不能诣阙者，听诉于监司以闻。”他还下诏责备下属对贪赃枉法、横征暴敛的地方官举报、弹劾不力，责令他们今后恪尽职守，“毋挠权幸，毋纵有罪，以称朕意”。从仁宗这一态度看，也就不难理解包拯在朝廷所受的特殊待遇了。尽管仁宗对贪官、昏官、冗官的打击并不有力，而且有包庇、纵容之事，但他毕竟表过这类惩贪治冗的态，所以也不能不顾及颜面，对包拯这样的人表现出大度包容。再者，对于封建帝王来说，问题不在于他是否愿意整治吏治，而是封建社会的本质决定了他们不可能在这方面有所建树。包拯“三弹张尧佐”、“七弹王逵”所费的周折和最后的结局，就很能说明问题。

宋代官僚机构庞大臃肿，冗官泛滥，可是官吏的俸禄并不高，尤其是五品以下的小官吏，薪俸甚至不足以养家糊口。但却鲜见吃不上饭的官宦人家，反倒是奢侈糜费者比比皆是，这当然多依赖于来路不明的“灰色收入”了。就仁宗而言，对官僚的奢靡生活，还是希望有所节制的。并且自己也做了一些姿态。他曾下诏：“中外臣庶、居室、器用、冠服、妾媵，有违常制，必惩毋贷。”他自己也以身作则，有人请求把玉清这块地方辟做皇家苑囿，仁宗制止说：“吾继承有先帝的苑囿，已经很大了，为什么还要再建呢?”他死前留下遗言，嘱咐后事从简：“山陵制度务从简约。”《宋史》称赞他“恭俭仁恕，出于天性”。

仁宗在位四十一年，要说有所建树的话，那就是他曾推行范仲淹提出的新政。范仲淹是真宗大中祥符八年（1015年）进士，于庆历三年（1043年）被仁宗提任为参政知事，同年，提出十项改革主张，其内容包括考核官吏、整顿吏治、惩办贪污、裁汰冗官、改革科举、选拔人才、提倡农桑、减轻徭役、发展军屯、加强国防等等。仁宗采纳后，下诏颁行全国，号称“新政”，因是庆历年间实施的故称“庆历新政”。但是，这个有远见的政治改革方案，由于触犯到贵族官僚的利益，从一开始就遭受到保守派的反对和攻击。仁宗迫于压力，遂罢去了范仲淹的副宰相职务。庆历五年范仲淹降知邓州，“庆历新政”也随之夭折。不过就仁宗本人来说，在位期间并未搞“顺之者昌，逆之者不死则亡”，反而一直是宽以为政。景祐四年（1037年）侍御史知杂事庞藉，在上谕中就把官吏贪污腐败的原因归于仁宗的宽政，他说：“近年贪吏益众，盖由宽法所致。”《宋史》说，仁宗治下“国未尝无弊幸，而不足以乱累世之礼；朝未尝无小人，而不足以胜善美之气。君臣上下恻怛之心，忠厚之政，有以培壅宋之三百余年之基。”这当然是誉美之词，但包拯能以刚直之性、清正之身而稳居朝堂，不但从未遭贬斥，反而权位日隆，实在也是因为他赶上了仁宗这样的皇帝。这是包拯的运气。

从另一方面说，为国者也需要包拯这样的忠勇之臣。除了帮助自己明查明断，少受蒙蔽外，也可以依靠这些人正大光明、堂而皇之地整肃朝纲，剪除异己。当然，也不排除沽名钓誉，树立“圣明君主”形象的心理。历史上唐太宗之重用魏征、武则天之用骆宾王，概莫如此。

唐太宗李世民脾气暴烈，有一次想让卢祖尚任交趾镇抚，恳请再三，卢坚辞不受。太宗大怒，力斩卢于朝堂，曰：“我连你这样的人都不能驱使，如何能驾驭天下！”但是，就是这样一种脾气的君王，竟也能不记前嫌，将前太子洗马魏征接收过来，倚为顾问。偏魏征又是个不给面子的人，仅贞观一朝就向皇上诤谏二百余事，他屡屡违拗太宗旨意，不仅未受惩治，反被宽容优待。这是为什么呢？《资治通鉴》记载着这样一件事：有一次，太宗退朝后，怒气冲冲地对皇后说：“我这就杀了那个‘田舍翁’！”皇后问是谁，太宗说：“还能有谁？就是那个魏征，今天又在朝堂上公开羞辱我！”皇后听罢没说什么，入内穿起上朝的服装，然后郑重其事地恭贺太宗。太宗不解，说我正在气头上，有什么好贺的？皇后说：“我听说国君圣明，大臣才刚直，如今魏征刚直不阿，不就是由于陛下您圣明吗？我怎敢不向陛下您祝贺呢？”太宗这才高兴起来。

这事今天听起来，有点像夫妻俩演的双簧。由此可见，皇上宽怀纳谏，其中不少是为了给自己装点门面，捞取政治资本。宋仁宗是以何种心态纳谏的，史书中没有详细记载。但作为封建帝王，所谓从善如流，宽大容忍，也都是有限度的，至少需有利于他的统治。否则，纵使宋仁宗脾气再好，那黑脸的包公怕也早就遇到麻烦了。

宋代有较完备的司法行政制度，使包拯手握实权，能做到铁面无私。

宋代初年，统治者鉴于五代覆亡的历史教训，十分重视刑政建设，着手整治“刑狱冤滥”、草菅人命等时弊，务使“天下无冤民”。为加强立法，宋太祖建隆四年（963 年）编成有宋一代的基本法典《宋统刑》三十卷，于同年七月下诏“模印颁行”。据统计，中国历朝官家所藏前朝及本朝的法典和法律书，要数宋朝为第一。就内容来说，以上法典的重点有两个，一是镇压人民的反抗和臣子的篡权阴谋，二是惩治官吏的贪污活动。

除立法之外，宋代还有一整套监司制度。

宋代监司有一个形成与发展的过程。始有转运使、副使、转运判官，后有提点刑狱、武臣提刑等。其中转运使设立最早，自太宗太平兴国二年（977 年）始，“边防、贼盗、刑讼、金谷、按廉之任，皆委于转运使”。淳化二年（991 年）又设提点刑狱，与转运使平起平坐。当时，监司被视作外官之要任。选任监司的途径有皇帝亲择、开科选取、中枢选擢、大臣举荐等四种，选择标准是：“公正聪明可备监司科”、“刚方恺悌可备监司郡守”、“择吏才明敏，望实兼约者”充转运使、提点刑狱。

包拯曾先后担任过京东、陕西、河北转运使。在他看来，“转运使、提点刑狱在于察官吏之能否，辨狱讼之冤滥，以至生民利病，财赋出入，莫不莅矣。事权至重，责任尤剧”。这是包拯责人的标准，也是他自律的标准。如前所述，包拯在任职期间秉公执法，体恤民情，深受百姓爱戴的事迹，足可见他此言不虚。

宋代监司的职责在于：“宣布国家诏令，督察官吏善恶”。它既是治民之官，也是治官之官。体现在职能上，则负有行政与监察的双重性。所谓“天下之事，散在诸路，总制于监司，其大者治财富，察官吏，平狱讼”。仁宗时，为加强监司职能，于庆历三年下诏，诸路转运使并带按察使，每岁考官吏能否。使监司处于上承朝廷，下治州县的重要环节。

宋代司法行政制度使监司手中掌握有实际的权力。这种权力一旦被包拯这样的清官所掌握，就能为百姓做些有益的事，并能给赃官以应有的惩治。对于清官来说，有了这等合法的身份，自然也就有了制度上的保障。

当然，也应该看到，宋代监司制度仍是封建专制制度的一部分，在封建社会中，不可能真正有效地打击贪官污吏，皇帝设监司监察地方官吏的主要目的是惩治那些试图犯上作乱和不肯推行朝廷命令的人，而对营私舞弊的赃官则采取容忍、放纵的态度。仁宗时，转运使杨畋、判官王绰、提点刑狱王鼎严惩贪吏，反遭人中伤，被骂为“江东三虎”。之后，杨畋就因“苛刻下迁”。可见仁宗对惩治贪吏的态度，与叶公好龙如出一辙。所以，仁宗提携、嘉许包拯，也是为我所用。像包拯这样的忠勇之臣，其所作所为都是为了维护封建王朝的统治，自己既无私欲亦无权欲，刚正耿直而断无野心，不必担忧其权重侵主。除有时会惹得皇上心里不痛快，面子上不好过之外，与国家、皇权丝毫没有威胁。因此，树几个这样的忠臣为榜样，只会对皇权的巩固有好处，皇上何乐而不为？

可见，包拯这样的清官能够善始善终，不是由于他们的命运好，从根本上说乃是因为他们适应了封建统治者的需要。

包拯以刚正不阿著称，但欧阳修却攻击他精于权术，尤其在“蹊田夺牛”一事上，包拯因此闭门不出。刚正与权术是否就是他稳居涡流的秘诀？

纵观中国历史上仕途坎坷的官吏，不是由于思想上对现政权构成威胁，就是由于在实际权位上危及到了当朝统治者或是权臣显贵。如宋代的苏轼、王安石，明代的海瑞、李贽等。而包拯不同，他不是思想家，只是实干家，与权位无所争。至于他是否因为精于权术，既博得清正廉明的好名声，又能力保仕途无虞，史书上未见提及，不宜妄加揣度。但有一件事，包拯却曾遭人病诟，这就是“蹊田夺牛”。

这件事的主角叫张方平，字安道，南京人。他的读书经历，很有点像后来的宋濂在《送东阳马生序》中所描述那番情景。张方平小的时候家里很穷，没钱买书，就借书来读。他才智超群，“从人假三史，旬日即归之，曰：‘吾已得其详矣。’”凡是看过一遍的书，他都不用再读第二遍。当时的人都认为他是天下奇才。出仕后，他曾上《平戎十策》言破敌之道，亦曾奏免横赋四十万，减铸铁钱十余万缗。任三司使时，张方平上“十四策”以论国事。仁宗接到他的奏章，一直看到半夜，连连称是。

但是，就是这样一个人，在三司使任上，却倚仗权势巧取豪夺，强占强买豪民财产。有人把这事上奏给了皇上，却迟迟不见反应。包拯坐不住了，他以为，张方平身为朝廷重臣，却上不兢兢业业为朝廷尽忠，下不全心全意为百姓谋利，反而倚仗权势聚敛财富，用皇上所给的权力谋取私利，这样的人怎么还配做官！包拯眼里可是从来容不得沙子，他平生最恨的就是这样的官吏，于是即刻上奏弹劾。皇上接到奏折后犹豫再三，召来包拯说："张方平恃权敛财，固然不当，但他也是个于朝廷有功，办事精明强干的人嘛。财产退出来就是了，何必罢他的官呢？"包拯不同意，他坚持说："越是这样的人越不能纵容，他的'精明强干'一旦用在邪道上，危害更大。皇上重用这样的人，后果不堪设想。我这是为社稷，也是为皇上着想。至于张方平以前的贡献，那是他为官的本分，是他应该做的，不能用来抵消他的罪责。"

仁宗听了包拯这番话，随即罢免了张方平的官职，改由宋祁取代之。谁知包拯还是不答应，他又以昏聩无能指责宋祁无力胜任此职，结果宋祁也被罢免。那谁来补这三司使的空缺呢？仁宗一时也没了主意。他转身打量包拯："你看别人都不行，你来干？"包拯慨然从命，以枢密直学士的身份兼任了三司使。对此，欧阳修很有些看法，他说："包拯正是《左传》中所说的，'有人牵牛踩了别人的地，那地的主人不仅责罚了那人，还把人家的牛也抢夺过来'。包拯奏请皇上罢了张方平的官，这惩罚已经够重了，又贪恋三司使的肥缺，不也太过分了吗！"这次，生性耿直的包拯听了，并未前去找欧阳修分辨，而是采取了回避的态度，呆在家里过了很长时间才出来。这在包拯是极为罕见的，也因此引得人们议论纷纷。褒奖者认为包拯这是顾全大局，非议者认为这是包拯做贼心虚。此事未见包拯自己陈说，是耶？非耶？"蹊田夺牛"之事到底是包拯秉公从事，还是耍弄权术？只有留待后人评说了。不过，从包拯的为人、地位和他做官的辛苦看，该是不会贪恋这一官半职的。

其实，包拯是否觊觎权位，这并不重要，重要的是他在任上做了些什么。《宋史》说包拯在三司使任上，凡是各库的供上物品，以前都是向外地的州郡摊派，老百姓不堪重负。包拯特地设置榷场进行公平买卖，百姓得以免遭困扰。过去，一些小官吏欠公家钱帛长时间还不上的，大多被处以拘禁。但这些人一有机会就逃跑，于是再把他们的妻儿抓起来，逼他们回来。包拯上任后认为这样做徒劳无益，就改用安抚政策，把抓来的人全都放了。这一招果然灵验，欠钱的人感恩戴德，又慑于包拯的清正威严，很快就把欠帐还清了。

因此，即使包拯有如欧阳修所指摘的那种巧取权位之嫌，但从客观上看，也未必不是件好事。鉴于包拯的政绩，不久就升任枢密副使，接着又擢升礼部侍郎。这次，包拯坚辞不受。

包拯勤勉一生，直到生命的最后一刻。嘉祐七年（1062年）包拯六十三岁，一次正在府衙理事时突然发病，手下慌忙把他抬回家，不久就去世了。

包拯真正做到了鞠躬尽瘁，死而后已。闻听他去世的消息，“忠党之士，哭之尽哀，京师吏民，莫不感伤，叹息之声，闻于衢路”。

仁宗派专人护送包拯灵柩回到合肥，安葬于合肥城东五十里大兴集。今合肥包公祠里有一幅对联：“理冤狱，关节不通，自是阎罗气象；赈灾黎，慈善无量，依然菩萨心肠。”高度概括了包拯一生不谋私利，廉洁爱民的品格。因此，后人称包拯为“真御使中丞”。一个“真”字表达了人们对他的高度评价。《孝肃包公遗像赞》曰：“龙图包公，生平若何？肺肝冰雪，胸次山河，报国尽忠，临政无阿。杲杲清名，万古不磨。”生前死后，包公一直受人尊敬，甚至远及塞外。《甲申杂记》载，西羌于龙呵归顺宋朝后，对押伴使说：“平生闻包中丞拯，朝廷忠臣，某既归汉，乞赐姓包。”神宗答应了他的请求，赐名包顺。

从包拯的政绩、为人及其所处的时代等方面看，可以肯定地说，包拯能以刚正不阿之身而得以善终，而且身后声誉日隆，不是他精于权术，明哲保身，更不是运气使然，实在是那样一种环境里的必然结果。也就是说，作为一个封建官吏，包拯的命运不是一个特例，而是一个常例。

包拯去世了。就个人来讲，他一生的命运就此画上了一个圆满的句号。但是就世人来说，他之后的命运才刚刚开始。祖祖辈辈，倍受侮辱与损害的黎民百姓不能没有“包青天”——那是他们精神的期盼与慰藉。

于是有了我们今天所见到的包公包青天。作为中国历史上最负盛名的清官，其在历史上的真实地位与之是很不相称的。但是人们宁信其有，不信其无。这不是人为的吹捧，而是百姓的自觉。

对包公形象的再塑造，从宋代就开始了。在现存宋人话本中，写包拯的就有《合同文字记》、《三现身包龙图断案》等，后来歌颂包公的传说越来越多。经过南宋说书艺人的加工塑造，包公的形象更加丰满、鲜明，不断地流传于后世。在这一过程中，包公的事迹越积越多，包公的本事越传越神，也越为老百姓所敬重和喜爱。《龙图公案》依旧令人爱不释手，“包公戏”至今盛演不衰。这其中，有的是全然虚构，如《铡包勉》、《龙图公案》中的某些故事；有的是加工改编，如戏曲《陈州放粮》就是根据包拯七弹王逵的事迹，加以渲染、虚构而成的。但不管怎样，都是艺术地再现了历史上真实的包公。今天，包公的形象仍活跃在人们心中。不仅是旧书老戏，还有新编历史剧。人们永远不会忘记这位刚直不阿、为民请命的清官廉吏。

只要世道上还有不公，只要百姓的心里还有冤屈，包青天就注定要永远为民操劳，死而不已。这，是他必然的命运。

5. 卜天璋：保民为上　守正为心

齐宣王问曰：“齐桓、晋文之事，可得闻乎？”

孟子对曰：“仲尼之徒，无道桓、文之事者，是以后世无传焉；臣未之闻也。无以，则王乎！”

曰：“德何如则可以王矣？”

曰：“保民而王，莫之能御也。”

……

这是两千三百多年前孟子与齐宣王的一段著名的对话，它被忠实地记录在《孟子》这部书里。孟子在巧妙地将话题引到自己的主张上之后，就反复运用浅显而生动的比喻和类推的逻辑方法，详细地向齐宣王阐述了自己“保民而王”的思想，那就是爱护百姓，发展生产，使百姓有地种，有衣穿，有饭吃，然后教育他们。如此，“老者衣帛食肉，黎民不饥不寒，然而不王者，未之有也”。

孟子是最早认识到人民对于国家安定富强有着重要作用的古代思想家之一。他还说过一句有名的话：“民为贵，社稷次之，君为轻。”这在人们相信“溥天之下，莫非王土；率土之滨，莫非王臣”的时代，的确是难能可贵的。孟子这一思想，是对孔子思想的继承。孔子讲：“仁者爱人”，这是他的思想核心，也就是以一己之心推及他人，由亲属之爱延及博爱（“泛爱众”）。形成了从孔子的“己所不欲，勿施于人”到孟子的“老吾老以及人之老，幼吾幼以及人之幼”的原始人道主义思想。

孔、孟是理想主义者，他们的主张在封建社会根本就没有施行过，但是儒家这些善良进步的主张，对后世知识分子影响却很大，成为他们反对残民虐民，同情人民疾苦的思想基础。一些饱读儒家经典的清官廉吏，也接受了“民本”思想，并躬身实践，因而才有“爱民如子”、“为民请命”，惩治贪官污吏，平反冤假错案，等等。激进时甚至带有反对特权，反对专制，反对等级制度的民主思想。诚如包拯所说：“民者，国之本也。”

元代的卜天璋便是这类清官廉吏的代表之一。

冒着掉脑袋的危险，卜天璋发放官粮赈济饥民，准许饥民渡黄河南迁。

卜天璋（1250～1331）字君璋，洛阳人。至元年间任河南府史，后为中书椽，大德四年（1300年）擢升工部主事。历任枢密院都事、刑部郎中。皇庆年间，任归德府知府，升浙西总廉访副使，饶州路总管，再升广东廉访使，山南廉访使。此后以年迈辞官归家。至顺三年（1331年）卒，赐谥号“正献”。

卜天璋自幼聪明颖悟，正直而自负。少年便有大志，要干一番大事业。为此，他勤奋苦读，悉心研读经书史籍，从中悟得了为官的道理，那就是要以百姓为本，养民、爱民、护民、利民，才能保国无忧。即如孟子所言：“得天下有道：得其民，斯得天下矣；得其民有道：得其心，斯得民矣；得其心有道：所欲与之聚之，所恶勿施尔也。”

卜天璋深知使百姓安居乐业，从事生产，才能保证国家的安定发展。在任归德府知府时，他竭力鼓励农耕，劝导学业，修复河流渠道，使河水泛滥之患得以免除。到任饶州路总管后，卜天璋任凭百姓自报田产，施政毫不扰民，百姓欢悦、力事生产，境内清静肃然。就像唐代柳宗元《种树郭橐驼传》中的那位植树高手，“顺木之天以致其性也”，就是顺着树木生长发育的自然规律，让它按照自己的习性成长。同样的道理移之于为官，就是要顺民、养民，而不可伤民、扰民。卜天璋治理地方，深得个中三昧。

卜天璋平时劝勉农耕，为百姓创设良好的生产生活环境。遇有灾害发生，他便尽全力救助。在任饶州路总管时，属县发生饥荒。卜天璋当即决定发放官粮赈济。僚佐们劝他不要这样着急，让他先报告上面，获得批准后再做不迟，否则上面怪罪下来，要掉脑袋的。卜天璋却坚持立即开仓，他说：“百姓如此饥饿，若是等上面批准后再赈灾，百姓定会饿死的。如果有事前未申报的责任，由我一人承担，不会连累各位。”于是发放官府存粮救济灾民。百姓因此避免了更大的灾难。

卜天璋之所以这样无所顾虑，是因为他明确自己的所做所为是出以公心，是为民为国，走得直，做得正。

爱民不仅是立国之本，在清官廉吏看来也是立身之本。他们积极、自觉地将治国强国作为个体存在的至高无上的目标和义务，进而变为对个体人格完善的追求。“仁远乎哉？我欲仁，斯仁至矣。”为此，他们主动地严格地约束自己，最终达到一种至高境界：“志士仁人，无求生以害仁，有杀身以成仁。”“仁者必有勇，勇者不必有仁。”我们也因此在许多清官廉吏身上看到了自我牺牲精神、拯救世界的道德理想和孜孜不倦、临危不惧、不计个人宠辱得失的高贵品质。

这种至高的人格理想，使这些人虽为朝廷命官，却敢于从道义出发，抗拒朝廷的命令。卜天璋在任河南府史时，黄河以北有饥民数万人，聚集在黄河边准备向南迁徙。皇帝却下诏，令百姓恢复常业，不得南渡。众人不听，喧哗不肯返乡，形势眼看难以控制。卜天璋担心发生变乱，劝总管张国宝听凭这些人渡河。张国宝起初不肯，抗旨是要杀头的，这谁都知道。但卜天璋耐心地与他分析说："抗旨固然危险，但那只是个人得失。一旦局面失控，酿成暴乱，国家、百姓都要遭殃。那时，你我的罪过就不一样了。"在卜天璋的劝说下，张国宝终于接受听凭饥民渡河的意见，避免了更大的灾难。皇上也没有追究。

大德四年（1300年），卜天璋任工部主事，蔚州有一人名刘帅，强横地夺取他人产业，官吏不敢处理。中书省调卜天璋前去断决，刘帅屈服，所夺田地又归于民。

卜天璋的才干品行颇为朝廷所重，很快地，他被擢升为广东廉访使。先前，豪强濒海筑堰，垄断商船以取利。前任多届长官都因收受了贿赂而置之不问。卜天璋一到任，豪强照例前来行贿，但这次却不灵了。卜天璋查明情况，立即调发兵卒将堤堰拆掉，有力地打击了豪强势力。

卜天璋的大德大勇，使他深受百姓爱戴。久而久之，人们甚至把他当成了神人，于是有了许多关于他的传说。

有一次，大火烧到了饶州的东门，多少人用水泼，用扫帚打都无济于事。眼见火势就要失去控制，蔓延进城里。就在这危急时刻，只听有人大喊："卜总管来了！"慌乱的人群顿时安静下来，自觉地让出一条路。只见卜天璋穿戴整齐，面容整肃地对着大火拜了三拜。奇迹发生了！刚才还在熊熊燃烧的大火，竟渐渐地熄灭下来。城门保住了，百姓一片欢腾。

饶州城外有一座鸣山，山上有虎，经常危害乡邻。乡民们早就想根除祸患，可就是逮不着老虎。卜天璋了解到这一情况后，未动一兵一卒，只给山神发了一道讨虎檄文。很快地，山神就将老虎献了出来。百姓生活也从此太平了。

岭南地区历来无冰。卜天璋赴广东上任后，竟开始有了冰。人们都说，这是卜天璋旋政良好，感动了天公所致。

上述事迹，虽见于正史记载，却当然不会确有其事。但是它充分表现了百姓对卜天璋的崇敬和信任。历史上，由于功勋卓著或品德高尚，在生前死后被百姓神化的文臣武将不在少数，如战国屈原和三国关羽、诸葛亮等，卜天璋足与之媲美。

元仁宗指着他对太后说："这就是不贪贿赂的卜天璋。"年届八十，他仍能制止荆楚地区的骚乱。

孔孟开创的传统儒家精神所追求的个体人格的完善，是全方位的。处世，表现为为民请命，刚正不阿。"居天下之广居，立天下之正位，行天下之大道。"于己，则表现为志行修洁，清廉谨慎。"富贵不能淫，贫贱不能移，威武不能屈"，是顶天立地的大丈夫。

元代官场荒淫腐朽，权贵豪富"张筵列宴"，动辄"一食钱万"。大都市场，"屠千首以终朝，酿万石而一旬"，主要是满足达官贵人的挥霍浪费。而平民百姓却世世代代过着饥寒交迫的生活。就连许多下级官吏也往往衣不蔽体，食不果腹。诗人胡助描写他们的处境说："江南文士官更寒，灶突无烟薪炭绝。"

在上层官吏一片荒淫污浊中，也有个别人能够洁身自好，固守清俭。卜天璋就是其中之一。关于他的日常生活，史书中没有具体记载，但从皇上对他的褒奖中，我们却可以清楚地看出他的品格。

一次，元仁宗召卜天璋入宫晋见，当时兴圣太后也在坐。仁宗指着他对太后说："这就是不贪贿赂的卜天璋。"太后问他现任什么官职，卜天璋回答说："臣下无才，误被皇帝擢升任用。"仁宗说："先朝任命谢仲和为尚书，爱卿为郎中，都是朕亲自推荐的。你们应尽忠职守，不得怠懈!"言罢，当即把中书刑部的大印交给了卜天璋。

看来，在封建社会也并非全是好人无好报。卜天璋以自己的品行和才干赢得了皇上的信任，也决定了自己的命运。

到刑部走马上任前，卜天璋入宫晋见。皇帝赐酒于隆福宫，并赐锦衣三套。在一次受命处理谋反案件时，仁宗看着左右大臣说："卜天璋是个清廉谨慎的人，一定会据实断案。"卜天璋果然不负圣望，详查明断，既使罪人受到惩罚，又没有出现冤狱。

卜天璋为国为民操劳一生，晚年仍为国事分忧。天历二年（1329年），蜀地发生叛乱，荆楚地区受到很大震动。朝廷急拜卜天璋为山南廉访使，前去处理。那时，卜天璋已是耄耋之年，人们都以为他一定不会赴任。然而卜天璋却挺身前往，他说："国家正遇危难，我虽年已八十，常常害怕不能死得其所，岂敢逃避困难！"到任后，他不是兴兵镇压，而是首先整饬风化，严肃吏治。州郡之中果然肃然安定。卜天璋对人说："这叫治本。"当时物价飞涨，卜天璋却下令不要强行压低物价，而是听任民众自由买卖。此举一出，引来商人的车船汇集贩运，米价很快就跌了下来。这是又一招治本。卜天璋还禁止把惩罚贪赃而入库的缗钱上交御史台，而是留下来救济饥民。当御史到来时，百姓都聚集在路旁，向他称颂此事。

在顺利完成这次使命后，卜天璋便辞官回家了。回到汴梁后，他把自己余下的俸禄都施予族人，家中毫无储蓄。别人都惊讶不解，卜天璋却处之泰然，他一生淡泊名利，视钱为身外之物，现在老了，洁来洁去有何不妥？

至顺二年（1331年），八十一岁高龄的卜天璋与世长辞。朝廷为表彰他一生的功德，赠官为通义大夫、礼部尚书、上轻车都尉、河南郡侯，谥号"正献"。

卜天璋就这样走完了他光彩而平静的一生。在历朝历代的清官廉吏中，他的人生道路是命运的青睐，还是个人行为的结果呢？恐怕，这两种因素都有吧。

6. 况钟：恩威并施享太平

况钟是我国明代著名的清官，一部《十五贯》使他成为继包拯之后又一位妇孺皆知的"青天"。

昆剧《十五贯》，写肉商尤葫芦借得本金十五贯，连夜醉归。赌徒娄阿鼠图财杀尤，反嫁祸于尤的养女苏戍娟及过路店伙熊友兰。无锡知县过于执将苏、熊问成死罪，呈刑部审批。苏州知府况钟奉命监斩时发现疑点，乃深夜入辕面见应天巡抚周忱，请准停刑重审。况亲赴现场勘查，并化装私访，取得罪证，抓住真凶，平反冤狱。剧本写于1956年，是据清代朱素臣的同名传奇整理改编的。

朱素臣的《十五贯》又名《双熊梦》，写熊友兰、熊友蕙兄弟都因十五贯钱的误会而遭祸获罪，知府况钟梦中见双熊，疑为冤狱，亲自查访，为之昭雪。

《十五贯》的故事最早见于明代小说《醒世恒言》之“十五贯戏言成巧祸”，情节略有出入，那两个冤魂分别是崔宁和陈民，而灾祸的起因不过是一句玩笑话，之后便是一连串的巧合和临安府尹的昏庸，以及新太守为之平反昭雪。

从《十五贯》故事的演进看，况钟这个人物经历了由神化而人化的过程，情节也由粗疏到缜密。况钟的形象在这变化中得以升华，终于成为百姓心中清官的楷模。恰恰是这一升华，使人物又一次被神化——中国百姓喜欢将心目中所敬佩的人物完美化，神圣化，这几乎已成为传统，例如宋朝的包拯就是这样由一个真实人物而成为传奇人物的。

那么，历史上的况钟倒底是怎样一个人？“杂流出身”的他何以能在苏州知府任上一坐就是十二年，终至“诏进正三品俸”，成为朝廷信任、百姓满意的官僚呢？

“杂流出身”入仕途，连任知府十二年，况钟将一个积重难返的苏州治理得井井有条。

况钟（1383～1442），字伯律，号龙冈，别号如愚，江西靖安县人，生于洪武十六年（1383年）。况钟祖上在元末战乱中惨遭杀戮，只留下一个孤儿，名况仲谦，也就是况钟的父亲。当时况仲谦只有六岁，被邻居黄胜祖收养，从此改姓黄。黄仲谦娶妻廖氏，生子黄钟，即后来的况钟。黄仲谦临终时留下遗言，要儿子恢复原姓。黄钟遵嘱于升任礼部仪制司郎中时，奏准明成祖恢复况姓，那年他四十七岁，从此才称况钟。

况钟童年时很聪明，读过一点书，但未走上科举之路。他喜爱书法，正楷、隶书、行书都写得很好。永乐四年（1406年），二十三岁的况钟被选为靖安县书吏，这差使他一做就是九年。也就是在这样一个不起眼的差使中，况钟表现了他超乎常人的精明干练，受到上司的重视。永乐十二年到吏部考绩，“尚书吕震奇其才，授仪制司主事”，在礼部留任。后升为郎中，做了十五年京官。

宣德五年（1430年），明宣宗因为感到各地郡守大多不能称职，又正逢苏州等九府缺少知府，于是命令六部及都察院大臣推荐属下廉正有能的官员补各府之缺。这九府都是重要难治之地，尤其是苏州府，是纳粮最多的地区，也是赋役最繁重的地区，人民生活困苦不堪，豪强猾胥舞权弄法以奸求利，尤为难治。几任知府均治理不力，亟需精明强干之人。

就是在这种情况下，况钟得到尚书蹇义、胡濙等人举荐，升任苏州知府，宣宗特赐诰敕派他前往。

有明一代，像况钟这种出身的人，如果不是有超常的才干，或是得到特别的赏识，是断不会被授予此等官职的。

中国封建社会选官，两汉之际盛行察举，至魏晋改行九品中正制，又有门阀品级之弊，隋唐创行科举，公平竞争，遂为后代沿用为选官正途。但是宋元以来，理学盛行，士子拘于词章经句的固定解释，多为死读孔孟、硬记程朱的书虫，缺乏实际经邦济世的才能。明代统治者在比较前代用人的经验教训的基础上，实行了以科举为主，荐举为辅的办法。这样，官员的选取就形成了科举考试和吏员磨勘而上两种途径。其中科举考试占据主要地位，科举出身者被目为“正途出身”，他们占据着全部要职；吏员磨勘而上则被目为“杂流出身”，终生只能担任“佐贰、幕职、监当、筦库之职，非有保荐者，不得为州郡正员”。

朝廷对“杂流出身”的官员控制得非常严格，并公开表示出对他们的不信任。明初洪武年间，明太祖朱元璋就反复申明：“科举，凡词理平顺者，皆预选列，惟吏胥心术已坏，不许应试。”这一规定，整个明代没有变更。因此，对于像况钟这样的由吏员做起的人，就等于堵了科举取仕之路，只能在吏的职位上一面孜孜矻矻，积才蓄势，一面等待时机，希求举荐。

况钟在家乡做满九年书吏，才得吏部尚书吕震的青睐而入仕途。但这并不等于今后可以青云直上，吏员磨勘入仕后，还有种种禁例。明代规定，吏员资格出身者不得升为高官，“吏员资格，其崇者止于七品”，且“不得任正职”，“果有才能超卓者，亦许补奏以府、州、县佐，但不推升正官”，同时还要看是否有空缺。

可见，况钟能擢授苏州知府，统领一方，是多么的不容易。有明一代能举出此例的怕只有况太守一人。事实证明，况钟完全胜任职责，将一个积重难返的苏州治理得井井有条。

况钟到任苏州知府的第二年，因继母病故，辞官赴丧。苏州府长州县的顾荣等三万余人上书朝廷，联名要求况钟回来。朝廷为此下诏，命况钟戴孝起复留任。待到九年任满，到吏部候升时，又有张翰等一万余人联名请留况钟，英宗下诏进况钟食正三品俸禄，仍留任知府。直到正统七年（1442 年）卒于任上，况钟连任苏州知府十二年。

堵塞征粮过程中的漏洞，奏请削减苏赋，奠定了况钟在苏州的威望。

况钟读书不多，学问不深。杨穆《西墅杂记》说他每遇考校士子，自己从不亲自过问，只委托幕僚，并公开表示：“某本刀笔吏，所恨者不在科目，因不可罔人也。”这种诚实并未损害他的威望，因为与那些死读书的“书虫”相比，人们更看重况钟的实际才干。

在况钟的诸多政绩中，为苏州人民减轻官粮负担，促进生产发展，是最为突出的。

况钟知苏州府的这十二年，正值明朝的“仁宣之治”，在经历了明初洪武、永乐两朝的严治之后，这是一个政治、经济上相对宽松的时期，国家从政治、经济的绝对集中造成的国富民穷向藏富于民转变。况钟顺应历史变化，在巡抚周忱的支持下，卓有成效地执行了这一方针。

财政的稳定，是封建王朝保持统治稳定的物质基础。成祖以前，财政充裕，“宇内富庶，赋入盈羡”。到仁宗时，财政危机已露端倪。如宣德六、七年间，苏州府就逋欠粮八百万石。况钟就是在这时走马上任的。到了苏州，他所面对的最棘手的问题就是有史以来苏州地区沉重的粮税。

江南是中国最重要的经济区。韩愈说，赋出天下，而江南居十九。宋代已有“苏湖熟，天下足”的谚语。到了明代，朝廷对江南的倚重更加突出。苏州一府七县，“其垦田九万六千五百六十万顷”，而“出二千八百零九万石税粮”。顾炎武推算说：“苏州之田约居天下八十八分之一弱，而赋约居天下十分之一弱。”

苏州粮税重的主要原因是官田太多——约占粮田总数的三分之二。官田多，官粮就多。况钟于宣德五年在《请减秋粮奏》中说：“查得本府七县该粮二百七十七万九千一百零九石零，内官田粮二百六十二万五千九百十五石零，每田一亩科米不等，有一斗二升至三石止；民粮十五万三千一百九十四石零，每田一亩科米五升至二斗六升止。”官粮负担重，还在于除正米外，还要加征起运的费用和省耗，称为“耗米”。况钟在奏折中对此作过折算，他说：“北京粮每石用过米四石”，“运纳北京白熟粮六十三万五千六百七十五石，加三征收”。百姓粮税之重由此可知。

奇重的官粮负担导致苏州地区百姓的生活日趋贫困，百姓负担不起官粮，就拖欠，拖欠捱不下去，就卖田逃亡。那些粮里、粮长以催征税粮为名，“科敛小民财物，以一科十，无措者至准折子女；或作佃工，逼民逃窜”。

为此，况钟先是建立新的加耗制度，“令官民田并出耗”，将耗米与正米一并征收。并建立济农仓，耗米有余，送入济农仓，作为维持地方官吏，弥补亏空，赈济灾荒之用。之后，况钟又设立纲运薄，层层堵塞粮食征收过程中的漏洞，尽量减轻百姓纳粮的负担。

况钟深知，除以上措施外，解决官粮过重的根本措施还在于减征税粮，鼓励生产。况钟上任前，宣宗已下诏减征官田粮，并且得以贯彻。况钟于上任当月即上《请减秋粮疏》，要求扣减苏州府粮七十二万一千零二十六石，但户部不准。宣德六年（1431 年）二月，况钟再次上疏请减秋粮，并直言不讳地说："诏书明开减免，今部再驳，前后不一，人民惊恐，莫知所从，不惟有违恩命，抑且失信下民。"况钟上请减秋粮疏共三次，终于获得批准，减粮七十二万一千六百余石。之后，况钟又奏请准许百姓以布匹折抵税粮，"将本府夏税小麦照旧折布"。由于他的努力，苏州人民每年可减轻一百五十六万石的负担。这的确是一件了不起的大事。由于官田田租减轻，逃民纷纷回来复业，生产热情大有提高。况钟也因此奠定了他在苏州的威望，获得了人民的拥戴。

"不正乎吏，民曷由安之?"况钟整顿吏治卓有成效，但有人说："况钟过于狡诈和残忍"。

苏州地区赋役繁重，豪强与官吏相勾结，或"强种田地，不纳税粮"；或以征粮为名，"科敛害民，以一得十，侵欺入己"。况钟十分清楚，若不整顿当地吏治，任何指令都不能真正贯彻。于是，他一到苏州，就写了如下的话，作为座右铭："卑而不可不牧者，民也；迩而不可不察者，吏也；严而不可不用者，刑也；微而不可不崇者，德也。不植其德，难施乎刑。不施乎刑，难以正吏。不正乎吏，民曷由安之?"由此看出，况钟把整顿吏治摆到了极重要的位置，视为贯彻政令，安抚百姓的基本保障。在这方面，况钟充分展示了他超人的才干。

《况太守集》有这样一段记载：况钟初到苏州时，故意装出一副木讷的样子，由吏胥随心所欲，充分表演，而自己在暗中详细观察他们。吏胥们暗自高兴，都以为新来的太守好欺瞒。况钟一方面不动声色，一方面上奏朝廷，要求添设府县正佐官员十六人。几个月后，况钟已经掌握了基本情况，添补的官员也已到位。一天，他忽然命令手下人安置香案，集合所有僚属，声称有朝廷的敕书还没有宣布。说罢展开敕书，朗声宣读。念到

“有属员人等作奸害民，尔即提问解京”时，在场吏胥大惊失色。况钟高坐堂上，唤来乡里老人说：“我不能像阎王老子那样自己判案，今天就请你们来指认谁是善人，谁是恶人。善人我礼待之，恶者我为百姓杀之。”随即召来所有吏胥，大声说道：“某人于某日做某事，收贿若干；某人某日亦如此……”台下吏胥无一人敢辩驳。

况钟于是命令将作恶的吏胥带出，喝令：“我的忍耐是有时限的，立即将他们的衣服剥去！”言毕，早有几个粗壮的皂隶应声而上，拽住一吏胥的手脚抛至空中，又重重落下，摔死在地。有的皂隶抛不高，况钟大怒：“我为百姓杀贪官，你等要为我树威。给我高高抛起来，当即摔死。不然，你等同罪！”皂隶个个惊栗，立时摔死六人。况钟又命人将尸首拽到大街上示众。不久，又罢免知县汪士铭等十二人，拿问贪赃枉法之徒付经、任豫等。此举令府内官吏无不震悚，个个从此奉公守法。郡中百姓遂称“况青天”。

围绕整顿吏治，况钟向朝廷上有十一道奏折，主要是奏罢免冗官，拿解贪赃枉法官吏等。

如此大规模地、有效地整顿吏治，在当时是相当不容易的。明代规定，地方官员不得在本地任职，即本地人不得提任本地官职。因此，官员在任职地不得不依靠当地吏胥，并常常为吏胥所左右，形成官弱吏强这一特殊现象。况钟初到任时吏胥的肆无忌惮即是一例。而在一般的州县衙中，群吏更是目无长官，欺压百姓，鱼肉乡里，无法无天。而且，地方官员要想发不义财，也必得与吏胥相互勾结，同流合污，其结果也必定是互相牵制，甚至出现官受制于吏的现象。由此看来，只有自身清正廉洁的官员才能有效地惩治不法吏胥。明代，敢于不向上级衙门的吏胥行贿，且敢于强行治吏的也只有海瑞、况钟等为数不多的人。

况钟整治吏治，除了他能以身作则，以正压邪外，靠的还有手腕。

《明史·况钟传》有一段与《况太守集》上相似的记载。说况钟开始处理政务时，群吏围立在四周请他写判牍。况钟装作不懂，向左右请教询问，一切按属吏们的意图去办。群吏大喜，说知府昏庸好欺骗。过了三天，况钟召集群吏责问他们道："前某件事应该办，你们阻止我；某件事不该办，你们强行让我去作，你们这群人，舞文弄墨已久，罪该处死。"当即下令打死几人，将属僚中贪赃暴虐、庸暗懦弱的全部罢斥，全府上下大为震动，从此不敢不奉法行事。

况钟对贪赃害民的官吏严惩不贷，对不守纪律，平庸无为的官吏也奏请罢免。宣德五年七月二十日所上《劾罢阘冗官十一员奏》中，况钟所列苏州经历司知事孙福的过错是："耽酒废职，廉耻无存。"在况钟眼中，平庸就是有罪，这很反映出他自己奋发有为的个性。长州知县徐亮是到任两个月的新知县，但况钟发现他："阘茸无为"，也奏请免职。奉折上写道："管事两个月余，问其所管事务，俱推乎老不知。似此阘茸无为，误事不使。"

在明代，催粮是一个惹事生非的差事。苏州地区屡屡发生豪强杀害粮长事件。宣德五年十二月初二日夜，一百五十余人明火持仗将粮长黄贞先的家团团围住，将其杀死后搬抢家财。同年十一月二十八日，粮长兄韦恕因上司征粮紧急，前去拘唤欠粮人纳粮，一伙恶徒将其围住，枪棒齐下，将兄韦恕、韦忠、韦恂三兄弟活活打死。这两起抗粮事件影响很大。面对豪强势力，况钟毫不退让，立即严令"各县着落巡司官员搜捕严刑究拟"。

况钟对贪赃枉法、专横跋扈的属吏和土豪严惩不贷，对老百姓的冤狱却是明查实访，有冤必伸。苏州府共有七个县，况钟上任后即着手清查各县积案。他排了一个日程表，每天问一个县的案，周而复始，从不间断。在刚到任的八个月中，就清理了一千五百一十八件案子。昆剧《十五贯》即是对他这一业绩的艺术化表现。

况钟为政，细致而且周密，兴利除害，不遗余力；铲锄豪强，扶植良善，民间将他奉若神明。况钟虽出身刀笔吏，却重视学校教育，礼敬文人儒士，贫寒人家的读书人多受到他的帮助。

明代法令定期考评官员，贤能的官员应是奉公守法，不避权贵，呵护小民，清廉自持，善理繁剧，明于公断，招抚垦殖，捕盗招亡，设学施教，歼寇全城，息讼止争等。以此评断况钟，可以说无一项不"达标"。

海瑞因此称他“胜作十年救时宰相”。

然而，历史上对况钟的看法也不完全一致。况钟素来是以清廉著称的，但《明实录》上却说他：“有治郡才，故郡事虽繁，理之绰有余裕，惜其贪虐，犹有刀笔余习。”说况钟“贪虐”，史无实据，但在惩治赃吏时，也的确有“狡”和“酷”的一面，这从前面的叙述中已可以看出。这一方面固然是由于他是由刀笔吏而升为郡守，理政行事不难见刀笔吏的影子，有些狡诈与霸气，但更重要的还是他所处的时代和所面对的现实，使他不能不这样。

明初，朱元璋甫定天下，对内即严整吏治，对贪官污吏制裁之严酷，历史上首屈一指。他曾规定，官吏贪污钱财六十两以上即斩首，或是剥皮。他甚至把府州县的土地庙改为剥皮场所，称作“皮场庙”，以此警示官吏。照朱元璋的说法，“吾治乱世，刑不得不重”。

在今天看来，况钟惩治赃吏，手腕是过于狡诈，方式确实过于残忍，但是在那样一种吏胥贪虐，官弱吏强的情况下，不狠怕不足以立威，不酷实不足以镇邪。况钟之后的海瑞也曾上疏，请求恢复洪武朝的剥皮之法。不知这可否视为“英雄所见略同”。不过，从况钟在当时受到的信任和拥戴看，他的“酷”并未遭人病诟。

况钟于正统七年（1442 年）卒于任上。苏州府吏民相聚哭悼，为他立祠致祭。况钟刚正廉洁，孜孜爱民，在他前后任苏州知府的都赶不上他。正如梁章巨题况公祠楹联所说：

姓氏播弦歌，韦白以来成别调；

功名起刀笔，萧曹自古是奇才。

第三章

独抱孤忠逢厄运

这是一串时间磨灭不了的故事。它们像低回哀婉的诗，我们从此似可感到黑云如晦、雨雪霏霏；它们是一曲曲悲壮的乐章，我们从此能听到英雄末路的悲歌慷慨；这是一轴历史的画卷，揣摩之间，似见万里长空在为忠魂舞。

独抱孤忠逢厄运。一则则惊心动魄的事迹，组成了一道又一道发人深省的课题。

漫长的中国封建社会里，许多忠臣对君主、对朝廷、对国家持着十分的虔诚，服从、维护它的利益。为了君主、为了朝廷和国家，他们可以承受屈辱直至牺牲。无数的忠臣在尽忠事主、匡扶朝廷、献身国家的路上走得坚定执着、踏踏实实和义无反顾。于是中国的封建社会里便涌现了难以计数的忠臣良将和英雄豪杰。

然而，漫长的封建社会，并不是每一王朝都呈现着英明伟大和“君使臣以礼”；并不是每一朝廷之中都是清一色的忠君辅国之臣。客观的情况是：其中也有君主昏聩、大权旁落；也有奸臣当道、宦官横行，以及朋党倾轧。而在这样的情形里，那些以一片忠心尽忠事主、力匡朝政的忠臣，或因其直言敢谏，或因其持正独行，或因其潇洒风流而末脱尽儒生之迂腐，则大多会背上忠而见弃的命运。从屈原行吟泽畔，到李白诗写“大道如青天，我独不得出”，一直到龚自珍言“我劝天公重抖擞，不拘一格降人才”。这种不平的哀鸣一直未曾间断。独抱孤忠逢厄运自然也就大有人在。杨震、杨继盛、沈鍊和谭嗣同，便是这无数遭逢厄运的清官中的典型。

这是怎样的一种慷慨悲哀！他们都是一些或挽狂澜于既倒或砥柱于中流的杰出士人。他们本意在维护政权和国家，而这个政权不惟不保护他们，而且将他们无情地抛弃。忠而见弃，信而见疑，直至命丧在这个政权的刀下。这本身就是一则意味深长的课题。请参考我们对这个问题的部分诠释。

1. 杨震：“关西孔子”的从政悲歌

在中国，士与政权的关系，常常被理解为臣与君的关系。自孔子说“臣事君以忠”和确定君君、臣臣、父父、子子的区别以后，这种关系的基本模式便固定了。只是在它的起初，臣的尽力事君并不是没有条件的，作为臣事君以忠的对等条件，必须是“君使臣以礼”。如果君行无道，也就无所谓臣事以忠了。“邦有道则仕，邦无道则可卷而怀之”——这一对等条件给了臣以很大的自由。然而到了汉武帝时代，思想文化上定儒学于一尊，君权便被极大地强调了。所谓君既象天，臣既象地，臣之事君，当如地之事天，皆下之事上。有功归之于君，有过归之于臣。于是在定儒术于一尊以后，过去曾有过的君臣平等已逝而不返，代之而来的是君权的绝对权威，以及为臣对此的普遍遵奉。从此，臣对于君、对于朝廷就持着百倍的虔诚，希望它行道，服从它、维护它，把自己的一切看作是为它而存在的。为了维护它，为臣可以承受屈辱乃至牺牲。这种思想，到东汉已经衰败的桓帝、灵帝之间依然没有改变。由此，历史向我们贡献了许多忠心事君、死而无恨的循吏故事，这其中使人钦敬有加的，便是杨震的事迹。

杨震一心向学，安贫守志，漫漫四十年为学之路，预示着他将有不同凡响的建树。

杨震生于一个奉儒守官的家庭，作为一个特定的血缘群体，家庭所给予杨震最早的影响便是浓郁的学术氛围和不婴情欲世的清白作风。杨家的清白源远流长，杨震的父亲杨宝在世时便被人们附会上神话的色彩。说杨宝九岁时到华阴山去玩，在山北坡上看到一只受伤的黄雀跌落树下，被一群蚂蚁所困。杨宝捧起这只小鸟带回家中，放入巾箱，精心喂养，过了百余天，黄雀羽翼渐丰，杨宝便将它放飞了。当天夜里，杨宝梦见一个黄衣童子向他跪拜说：我是西王母的使者，你以仁爱之心救了我，我无以为报，现给你四枚白环，我让你家子孙人格清白，位至大臣。神话固然虚妄，但杨家清白风气却是一脉相承。在学术方面，杨震家也形成了独具特色的“家学”，其中尤以治《尚书》为突出，杨宝即深谙欧阳《尚书》且多有慧解。在这样的家庭环境中，杨震从小就一心向学，父亲为了让他承传家学，特意聘请了当时的知名学者桓郁。桓是治欧阳《尚书》的嫡传学者，对《尚书》有深刻的领悟。在他的引导下，杨震不仅对枯燥的《尚书》兴趣倍增，同时还涉猎了许多其它书籍，而且对所学知识，总是抱着一种探究的态度。随着时间的推移，杨震的学问和学习态度在学界逐渐显露出来，而且声名远播，以至学者们都称他为“关西孔子”。学问的深博吸引了众多学子，杨震一边学习，一边教授诸生，跟老母一起过着自食其力的清贫生活。

杨震没有把学问看成步入仕途的敲门砖，这在汉朝也是很不平常的事。那时，很多的学人都在通一经或治一经的同时，奔走于官场求取一官半职。而且朝廷也提倡人们学以致用。但杨震却是把学问视为培育品格的养料。他甘守寂寞且绝不扰人。在他客居外地教授学生的二十多年里，遇到好几次州郡的聘请，但都被他婉转地拒绝了。他习惯于靠自己的努力养活自己和母亲。客居他乡的时候，他总是借一块土地种些粮食和蔬菜，从种到收，他都一个人做，有些学生看他辛苦，主动过来帮忙，他一概婉拒。他就是这样把清白的家风贯彻在极为具体的事情上。在学问上，他总感到所学不足、体会不深。别人越是推崇他，他愈刻苦、越谦逊。由此而为世人所推崇。

深积厚养、学问人品使杨震的气质和风格出乎其类而拔乎其萃，在几近四十年的学习和教授生涯中，他淡泊名利，事母至孝，身体力行，洁身自爱，将学问与做人有机地统一起来，为后来不同凡响的人生奠立了深厚而宽广的基础。

杨震入仕后独以清白见称，关于他的著名的“四知”故事，至今为世人津津乐道。

杨震的学问人品并没有被他的谦逊所遮盖，权倾朝野的大将军邓骘听说了他的道德文章。于是，连升三级的官运降到他的头上，这次他再也无法拒绝了。他被动地步入仕途，开始扮演生活中的另一类角色。关于杨震何以骤然飞黄腾达，人们曾给这个升迁编织了一则颇为浪漫的神话。说杨震年近五十的一天，他正给学生们授课，忽然一只戴冠形羽毛的冠雀嘴里衔着三条鳣鱼飞落在教室门前，役人把鱼拾起来，对杨震说：蛇或鳣这类东西是大夫服装上的标志，而这只冠鸟一下子叼来三条鳣鱼，杨先生，您从此以后要交官运了。对这种善意的附会杨震只报以不经意的微笑。可事实上时隔不久，他真被邓骘征辟举荐为茂才。先为襄城令，后升为荆州刺史，又转任东莱太守，从此开始了他的清官生涯，演绎出一个个动人而又发人深省的故事。这其中，最广为传颂的，便是“四知”——天知、神知、你知、我知那个令人感佩不已的故事：

杨震升任东莱太守，由荆州前去赴任，途经昌邑，当时的昌邑令是王密。王是杨震在荆州任上所举荐的茂才。现在他听说恩公杨震要经此路过，出于友情、感恩和其他方面的考虑，王密打算送给杨震金十斤。送礼的行动是在夜幕之下进行的。看到老朋友的如此行为，杨震当时很吃惊，他说："作为老朋友我很了解你王密，可是你却不了解我，这是为什么？"王密边往外掏金子，边说："没有关系，现在是夜深人静之际，没有谁知道的。"可杨震却说："这件事天知、神知、你知、我知，怎么能说没有谁知道呢？"一番话把个王密羞愧得无地自容，收起金子回去了。

"四知"故事仅仅是杨震为政清廉的一个典型事例。事实上，在他的官场生涯中，这类事应该是多不胜举的。无论是在东莱还是在后来的涿郡太守任上，他都清正廉明，决不接受私谒。他的子孙们也都以他为范式，平日总是吃最普通的饭菜，出门的时候也不坐车，而是像一般的百姓那样安步当车。一些老朋友想帮助他谋取些土地房屋，他总是坚决不允。杨震有自己的一定之规，这就是自祖先以来形成的以清白立世的人生价值观。他常对那些希望他有田有屋的朋友们说："假如后世人称我的后代为清白子孙，把这样的遗产留给子孙不也是很丰厚的吗？"

靠着祖传的家风和严格的自律，杨震在当时那个贪鄙横行，黑暗昏庸的社会氛围里入污不染，鹤立群鸡。在杨震的眼里，清白的人品比土地和房产要贵重得多。这种价值观是建立在他视自身与社稷为一体的人生观上。如前所述，自汉武帝定儒学于一尊后，士人便逐渐地失去了个性，而形成为群体的生命价值观，即生命的目的在于为国为君，受君之重位，则竭诚尽忠，死而后已。对于这样的思想意识我们可以名之曰"循吏心态"。具有如此心态的臣子，对于皇帝、对于国家在感情上是亲近的，一心一意要为这个国家的巩固与强盛尽力，而忽略或根本不考虑自身的利益，只把自己作为一个天经地义为朝廷效力的工具。

如果说，这些鞠躬尽瘁的臣子竭力事奉和辅佐的，是一个近贤远佞，惩恶扬善的君主，则为臣的这种努力应是顺理成章的；如若他们所奉事的政权已然倾颓，在上者昏庸无道，忠奸不辨，或奸臣当道，宦官专权，在这样情况下臣子仍一如既往，无怨无悔，则就十分难能可贵了。

杨震为官的时代是汉安帝执政的前后，这段时间恰是宦官擅权，朝纲紊乱。持"循吏心态"的臣子已在客观情势之下纷纷放弃，转为明哲保身了，于是杨震的操守和品格便更显得突兀而崇高。

在中国封建社会朝廷之中，官僚们往往愿在一种“平齐”的情状下相处。“木秀于林，风必摧之”的定律使朝廷中的大忠大贤极难生存。因此许多这样的耿介特立之士都悟出了类似“举世混浊，何不鼓其泥而扬其波”，“沧浪之水清兮，可以濯吾缨；沧浪之水浊兮，可以濯吾足”的道理，晦隐韬光以便自全。杨震的可敬与可悲恰在于他的清廉与无私铸就了自己的崇高，而同时又没有任何随波逐流的想法。这在那个时代当然是太引人注目了，也太令一些贪官污吏自惭形秽，太让那些奸横之徒如芒在背了。因此，杨震的清廉与无私在标志了他的不同凡响之时，也为他的悲剧命运埋下了伏笔。

“欲为圣明除弊事，肯将衰朽惜残年”，杨震为匡扶朝政，抱定了万死不辞的决心。

几十年的自我砥砺与修养，使杨震形成了清廉的作风和大忠无私的品格。这样的本质决定了杨震必定将自己的一生义无返顾地与朝廷和国家紧密地联为一体。他明知竭忠谏诤必将带来不测的命运，但决不因此而苟且偷生；他明知弹劾权贵，必会遭到权贵们的打击与报复，但决不因此而退却。面对宦官专权，他上疏痛陈其害；面对汉安帝乳母恃恩骄横，他数次上书抨击。“欲为圣明除弊事，肯将衰朽惜残年”，杨震是抱定了万死不辞的决心来匡扶朝政，挽救国家的。

杨震于元初四年（117 年）进入汉中央政府，先任太仆，后转任太常卿，至汉安帝永宁元年（120 年）升为大司徒，进入封建社会的最高统治阶层。身居高位，他依然保持着固有的操守，而且愈益感到责任的重大。那种匡扶朝政，尽忠国家的努力也就更为突出。

汉安帝继位之初，因邓太后刚死，朝廷内还缺少铁腕人物控制，出现暂时的权力真空，一些被皇帝所宠爱的人乘机横行，搞得宫廷内外乌烟瘴气，其中尤以安帝乳母王圣为甚。她凭着曾养育过汉安帝的资本，缘恩放恣，肆无忌惮。王圣的女儿伯荣也大摇大摆地在皇宫中走动，与人通奸，接受贿赂。朝中大臣们大都敢怒不敢言。杨震不畏权贵，挺身而出，愤然上书。他写道：

> 朝政把罗致贤德之人作为根本，把治理清除污秽小人作为致力方向。现在朝廷还未能在道德方面有所建树，而那些缘恩受宠的女性却充斥朝廷。尤其是圣上的乳母王圣，本来出身寒微，只因为偶然得到抚养皇帝这种千载难逢的机会。虽然她付出了一定的辛劳，但皇帝所给予的赏赐和其他恩惠早已超过了她的付出。现在她贪得无厌，没有止境，交接宫外，接受请托，并以此扰乱国家，损害玷污了清白的朝廷，其污垢使日月都蒙上了尘埃。《尚书》曾告诫我们不要让母鸡打鸣报晓，《诗经》也讽刺过哲妇丧国之事，因此朝廷应该马上将王圣赶出宫去，并严加控制，断绝王圣女儿伯荣往来宫中的道路。我希望陛下根绝婉娈之私，忍痛割舍这种不正当的爱，将心思用到国家大事上，不要随便拜官封爵，减少各地的供奉和季节性的征收……

奏书上达以后，昏聩的汉安帝竟将它传示给王圣等内幸看。这些人素来对杨震非常痛恨。汉安帝的此种昏庸行为更助长了王圣一伙气焰，伯荣越发骄淫放肆，公然跟故朝阳侯刘护的从兄刘环通奸，刘环居然娶她为妻，而且因此袭承了刘护的爵位且官至侍中。杨震非常气愤，他再一次上书皇帝，拿出高祖皇帝的古训“非功臣不得封侯”来谏诤皇帝，希望皇帝就此结束自己荒唐的举动，但安帝仍执迷不悟。时隔不久，已经升到代理太尉职务的杨震又一次跟权贵们展开了针锋相对的斗争。当时，皇帝的大舅哥耿宝想推荐李闰入朝，杨震认为这种私请不符合法定程序。他对耿宝说：“如果三府辟召，应该有尚书的委状，你不按此途径操作，我决不答应！”耿由此怀恨在心。类似这样的事还有一起，那就是皇后哥哥阎显也托人向杨震说情，希望得到朝廷征辟，杨震同样拒不接受。偏偏当时任司空的刘授是个极无原则的人，他不仅征辟阎显到朝，还将原先被杨震压下去的耿宝也征进朝中。旬日之间，这两人都得到提拔。他们也由此更痛恨

杨震。

显而易见，杨震面对的，不仅仅是来自权贵和奸臣们的贪赃枉法与徇情舞弊，更主要的则是来自最高统治者对这种恶劣现象的纵容。这使得杨震所面临的形势更为严峻，而承受的压力也更大。相形之下，他对恶势力的抗争也愈加显得势单力薄。

就在杨震上疏皇帝请逐王圣失败之后不久，安帝又遣使者为她大修第宅。一些朝中大臣如侍中周广、谢恽等也趁机修房造屋。杨震再一次起而上疏，痛陈为王圣建第宅对国家的损害，同时严厉指斥周广、谢恽诸人的奸险不轨，皇帝对他的上疏仍不予理睬。谢恽等人看到杨震的切谏未生效用，越发无所顾忌，甚至伪造诏书，调发司农钱粮和工匠以及木材原料来修建自己的园池庐舍。这时正好京师地震，杨震又借此上疏，痛陈朝中官员的这种胡作非为。他说：

> 去年十二月四日，京师发生地震。我听老师说过：地是阴的结晶，它应该安静地承受阳。而现在又有地震发生，说明我们国家阴的力量太强盛了。而且地震发生的时间是戊辰，属五行中的土，其位置和中宫对应。这是宫里官员和皇帝侍臣过多地持权用事的象征。现在您身边那些亲近幸臣并未与您同心同德。他们骄奢淫逸，违背法度调集民工和材料来大修第宅，逞威作福以谋私利。见者都议论纷纷，这是谁都听见、看见的事实，希望皇帝马上制止这种恶德败行，以平天怒。

在那样一个时代里，囿于思想认识的局限，杨震只能借自然灾异之变，来痛陈时弊以期皇帝的警醒。但尽管如此，汉安帝还是执迷不悟。这样，杨震既开罪于一大批佞幸近臣，也因而惹得皇帝不耐其烦。只是因为他是名儒，许多人还一时找不到加害的借口。

杨震后来终于被迫害致死，“赵腾事件”成为杨震悲剧性结局的导火索。

杨震对自己命运的结局，似乎早有预料和准备，虽死犹荣是他早就抱定的人生价值观。

群小迫害杨震的机会终于有了，“赵腾事件”成了杨震悲剧结局的导火索。

延光二年（123 年），有一河间男子名赵腾者，见朝廷纲纪紊乱，奸臣佞幸横行，便来到京城直接给皇帝上疏，指陈朝政得失。皇帝觉得太失面子，大怒之下就把赵腾给拘捕起来，送进诏狱，以欺君罔上、谏不由途之罪判处死刑。杨震得知此事后，立即上疏营救，说：“我听说尧舜时代，把谏讽之鼓和诽谤之木立在门口；商朝、周朝那些哲王听到百姓的怨言都引以为戒。这样做的目的是开通言路，拨开眼前的蔽障。现在赵腾因为进谏的语言激烈一些就坐罪，实在是不合适的，请皇帝保全他的性命，以此引导那些下层百姓说些真话。”皇帝没接受杨震的劝谏，赵腾最后仍被判处死刑并立即执行了。

赵腾事件过后不久，佞臣樊丰等人乘皇帝外出之机，竞修第宅，这事被人揭发，并牵扯出他们伪造诏书的罪行。司法部门正等待皇帝归来后即行处理。樊丰等人知道后惊恐异常，他们知道一旦皇帝归来后，忠直的太尉杨震肯定放不过他们。于是这些佞臣贼子便阴谋先除掉杨震。他们谗陷说：“自从赵腾死后，杨震便对皇帝非常不满，心存愤恨。”并趁皇帝回宫前的晚上剥夺了杨震的太尉印绶，让杨震待罪在家。樊丰又请痛恨杨震的耿宝（他现在已升至大将军）奏称：杨震自以为身为大臣，不服其罪，且心生怨恨。在这一连串的阴谋谗陷之下，皇帝下诏，将杨震遣返回乡。一代忠臣就这样毁于佞臣贼子之手。

杨震以七十岁的老迈之躯，西归弘农。当他艰难地走到京城西面的夕阳亭时，骤然停止了前行的脚步，满胸的愧疚油然而生，他把为他送行的诸生门人召集在一起，以悲凉慷慨的心情对他们说：“死对于士人而言是人生常事，吾承蒙皇帝之隆恩，位居高官，痛恨那些奸臣大猾之辈，却未能诛灭他们；厌恶宠幸之女倾乱朝廷，却未能禁止她。我惭愧，我还有什么面目看见太阳和月亮？我现在准备一死了之。我死之日，你们要用杂木

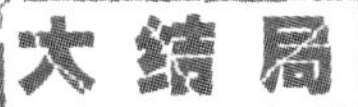

为棺，用布单将我遮盖起来即可，不要埋葬我，也不要祭祀我!”说完他便掏出一瓶鸩酒，一饮而尽。杨震即在这样满含悲愤的自责中离开了人世。

从少小为学到老而为官，杨震一直都在塑造着自己清白正直的品格和忠君爱国的形象。他把匡扶朝政，除奸去恶当作自己的奋斗目标，并且宁可以生命作为代价。在长达二十年的仕途上，他疾恶如仇，直言敢谏，大义凛然，视死如归，视天下国家为己任，置个人生死于度外。然而这样一代名儒，这样一个大忠大义之臣，最后竟落了个遣送回乡，暴尸荒野的下场。尽管他的死使道路之人为之涕下，但他毕竟是悲惨地死了。如果说杨震的自鸩而死本已可悲，那么他临死之前对自己一生的总结，他对自己的忏悔，对于自己人生价值的最后评判，则更为可悲，更能引起我们对这一命运归宿的深思。

2. 杨继盛：浩气还太虚，丹心照千古

中国古代的文学家和历史家都曾用“浩气”称许过历史人物。明朝的杨继盛大概就是一个充满浩气的清官，这正符合他临刑之前给自己写的绝命诗：“浩气还太虚，丹心照千古。”

大约从先秦时代人们就开始讨论“浩气”了。孟子说“吾善养吾浩然之气”。这浩气跟他所提倡的大丈夫人格是相匹配的，所以到了后来，浩气就一直作为一股英雄气，一种坚强无畏的品格风貌而被人们继承下来了。可惜的是杨继盛生未逢时，作为一个浩气充溢的忠臣清官，他没有生在任人唯贤的三国时代，也没有生在恢宏开阔的盛唐，而偏偏生在差不多是中国封建社会最为黑暗的时代——明朝，又恰恰赶上历史上有名的奸臣之一严嵩专权。这样，不但他的浩气无法横贯于世，连自家的性命也难以保全。令人感叹的是杨继盛尽管生逢乱世，他却是威武不屈、富贵不淫地坚持着自己的浩然正气，并以此与奸臣贼子作不屈不挠的斗争。虽然他的

悲剧命运令人惋惜，但其丹心委实是可以光照千古的。

一身正气的杨继盛自然容忍不了怯懦无为的将军，于是弹劾仇鸾、谏阻议和，斗争由此展开……

杨继盛本来是个天才的音乐演奏家。他出身低微，幼年以放牧为生，靠着天资聪颖和好学上进，他发愤读书，从师之后矻矻终日，于嘉靖二十六年（1547 年）登进士第，授官南京吏部主事。他当时非常仰慕吏部尚书韩邦奇。韩虽为一品高官，但在音乐方面却有独到的造诣。而杨继盛也凭着极高的音乐天赋，弄通了律吕之学，亲手排定十二律而加以演奏，其声和谐动听。这一能力使韩邦奇大为欣赏，他决定将自己的音乐知识毫无保留地传授给杨继盛。然而就在这时，宦海之舟却不以人的意志为转移地将杨继盛载到了兵部，他被任命为兵部员外郎。

杨继盛很早就具备了刚正不阿的性格和忠君爱国的思想。随着阅历的加深，这种性格和思想愈益突出和坚定。弹劾仇鸾和阻谏与俺答部落议和便是由此性格背景而发生。

嘉靖三十一年（1552 年），俺答部落入侵京师，世宗命仇鸾为大将军巡边逐敌。仇鸾是个外强中干的人物，他非常惧怕与俺答交锋，因此打报告请求允许开出边境市场，与俺答互市马匹，希望以此与俺答讲和而减少战争直至消灭战争，同时也保住自己的势位。在这之前，俺答部落已多次入侵明朝边地，给人民财产和安全造成了极大的危害，国仇甚深。在大仇未报，国耻未雪的情况下，仇鸾竟然提出这样不顾国格的建议，在杨继盛看来是极不恰当的，所以他闻知此事后，即以仇耻未雪，遽然议和示弱，大辱国格为依据上书皇帝。提出互开马市，与俺答议和有十不可、五谬。他想以此谏阻朝廷不要采纳这个建议，并侧面揭露了仇鸾的无能及其丧权辱国。他在奏书里写到：

仇鸾所提议的互市，只不过是和亲的别名。俺答部落蹂躏我们祖先的坟墓，残杀我们无辜的孩子，这是不共戴天的仇恨，而现在我们却要先与他们议和，这是第一条不可以的理由；过去皇帝下诏北伐，这是天下人都非常了解的圣意，国家日夜征兵备粮准备开战，现在忽然改变了，说跟他们议和，失大信于天下，这是第二条不可以的理由；以堂堂中国，跟俺答部落互市，这是把帽子戴到了脚上；另外国内豪杰之士正磨拳擦掌跃跃欲试，却在一个早晨委弃不用，倘若有一天再想号召他们，谁还能响应？让边镇将帅因为议和的原因，锦衣玉食，懈怠兵事，也是一条不可与敌议和的理由；还有，过去边防军卒私下与境外交通，是官吏所制裁和禁止之事，现在却引导他们与敌人相交通，这也是不可议和的根据；盗贼躲在草莽之间，他们因为慑于国家的威力才不敢放肆，现在一旦知道朝廷畏怯，轻视之心必然产生，所以不可议和；俺答往年深入中国边境，是乘着我们没有准备的机会，现在好不容易搞了一年的备边工作，因为互市就将之放弃，这怎么可以呢？他们会认为我们国家还有人才吗？俺答是个轻诺寡信的部落，如果互市，或者他们背约不来，或者他们来了，却又暗地伏兵突然进攻我们；或者是今天跟你市易，而明天又侵略你，或者拿劣马而向你要高价，这些都是我们不能与之互市议和的原因；最后假如我们每年给俺答数十万匹布帛，换得他们几万匹马，十年以后，我们的布帛没了，怎么办呢？这是第十条不可与俺答议和的根据。

上疏中不仅罗列和分析了与俺答部落议和互市的十条不可，同时还进一步指出那些建议者为达到目地而寻找的种种理由，其实是包含着至少五个方面的荒谬。在上疏的结尾，杨继盛更概括地说：

以上所言互市议和之十不可和五谬是显而易见的。因为有掌握着大权实权的人在为皇帝您做这事，所以公卿大夫们尽管明知其不可和荒谬，却没有谁来为您说明。希望你发挥自己的智慧和决断，把那些建议议和互市的大臣加以惩处，然后公开发诏书选将练兵。这样不出十年，我请求为陛下将俺答部落首领的头挂在藁街，展示给天下、展示给后代。

这封义正词严，鞭辟入理的上疏，很中肯很切实地辩明了形势，指出了议和互市的弊端，以满腔义愤揭露了主张议和者的卖国投降和怯懦自侮的心态。所以，疏上之后，世宗颇觉有理，也极想按杨继盛的策略作一次努力。因此皇帝立即让仇鸾、成国公朱希忠、大学士严嵩、徐阶、吕本、兵部尚书赵锦、侍郎聂豹、张时认真地讨论这个奏书。

这封奏书到了这些主张议和互市的大臣面前，尤其是那个中情怯懦、首开议和的仇鸾手中，使他们既惊恐又愤恨。一场政治迫害向杨继盛袭来。在以皇帝名义召集的讨论会上，仇鸾首先跳出来，他一边挽袖子，一边大骂："杨继盛这小子根本没见过敌寇，所以把这件事情看得那么简单。我们要好好收拾收拾这个狂妄的书生。"仇鸾表态以后，那些大臣开始商讨对付杨继盛奏书的办法，经过紧张的密谋，诸大臣拿出了一个貌似合理的意见："主持议和互市的使臣已经出发了，其事已在进行，难以中途废止。"并将此讨论结果报告给皇帝。皇帝犹豫不决，仍打算照杨继盛的意见办理。见此情形，仇鸾大为慌恐，赶紧又写一封密疏进给皇帝。大意是说书生不知兵机，妄开宏议，其实无可取之处。皇帝终于被仇鸾说服，下继盛诏狱，贬其为狄道典史。这一次斗争杨继盛失败了。

在中国封建社会里，忠臣与奸臣的斗争往往表现为一种特殊的方式，即忠臣总以为凭借着一腔忠君爱国之心，光明正大的与奸臣展开较量，而且又总以为皇帝会理解其忠诚，因而忽略了对皇帝的进一步争取。而奸臣则往往采取阴暗狡诈的手段对付忠臣，而且表面上也装出大忠大义的样子。与忠臣不同的是，奸臣们更注意争取皇帝的支持，而且在这方面又独擅胜场。如此一来，因为封建社会皇权的绝对神圣，所以那些不努力争取皇帝支持的忠臣在斗争中便往往失败。杨继盛的失败便属于这种情况。

被贬谪于僻壤穷乡并未使杨继盛颓废沮丧，回朝不久即拒绝严嵩拉拢，并发出"斩严嵩以谢天下"的正义呼声。

跟中国议和互市的俺答部落，果然如杨继盛所料，他们屡屡背约叛盟，入寇边境。这样一来，仇鸾以议和而掩饰怯懦的奸谋就彻底败露了，他因此急火上攻，疽发于背而死，但朝廷仍没放过对他的处罚，开棺戮其尸。事到如今，皇帝才回想起杨继盛的奏书是那样地具有预见性，于是辗转多时，将他由狄道调回中央政府，担任刑部员外郎。

对于封建社会的忠臣来说，一般的情况下大多都能做到“居庙堂之高则忧其君，处江湖之远则忧其民”。进退之事对于他们的思想、性格和作风并无大的影响。杨继盛作为一个忠直耿介的清正官吏自然也符合这一般的规律。所以重新回到中央政府的杨继盛仍是忠肝义胆，正气凛然。于是在他上任不久即发生了他拒绝严嵩拉拢而草奏劾嵩的事。它让我们再次一睹杨继盛浩气充溢的风采。

杨继盛调任刑部员外郎时正是严嵩在朝廷中最得意之时，他权倾朝野，颐指气使又不可一世。严嵩心胸狭窄，对于得罪过他的人记恨甚深。仇鸾虽已死，但仇曾凌驾在他之上，曾对他有过不恭敬的举动，所以他痛恨仇鸾的心理一直没有消释。因为这一缘故，他对杨继盛能首先向仇鸾发难有着很好的印象，所以继盛一到中央，严嵩便事拉拢，想尽快地提升他，便将杨继盛改官兵部武选司。这是一个极有地位、有实权的官职。可是杨继盛并没因为严嵩提升他而改变对严的看法。他早就觉察到严嵩是个大奸臣而对他极为讨厌，其厌恶程度有甚于仇鸾。现在他突然面对了来自严嵩的恩惠，应该说其思想斗争还是较为激烈的。只是忠臣的素质已溶入他的血液之中，一己之私在他的心中是无法与朝廷国家的利益相比拟的。他的心理天平最后还是倾向了朝廷和国家。

面对当朝权贵的拉拢和抬举，杨继盛经过一番思想斗争，最后还是打定主意抛弃个人的私情而以天下国家为重。此时他的思想倾向于如何来报答朝廷对自己的信任和肯定。他想到，作为一个被贬谪荒蛮之地的人，朝廷能让他在一年之中就四迁其官。这是一个莫大的恩惠和荣誉。面对朝廷的隆恩，自己应该尽快地找到报恩的方式和作出报恩的表现。在此思想基础上，他到兵部武选司才一个月，便决定草奏弹劾严嵩。对于此事，他作了极慎重极虔诚的准备，当写完奏书之后，他又斋戒了三天，才正式递上奏本。如前所说，在封建社会，上疏皇帝对于上疏者而言往往是吉凶未卜，尤其是上疏弹劾当朝重臣，更是凶多吉少。“一封朝奏九重天，夕贬潮州路八千”在那个时代是极平常的。杨继盛这次所弹劾的对象是皇帝宠臣严嵩，当时的严嵩权势已达到极点：“天下知有嵩，不知有陛下”；“凡府部题覆，先面白嵩而后草奏；百官请命，奔走嵩直房如市”。这也更说明此次上疏成功率微乎其微，以及上疏失败对性命的危胁。对此，杨继盛是相当清楚的，但正义的热血冲动着他，回报朝廷国家恩遇的愿望催促着他，浩然正气支持着他。他毅然决然地作了上疏的抉择。

杨继盛的奏书写得锋芒毕露、大气磅礴，矛头直指严嵩及其奸党，毫不掩饰，坦然直陈，没有丝毫的曲折委婉。他写到：

> 现在我们国家的外贼只有俺答部落，内贼则只有严嵩。没有不除内贼而能除掉外贼的道理。我认为我们国家目前的所有内忧外患都是严嵩所致，我现在把严嵩的十大罪状向皇帝您作一揭发。

杨继盛在奏书里揭发了严嵩架空皇帝、以权谋私、贪赃枉法；窃取朝廷大权，向大臣市恩邀恭；贪朝廷之功为己有，使天下之善尽归于嵩而掩君上之治功；以臣窃君权，而其子世蕃以子而盗父之柄，有纵奸子之僭窃、籍私党以官其子孙，又因子孙提拔其私党而冒朝廷之军功等十大罪状。着重揭发了因为严嵩专权弄势使得政府官员之任命不论可否，但以贿金多寡而迁擢；将帅、官员为了贿赂严嵩不得不掊克百姓，以致百姓流离，毒遍海内；以及自严嵩用事以来，贿赂者荐及盗跖，疏拙者黜至夷、齐，守法度者为迂疏，巧弥缝者为才能；励节操者为矫激，善奔走者为练事，等等。

在这封奏书的后面，杨继盛还一并检举了大学士徐阶每事依违，不敢持正的负国行为。凡二千余言的上疏，淋漓尽致地描述了严嵩的累累罪状，揭露了严嵩用事以后官场吏治的腐败和社会风俗的窳败。这是一封给除皇帝而外的最高当权者的公开挑战书，其势头之猛烈，语言之尖锐，风格之凌厉真可谓疾风暴雨，非浩然之气贯注者不能为。

但这样一封义正词严的上疏却将杨继盛送上了断头台。

慷慨杀身者易，从容就义者难。杨继盛临刑之际镇静自如，写下了那首著名的绝命诗。

明世宗看完杨继盛的奏书后已有怒意，这使善于察颜观色的严嵩喜出望外，他忽然来了灵感：杨继盛的奏书里有“召问裕、景二王”这句话。好！我正可借用这句话来挑起皇帝的嫉妒之心，就说杨继盛认为裕、景二王是英明的，而皇帝您却是个糊涂虫。严嵩于是把自己这番“郢书燕说”讲给了明世宗。皇帝果然大怒，随即将杨继盛下入诏狱。让审判官问他：为什么要提出裕王、景王这两个人？杨继盛的供词很简单，他直截了当地说：“现在整个国家里除了这两个亲王，哪有不惧怕严嵩的人?”这个供词上达以后，帝怒稍释，只处以打一百板子的惩罚，然后由刑部定罪。皇帝无意致杨继盛于死地，但严嵩却处心积虑要除掉这个心腹大患。在杨继盛系狱的三年之中，嵩党一直在窥探机会，以图用一种“合法”的手段将杨继盛除掉。有一些大臣多方奔走，企图营救杨继盛，但这些以卵击石般的举动，反倒使严嵩奸党加快了除掉杨继盛的步伐。机会终于被严嵩找到了。嘉靖三十四年（1555 年），都御史张经、李天宠因犯罪被处以大辟。严嵩私揣皇帝的意向，认为皇帝肯定要杀掉这两个人，所以等到秋审时，严嵩便把处斩张经、李天宠名单的后面附上了杨继盛的名字，作为一个案件送交皇帝，果然被批准执行。

在系狱的三年中，杨继盛一直表现得大义凛然。在他被判处杖打一百，即将被杖时，有人赠给他一只蚺蛇胆，意在使他被杖时不至于害怕。杨继盛对这好心人微微一笑说：“我自己有足够的胆量应付被杖，何必借助蚺蛇的胆?”他也确实笑对了行杖，表现出无所畏惧的精神。被杖入狱以后，他杖疮发作，疼得半夜醒来，看着血肉模糊的躯体，便把碗摔碎，用碎片将腐肉剜去，割尽以后，只剩下筋挂在皮肤上，然后他又用手扯断。见此情景，狱卒吓得颤抖不停，可杨继盛却是从容不迫。尽管他已被迫害得气息奄奄，但被提审时却仍然气宇轩昂。观看他被提审的民众挤满了大街，大家都为他叹息，为之流泪。

嘉靖三十四年十月十五日是杨继盛被弃市的日子。这一年他刚刚四十岁。尽管为了挽救他，一些耿直正义之人曾付出了很多努力，他的妻子张氏更作出伏阙上书，并恳请代夫受刑的举动，但所有的上诉都压在严嵩的手里。杨继盛就这样结束了他的一生。客观地说，他并没为国家立下盖世奇功，或可以传之久远的著述，但他展现了一个正直之士忠君爱国的情怀。他弹劾仇鸾，揭发严嵩尽管都未奏效，但他在当时万马齐喑的背景下的正义呐喊，无疑是初春的惊雷，林中的响箭。人生自古谁无死，有此惊世骇俗之举，体现出这样的人生价值，杨继盛也算死得其所。他在临刑前慷慨赋诗云：

浩气还太虚，丹心照千古。

生平未报恩，留作忠魂补。

杨继盛死后，朝野内外的民众相与涕泣，争相传颂这首诗，杨继盛以其慷慨赴死、舍生取义的举动，给后人留下一份宝贵的精神财富。九泉之下的杨继盛可以瞑目了。

3. 沈錬：舍得一身剐，誓把奸相拉下马

中国封建社会的忠臣，各以其不同的方式出现：有的在山河破碎之际以重整河山为己任，如岳飞，辛弃疾；有的在身陷绝境走投无路之时杀身成仁，如杨继业；有的则在先帝崩殂、新主年幼的情况下毅然辅佐王朝，如周公、诸葛亮；有的则在国家昌盛时期居安思危以警惕君王，如贾谊、魏征。而更多的忠臣却是通过与奸臣相斗争而得以表现出来。尽管这后一种方式所造就的忠臣甚多，可是他们的斗争方式和拚斗的程度又有极大的不同。在这里，本篇主人公沈錬就是一个突出的例证。

明世宗时，社会上流行几句民谣：“天子重权豪，开言惹祸苗。万般皆下品，只有奉承高。”沈鍊就生活在这样一个时期。

明世宗在位共四十四年，其年号为嘉靖。四十四年间的前二十多年，可谓风调雨顺，国泰民安。世宗自己也多有励精图治之举。可到了嘉靖后期，因为皇帝自己的懈怠，更因为错用了奸相严嵩，便浊乱了朝政，国势也由此江河日下。严嵩之事君，以柔媚而得宠，由此交通宦官、先意迎合，精勤斋醮，供奉青词，甚得世宗欢心，骤致贵显。他又伪装曲谨，将奸刻深藏内心，谗害了大学士夏言并取而代之。从此权尊势重，朝野侧目。其子世藩借此势由官生直接晋升到工部侍郎。世藩子承父性，为人更为狠戾，却又有些小人之才，博闻强记，能思会算，渐渐地成了严嵩的智囊。凡有疑难大事，严嵩必与之相商决策，朝中送给他父子“大丞相”、“小丞相”之称。这父子二人招权纳贿，卖官鬻爵。假使有人想富贵，只要拜上他家门，献上重赂，再甘心做他的义子，即刻便得擢升显位。因此不肖之人，奸险之辈，奔走如市，不几年朝中科道衙门，都成了他的心腹爪牙。严氏父子气焰嚣张，谁若与他们作对，立见奇祸，轻则杖谪，重则杀戮。谁若想主持公道，则须先作好牺牲准备。当时社会上就流行着几句民谣：“天子重权豪，开言惹祸苗。万般皆下品，只有奉承高。”沈鍊作为一个刚烈忠臣便是在这样的背景下出现的。

青年时代的沈鍊人称狂生，但他的狂不是李白那样的狂傲，也不是徐渭那样的精神错乱，而是一种超出常规的对朝廷、对国家的忠诚。因为他的忠诚在当时表现得太公开、太坦白、太突兀，以致因这忠而被人目为狂了。“出师表”情结似是他这种“忠狂”的典型表现。

沈鍊从小就羡慕孔明的为人，加上他又有文韬武略之才和济世安民之志，便对诸葛亮写给后主刘禅的《出师表》情有独钟。这《出师表》本是孔明军师对西蜀故主和兴复汉室的一片赤诚忠心的浓缩。沈鍊平时极喜诵吟，又亲手抄录多遍在家里到处贴挂。每逢酒后，他便常常高声背诵，每诵至“鞠躬尽瘁，死而后已”就长叹数声，大哭而罢。这种许身国家的忠诚在他是早就扎下了根，而且表现得又特别激切。

中国封建士大夫一般的处世原则是“怨而不怒，哀而不伤”，一切都不该表现的特别过度，而一旦在某一方面激切起来，则往往是出于对某些恶势力的仇恨，并将不惜生命与其抗争。当年岳飞仰天高唱《满江红》——“壮志饥餐胡虏肉，笑谈渴饮匈奴血”而表现出的“怒发冲冠”就是这样一种情况。沈鍊的《出师表》情结及由此引发的举动，或可与岳飞相比拟。

沈鍊形成《出师表》情结时，尚未直面奸贼，他所主张的“汉贼不两立”还只是一句口号。待他由县令升迁至锦衣卫经历，才真正面对了奸贼。他自然地投身于同奸贼的不屈不挠的斗争之中。锦衣卫是明朝禁卫军的称呼，但它的职权范围比一般的禁卫军大。除了负责侍卫外，还担当缉捕、刑狱等事，后来发展为特务组织。沈鍊调任的锦衣卫经历是个文职，但因为职在皇城，也便与京官同列了。

沈鍊到京城以后，眼前所见与他在庄平、清丰等地任知县时的想象大异其景，乃是严嵩赃秽狼籍，京师人心不古，阿谀奉承风行，徇私舞弊昌盛，严家父子权倾朝野，人人忍气吞声，敢怒不敢言。同时又听到一些边臣争致贿遗，及失事惧罪，更大量贿赂严嵩以便开脱罪责。

沈鍊这回真的是切近地处在“汉贼不两立”的环境之中了，《出师表》的情结开始转为实际上的行动。

面对严嵩父子的丑行，沈鍊挺身而出，愤然与其抗争，借酒戏弄严世蕃便是这场斗争的一个精彩片断。

沈鍊居锦衣卫经历不久，适逢公宴。宴会上的严世藩飞扬跋扈，不可一世。面对奸臣的这等倨傲之状，沈鍊非常气愤，感到忍无可忍。而饮酒之际，严又狂呼乱叫，旁若无人，故意让侍者拿出大酒杯倒满酒，玩传杯游戏，规定谁不干杯就罚谁。在坐的官员都惧怕严世藩的淫威，凡传到面前没人不敢不喝。只有一个姓马的官员天生不喝酒，为了取笑他，严世藩故意将这大杯传到他面前。马官员再三哀求，可世藩并不依从。马官员不得已就稍喝了些，但立刻显得愁苦不堪，面色通红。严世藩觉得有趣，便走下席去，亲手揪着马官员的耳朵，用大杯酒灌他，马官员无奈，只好闷着气连咽了几口喝光了，才吃完这杯酒，便头重脚轻，颓废在座。严世藩对自己的恶作剧非常满意，竟拍手呵呵大笑。沈鍊实在气愤不过，他决心煞一煞这奸臣的气焰，便揎袖而起，把那个大酒杯抢在手里，斟满酒，径直走到严世藩面前说："刚才的马先生承蒙您赐给他酒，这是该回谢的，只是现在他已经醉得不能成礼，只好让我来代他感谢您老人家一杯了。"这突兀的反击使严世藩一下怔住了，刚想举手推辞，沈鍊却变得声色俱厉了，他气愤地说："这杯酒，别人能喝下去，你当然也能喝；别人惧怕你，我沈鍊不怕你！"说着揪过世藩的耳朵就灌。严世藩无奈，也只好干了这杯酒。沈鍊把杯子往桌上一放，也跟严世藩刚才一样呵呵大笑。参加宴会的官员们吓得面如土色，一个个都低着头不敢出声。严世藩只好假装醉了，告辞回家。沈鍊也不相送，坐在椅上还大声慨叹："汉贼不两立！"

酒桌上的斗争仅仅是沈鍊与奸臣抗衡的一个引子，作为一个以天下为己任的忠义之士，沈鍊并不满足于这种意气用事，他要用封建朝廷所认可的正式手段与奸臣们斗争。他选择了上疏皇帝这一最传统的也最直接的方式。在中国封建社会里，凡是带有弹劾内容的上疏，尤其是弹劾丞相这样一人之下、万人之上的大臣是带有绝大的危险性的，因为这样做的结果十有八九都会危及到自身的安全，甚至生命。"一封朝奏九重天，夕贬潮州路八千"这样的例子更是司空见惯。现在沈鍊准备以上疏的方式揭发严嵩父子的罪恶，这在严氏父子正得皇帝宠信之际，在他们正权倾朝野之际，在他们的爪牙盘根错节满朝廷之际，无疑是以卵击石。对于上疏的结果，沈鍊并非没预料到，但他已经许身于国，做好了"鞠躬尽瘁，死而后已"的准备，立定了"汉贼不两立"的立场，所以他也就无所畏惧了。

沈鍊的上疏没有任何铺垫和曲折，而是直指当时位居首辅大学士的严嵩。他在疏中写道：

今大学士严嵩，贪婪之性已如病入膏肓，愚鄙之心已然顽如铁石。他在国家遭遇边患，主忧臣辱之时，没有延访贤才豪杰之士，也没有咨询救边的良计高策，却只是跟他的儿子严世藩谋划怎样对自己有利。如果是有人献上忠于国家的谋略，就千方百计予以阻挠；如果是有人谄媚曲意逢迎，就不择手段援引擢升。这父子二人索要贿赂，卖官鬻爵，追求别人的感恩，私结朋党。每当朝廷赏赐一个人，就说，这是由我赏的；朝廷惩罚一个人，也说这是我罚的。因此满朝文武人人都窥探严氏父子的好恶，而不知道朝廷的恩威。这方面的罪状我还是暂且不说，现在姑且列举他们父子两人突出的十条罪恶写在下面：

一、接受将帅的贿赂，而挑起边疆的不安；二、接受侯王的馈赠，每当他们有不轨之事则暗里为他们开脱；三、把持吏部的权力，即便是州县小吏亦以钱财谋取，致使官吏任命和官员素质受到极大破坏；四、向巡抚索要岁例，导致一些部门逐级承奉，而百姓受到极大盘削；五、暗地钳制谏官，使他们不敢直言骤谏；六、嫉贤妒能，一旦有人忤逆其意，必致之死地；七、纵容子孙接受贿赂，大肆聚敛，以致天下怨恨；八、把搜刮的财宝天天不断地往老家运，致使道路、驿站受尽骚扰；九、久居朝廷，凭借皇帝之宠损害朝政；十、不能协助皇帝讨伐边疆入寇，致使皇帝忧心。

沈鍊以他为严氏父子罗列的十大罪状，认定这二人的招权纳贿、穷凶极恶、欺君误国，从而义正辞严地请求诛严氏父子以谢天下。

对于这封上疏的作用，沈鍊清楚它不会动摇严氏父子在皇帝心中的地位。但尽管如此，他也决心投诉上去。他把这一上疏看作是犹如张良在博浪沙中椎击秦始皇，虽然击不中，但可以给人们作出榜样。他愿意以此唤起人们对奸臣的斗争，希望以此打破被严氏父子压服的万马齐暗的局面。更重要的则是，他要以此表明汉贼不两立的决绝态度和立场。

以卵击石的斗争其结果是可想而知的。沈鍊的上疏引得皇帝龙颜大怒，他被当廷打了数十板，接着便谪去保安了。

沈鍊被贬谪保安，他的斗争仍在继续，“骂嵩”、“射嵩”成为他每日必做的功课。

面对如此结局，沈鍊早有准备，这丝毫不能改变他的立场，也不能使他放弃斗争，他决心把“死而后已”的决心精神到底，所以一到被贬的保安，他的斗争又在继续。“骂嵩”、“射嵩”的日常功课成了他的主要斗争方式。

沈鍊携家来至保安州以后，当地百姓闻知他是因上书参劾严嵩奸贼才被贬谪于此，人人敬仰，都来拜望他，争着与他相识。刚来的几天，因无处居住，宣府卫舍人贾石慕其节义，徙家舍之。当地的里长三老也仰其忠臣义士，看他无柴无米，便主动天天送来。

沈鍊的人品志节很快在那里成了学习的榜样，当地人便让自己的孩子前来向他学习。沈鍊将忠义大节的道理讲给他们听，又多讲些古来忠臣义士的故事。说到动人之处，他每每毛发倒竖，拍案大叫；有时悲歌长叹，涕泪交流，地方上的老人小孩都愿意听他讲说。保安州虽地处边陲，但人的质性憨直，况且对严嵩父子的罪恶也多所了解，对这两个奸臣也充满义愤。沈鍊的到来和讲课，使他们找到了发泄的渠道。所以自沈鍊到保安后，经常出现一伙伙人聚在一起以忠义相激，以大骂严嵩为快的情况。沈鍊也为自己找到了如此多的志同道合者而高兴，便把每天与人一起痛骂严嵩父子作为日常功课。

保安州的人后来又了解到沈鍊不仅文才盖世，同时还有超群的武艺，便都来相约与他一块射箭为戏。沈鍊为了表示他与严嵩的势不两立，和对这个大奸臣的不共戴天之仇，便让人用稻草束成三个偶人，然后用布包裹，一个上面写“唐奸相李林甫”，一个写“宋奸相奸秦桧”，一个写“明奸相严嵩”，把这三个偶人当作箭靶。假如要开箭射某一个，便高声骂道："某贼看箭！"沈鍊的这种无畏声讨奸臣的行为，感染了这方土地上的人，人们也都以义气相激，全然不顾严氏父子的淫威，形成了一个讨严、倒严的热潮。沈鍊于是成了这一高潮的核心点。他越发表现出原来就有的狂生特点，有时醉酒时大骂严嵩，有时骑在居庸关口，手指南方大骂严嵩，一直骂得自己痛哭流涕才回去。

尽管辱骂和恐吓不是战斗，但在沈鍊所处的时代，以沈鍊之身份地位和所处的背景而言，这已经是他所能做到的最有力的一种抗争。他不可能手刃奸贼，上疏弹劾又参不倒奸贼，便只有借助这种舆论的方式来加以声讨。事实上这样的斗争也还是有一定成效的，这既造成了特定的声势，也激起了一方人民的义愤，同时也将舆论推向了京师，使在那里为非作歹的严嵩父子感到了恐惧。这种正义的呼声，忠心的举动不能不使奸贼预感到末日的来临。

由年轻时的忠义狂生到青壮时代的忠臣义士，沈鍊秉持着对国家朝廷的一腔热血和满怀忠诚，实行了不屈不挠的势不两立的斗争。这是一场敌众我寡力量对比极为悬殊的斗争。一方面是深得皇帝宠信，权倾朝野，有盘根错节势力的奸相；一方面则是沈鍊一个孤独的斗士。沈鍊尽管也有支持者，也有他的人民基础，但在斗争的关键时刻却注定地只有自己的孤军奋战。对此，沈鍊也极为清楚。但忠肝义胆使得他不能放弃这场斗争，义无反顾地走下去才符合他的性格，这很自然导致了身首异处的结局。

严嵩处心积虑除掉沈鍊，阴谋的网已悄然张开，沈鍊却全然不知，"切责杨顺"便成为沈鍊命运悲剧的前奏。

沈鍊在保安州的所做所为既然如此大张其势，自然早为严嵩父子所知。对于沈鍊，他们当然是恨之入骨，并商议尽快地想办法除掉这个心腹大患。一个残忍的阴谋正暗暗向沈鍊逼近，而沈鍊却全然不知，还依旧沉浸在詈骂奸贼的激动之中。于是"切责杨顺"便成了沈鍊悲剧命运的导火索。

严嵩除掉沈鍊的阴谋是裹挟在宣化、大同总督一职的人事安排上。当时正好宣化、大同总督缺员，严嵩便吩咐吏部将他门下干儿杨顺补了此缺。杨顺是个无能之辈，只是在奉承严氏父子上做得出色一些。杨顺在上任前到严嵩家辞行时，严世藩置酒送别，顺便托他找个机会把沈鍊除掉。杨顺既为奸党之人，沈鍊与他当然也势不两立，所以随着杨顺的到任，沈鍊与奸相奸党们的斗争便逐渐地具体到与杨顺的斗争上去了。

杨顺继任宣、大总督不久，就赶上俺答部落入寇边境，连下应州等四十余堡。杨顺不敢与敌抗击，又怕因丧失国土被皇帝治罪，所以直到鞑虏回巢后，才开始调兵遣将，装出追击敌人的样子。为了掩盖这一事实，杨顺秘密地传令将士，搜获躲避兵乱的老百姓，将他们的头砍下来，充当入侵之敌的首级，送到兵部去报功。因而在那次敌寇入侵过程中，杨顺不知杀了多少无辜的百姓。沈鍊了解到这一情况后，非常愤怒，立即写了一封信，斥责这种无耻而残忍的行为，派一个中级军官送给杨顺。杨顺接过信一看，发现上边大略写着这样的内容：一人功名事极小，百姓的性命事极大。杀平民以冒功，你于心何忍？况且百姓遇上入侵的鞑虏，只不过是遭到俘虏和掠夺，而遇上我们的军队，反被杀头。这样一来，你们为将为帅的作恶，其实是大大超过了鞑虏。杨顺不看则已，看了后恼羞成怒，把沈鍊的信扯得粉碎。

沈鍊不但作书切责杨顺，同时还做了一篇祭文，率领门下子弟，备了祭礼，望空祭奠那些冤死的百姓，事后又作《塞下吟》两首诗来歌哭百姓之枉。他在诗里写道：

> 云中一片虏烽高，出塞将军已著劳。
> 不斩单于诛百姓，可怜冤血染霜刀。
>
> 本为求生来避虏，谁知避虏反戕生？
> 早知虏首将民假，悔不当时随虏行。

诗锋直指贪鄙无能又凶狠残忍的杨顺，对百姓一掬同情之泪。杨顺从密探处得到了沈鍊的祭文和诗词，又气又怕，也愈加恨沈鍊入骨，便匆匆地写了一封密书，派亲信直送到严世藩手中，信中说："沈鍊怨恨相国父子，阴结死士剑客，要乘机报仇。"严世藩阅信后大惊，随即请来巡按御史路楷嘱咐他与杨顺两人合谋将沈鍊除掉。

尽管沈鍊早已抱定了为国献身的决心，在同奸臣的斗争中已将生死置之度外，但他怎么也没有想到，残害他的阴谋来的是如此之快，而且怎么也没有想到他竟会以勾虏谋逆之罪被杀。除掉沈鍊的阴谋真可谓千古毒计，从这个过程中或许也可领略出我们的忠臣，因为其太过忠心，而缺少对敌斗争的智慧。这似乎也是中国古代大多数忠臣遭遇悲惨命运结局的一个因素。让我们展揭开这个杀害沈鍊的阴谋。

路楷来到宣府以后，遂将严世藩所托之事告诉杨顺，两人开始合谋除沈。但杨顺和路楷一时却无计可施。正在此时，中军官报告说蔚州卫捉到两名妖贼：阎浩和杨胤夔。这两人是白莲教头领萧芹的属下，萧芹是曾经伙同俺答部落侵略过中国的叛徒。现在杨顺看到捉来了叛徒萧芹的死党，立即有了害沈鍊的主意了。当晚就把路楷请来，把这个恶毒的计划亮给了同党。杨顺说："别个题目摆布不了沈鍊，只有白莲教通虏一事，皇帝是最愤怒的，如今我们在阎浩、杨胤夔的供词中，夹进去沈鍊的名字，只让他们供认阎浩等人平时师事沈鍊，而沈鍊因为丢了锦衣卫的官职，便对朝廷产生怨恨，所以让阎浩等人煽妖作幻，勾虏谋逆。"这个狠毒的奸计立刻得到路楷的称赞。当时两个人便商量了一个奏本的草稿，同时将奏书分送给严嵩和刑部。

任何阴谋的实现要有两个方面的作用，一个是阴谋的制造者，一个是阴谋的实施力量。假如杨顺与路楷所构拟的除沈阴谋没有特定的实施者，则这阴谋也不过是纸上谈兵，而问题恰恰在于，封建社会里由于封建政治构成的特殊性，官吏均以个人为朝廷负责而表现出来，明哲保身便成为一个通用的处身法则。因此，尽管面对阴谋也很少有人站出来给予揭露，而大多是顺水推舟。陷害沈鍊的阴谋又恰恰是权倾朝野的首辅大学士严嵩的主意，自然在实施上更为顺利。

陷害沈鍊的奏本到达刑部以后，当时任刑部尚书的许论本是个懦弱之辈，加之又是杨顺的前任，知道这事是来自严府的吩咐，也自不敢怠慢，连忙签署了处理意见，完全遵杨、路两人的意愿办理。一个陷害忠良的阴谋就这样顺理成章地实现了，沈鍊走到了他的生命尽头。

像中国历史上许多耿介无畏的忠义之士的结局一样，沈鍊的死同样充满了悲壮。当杨顺的奏本得到批复以后，沈鍊的判决也就下达了。他的罪名跟杨顺、路楷事先拟定的没有出入：他是白莲教的党徒，并勾结鞑虏企图谋反，被处以死刑。沈鍊很快被逮捕入狱。狱中的他仍保持着一贯的大义凛然和视死如归，继续大骂不止。杨顺、路楷辈奸臣，惊惧于沈鍊的正义，怕拖延时间，暴露他们的阴谋，便很快地在宣府市执行了。一代忠臣到头来落了个身首异处的结局。

沈鍊的悲剧，在于他分明地知道他自己的力量无法与严嵩奸党进行抗衡，但他以其一片忠心支持着这一抗争，虽有潇洒豪侠之举世英名，却未能脱尽儒生处世之迂阔，最后当然就非走向悲剧结局不可。沈鍊的忠肝义胆交错着悲壮的血泪，令后世为之动容，也为之叹惋。真可谓：

生前忠义骨犹香，魂魄为神万古扬。

4. 谭嗣同：纵死犹闻侠骨香

中国的侠客源起很早，《墨子·公输》里的禽滑厘所率的三百之众大概就是侠客的前身。《史记》曾为侠客专门设了一个栏目来叙列其事迹，说明当时这种职业者的普遍存在。中国历史上的侠客最为人所景仰的，并不是那种天马行空、独往独来的生活方式，而是那种“三杯重然诺，五岳倒为轻”的重信守义、视死如归的人格气质。或许正因为此种难能可贵的个性特点，侠客赢得了古今无数豪杰志士的景仰和崇敬。从先秦两汉，一直延续到近代。侠客在中国层出不穷，可称得上超级大侠的并不多见，本篇的主人公谭嗣同当为屈指可数的一位。谭氏不是寻常意义的侠，他为人自然带侠气，只是更非凡的却是他学术上，思想上，精神上的侠的素质。

作为一个非同一般的大侠，谭嗣同心甘情愿成为中国为改良而牺牲的第一人。他的命运堪称为是一曲感天动地、气壮山河、令苍山垂泣、使江河呜咽的交响曲。

光绪二十四年（1898 年）十一月十一日上午，北京城上空乌云笼罩、天色阴沉。大街小巷盛传慈禧太后已经回宫，光绪皇帝已被囚禁在中南海瀛台。在这黑云压城城欲摧的时刻，维新变法人士纷纷被捕或远走高飞，一时间人心惶惶，不知会发生什么祸事。果然，到了下午，宣午门南菜市口，推来六辆囚车，一字排开，监刑官军机大臣刚毅一声令下，刽子手举起寒光闪闪的大刀，刀落处血光飞溅，六颗无价的头颅滚落地上。这六位烈士便是被后人称颂的戊戌六君子，而其中的为首者便是我们要写给读者的谭嗣同。其时天色如墨，忽然风雨交加，流淌街心的鲜血，顷刻间被雨水冲刷得干干净净。

这悲壮的一幕，宣告了戊戌百日维新运动的悲剧性结局，也为十九世纪中叶以后中国进步知识分子为了匡世济民寻求改革救国之道的种种努力和尝试，画上了一个惊心动魄的句号，同时也给后世之人留下了一桩悲凉慷慨的故事。谭嗣同便是这故事的最动人心魄的一页。在我们看来，谭嗣同也因此被视为中国历史上大侠第一人。他伴着豪侠而生，又怀着侠肝义胆献身改良，最后带着豪侠之壮烈走向刑场。

谭嗣同尚侠、习侠、为侠，成就了自己的侠肝义胆，也开阔了他包藏宇宙万物的胸襟。

谭嗣同从小性格倔强，坚忍成了他性格的主要特征。还是在他七岁时，母亲去湖南浏阳给哥哥办婚事，把他留在父亲的住所北京，与父亲的妾一块住。父亲自他母亲走后便开始歧视和虐待他，这使他在精神上受到很大的刺激，整日沉默，竟忧郁成病。第二年，母亲从浏阳回到北京，见儿子抑郁如此，猜测一定是父亲待他不好，便反复问他，他却坚不承认。当时母亲便被他的倔强所感动，很高兴地对身边人说“此子倔强能自立，吾死无虑矣”。儿童时代的谭嗣同其倔强不仅表现于日常生活上，在读书中也有突出的体现。嗣同八岁读书，与大哥嗣贻、二哥嗣襄一块就学于北京宣武城南。那是个居民极少，“后临荒野，蓬颗垒垒，坑谷皆满”的地方。他和两个哥哥在那里读书，读得也很倔强：“兄弟共案，厉呼愤读，力竭声嘶，继以瘖咽涕演。”母亲死后，嗣同失去了家庭的温暖，在孤独和被虐待中，他的倔强性格得到了进一步的发展。

倔强的性格是年幼的谭嗣同走向尚侠、任侠的基础。他自己对这个过程曾有过回忆。他说：“我自小到青年，受够纲常伦理的荼毒之苦，这种痛苦不是一般人所能忍耐的，有几次都濒临死地，却终于没有死成，因此我更看轻我的生命，认为就这么一块躯壳，除了为别人做些什么之外，还有什么可足惜的。”嗣同左想右思，更加向往墨子那种摩顶放踵的为人志向。在这种原始任侠思想的驱使下，他结交了当时被封建士大夫所瞧不起的、专以锄强扶弱为业的义侠王五。王五也叫王正谊，他虽然是个回教徒，但其为人和品格却超出了宗教的界限。谭嗣同与之结交后，便跟他学习剑术，当时嗣同的年龄才十三岁，力气不足，自然不能完全接受王五传授的击剑技术，但这段学习却为他后来能舞剑生风打下了良好的基础，更重要的是王正谊那英武、慷慨、倔强的性格和那种对旧社会桀傲不驯、敢于反抗的精神，给了少年的谭嗣同以极大的影响。而且他们之间缔结的友谊也一直是他精神中的一个支柱。

任侠的人大多都有一段壮游的经历。李白当年“十五好剑术，遍干诸侯；三十成文章，立凌公卿”便是在壮游中完成的。谭嗣同的少壮远游比李白及中国古代任何一个大侠都毫不逊色。

少壮远游是谭嗣同十四岁即开始的人生重要经历。光绪四年父亲带着他和一群幕僚到甘肃上任。一路西行，正逢大灾之年。山西、陕西、河南一带旱魔猖虐，赤地千里，勾萌不生，童木立槁，稼禾颗粒无收，饿殍塞途，阻互横辙，过车有声。这种旷古的灾难使谭嗣同对于人生社会有了一个深刻的悲剧性印象。以前只是在书里读到的“白骨露于野，千里无鸡鸣”，现在真的呈现于他的眼前，其惊心动魄，对一个十四岁少年的心灵产生了强烈的震撼。

谭嗣同与父亲一起到达了兰州，开始在“大漠孤烟直，长河落月圆”的边塞驻足。这时的他异常活跃。在父亲的道署中，聚集着一大批幕僚，而嗣同和那个遇事敢于奋发担任、不计劳苦荣辱的刘云田最投缘。他经常和刘云田等人骑马奔驰，尽情欢乐。在一些边防军的驻地，谭嗣同对为招待他这个贵公子而特设的酒馔军乐和军中百戏不屑一顾，而是愿意跟刘云田一起并辔奔驰山谷，私出边塞。在那条人迹罕至的山间谷地里，呼啸的西北风挟着沙石迎面扑来；骆驼的咿嘎，天空的雁鸣和豺狼的嗥叫，这些声响混在一起所组成的令人惊怖的交响曲是嗣同最喜欢听的。有时谭嗣同还跟一帮勇健的士兵去打猎，鹰飞矢发，逐杀野兽，兔起鹘落，其壮伟的景象引来当地许多奇装异服的少数民族居民，他们也热烈地加入到野猎之中，呼声震天，追逐紧张。到了夜晚，他们就在沙漠里撑起篷幕，肩并肩踞坐着舀黄羊血拌雪吃。他们还弹琵琶，高声唱歌，甚至群相饮博，欢呼达旦。有一次正值隆冬大雪，谭嗣同单骑疾驰，七天七夜行程一千六百多里，经过渺无人烟的山野。肚子饿了，就吃一把冰块，咽了，就找一个避风所在和衣而卧。当到达目的地后，髀肉狼籍，濡染裤裆，见此情景的人都非常惊骇，他自己却若无其事。大漠的广阔、荒寒，军中的勇敢、骠悍，生活的壮勇苍凉都使谭嗣同的任侠之心得到进一步的舒展，其侠的胸怀情志也得到了扎实的锻炼，在这“白马饰金羁，连翩西北驰”的五年生涯中，作为一个旷古大侠的情怀就此奠定。

有了深刻的任侠思想的谭嗣同在结束了兰州军营生活以后，因为几次应考落榜，他不得不怀着对这种“凿空说经”，“无当生人之用”的八股文之愤恨，再次继续他的漫游生活。尽管这时他已与长沙李寿蓉之女李闰结婚。但婚姻并没有改变他任侠使气的作风。谭嗣同二十五岁在北京应试又落第，他又一次从北京回到兰州，这时恰接其兄谭嗣襄的来信，言其被谤议、受排挤的境地。兄弟俩同样的悒郁境地，使嗣同颇为感慨，他当时便写诗两首以抒其愤，第一首诗曰：

少小思年长，年增但益悲，
我今年廿五，四顾竟安之。

无命愁相慰，非才愧所知。

犹疑沧海客，栖息已高枝。

由诗中可以看出，这个自命为侠的青年，已经开始为自己找不到一个很好的骋志之所而“拔剑四顾心茫然”了。考场的蹭蹬，仕途的坎坷，社会的黑暗，国家的衰颓使他陷入迷茫之中，他开始在漫游中寻找行侠仗义的人生之路了。

机会终于被谭嗣同找到了，但这已是光绪十九年了。那一年谭嗣同再次到了北京。一个偶然的机会他和四川达县的吴樵相遇，片言即合，有若夙契。他们的结交很带侠士的韵味，属于“相逢意气为君饮，系马高楼垂柳边”那一类。吴樵于学无所不窥，精于算学，而于格致学也能习其器而名其物，不但有一定的科学知识，更重要的是对现状不满，有要求改革的思想。谭嗣同与之订交以后，在吴的影响下，他对自然科学也产生了浓厚的兴趣，并促进了他的革新思想的发展，从此，他如饥似渴地企图从一些自然科学、西洋史地和政治书籍中寻找到有效的经世致用的道理。

谭嗣同在北京还认识了一个好友叫唐才常。唐应湖南乡试落第，又找不到工作，走投无路之际就将自己的艰困处境告诉了谭嗣同，希望得到他的帮助。嗣同见好友困顿，即刻侠心大动，他立邀唐来湖北，并积极为其找工作。可是由于当时湖北官僚机构臃肿，人浮于事，嗣同父又不肯为此事出力，所以尽管谭嗣同各处奔走，费尽心机，仍无着落。唐才常见此情况，深感不安，劝他从容相机，慢慢来，但谭却仍不辍努力。好不容易才听说两湖书院课额尚有五名，他立即叫唐去报考，唐一考即被录取，终于有了一处可以栖身的场所。谭嗣同为唐才常谋到了职，可又一想，其家中生活比较困难，便七扯八挪地借了一些钱给他。这种行侠仗义的行为，后来又被谭嗣同演绎过多次，他的另一个朋友刘善涵也是在他极力营谋之下才在湖北立下了脚跟。

嗣同的行侠仗义之情怀由狭而广，当他开始走进仕途的时候，便把这种胸怀拓展为替天下百姓除弊恶，造大幸福于全天下的人生追求。这在他所倡设的不缠足会一事上有最深刻的表现。

侠的特征是解除人间痛苦和抑强扶弱，打抱不平。深具此种侠心的谭

嗣同进入仕途以后，便把那种简单的扶危济困展开为消除大众的痛苦。当时缠足之风仍弥漫全国，无数的女子在这种封建陋习中致残。面对这种普遍的人间痛苦，嗣同侠心振作，要倾力解除之，虽然当时他的官职是筹防局提调，但这并未防碍他对此事的仗义行侠。他于光绪二十三年三月与梁启超、吴樵、康广仁、张通典等人在上海设立了不缠足会。他们规定凡入会之人所生女子均不得缠足；其所生男子不得娶缠足女子；如已缠足的女孩，倘是八岁以下，须一律放解；并刊印了一篇妇女歌，作为入会的凭据。为了扩大范围，谭嗣同还发动湖南的朋友，在那里成立不缠足会；又信示浏阳的唐才常和黎少谷主持在当地成立此会。出于周密的考虑，谭嗣同还特意拟订了《不缠足会嫁娶章程》寄给他们。

侠肝义胆一旦超越出个人意义的除暴安良，扶危济困，走向为数甚多的民众，就会嬗变为廓清社会，拯世济物，匡正天下的大忠大勇。正是在这个意义上，谭嗣同的任侠思想有了质的飞跃，将一种过去仅仅是为少数朋友的解危助困，衍化为澄清世界，救济时艰的伟大行动，而这一行动和壮志实行的最突出表现，就是他义无反顾地投身到变法维新的大事业中去，以及在变法维新上的深谋远虑和笃力实行，直至付出生命。

谭嗣同对于清朝的黑暗统治早已感到失望。还是在未踏上仕途前他就认为“中国全局断无可为”。那时他就构想出一个战略：如果以一个适当的地区为基础，大力进行变革，亟谋自强，当可以“阴以存中国”。在这样的思想基础上，光绪二十四年，在康有为等人的影响下，在维新运动的推动下，作为具有强烈爱国爱民意识，有济民水火、拯救时艰之大侠义、大勇敢的谭嗣同，便坚决地丢弃了官场，到湖南去参加筹划维新事业。

在筹划和进行变法维新事业中，谭嗣同依旧贯穿着他一如既往的侠士作风，在新的工作和奋斗中体现着古道热肠。譬如当时维新派们所办的《时务报》因为缺少支持，一度缺乏经费，向外募捐，又无人解囊，谭嗣同于是自己“贴出”，使得这份报刊能及时面世。当然他对“新政”最重视而致力尤多的是时务学堂、南学会、湘报、保卫局和有关工矿交通事业。

当时的湖南时务学堂是按着洋务派“中体西用”的宗旨办的，谭嗣同认为此种办学宗旨决不能培养变法新人才。为了改变这一宗旨，谭嗣同煞费苦心，他深夜访友以求良策，时常到学堂指导并协同梁启超、唐才常等共同研究办学方案。并主张在讲堂宣传一些革命的激进的思想。

南学会是光绪二十三年成立的组织，这个组织在成立之初是为了制止人民群众的反帝斗争，劝导士人保护帝国主义国家在湖南境内设立的教堂和传教士。谭嗣同主持此会以后，便从根本上改变了南学会的宗旨，赋予了这个学会以新的活动内容：一方面，它是学术性团体，规定每七日开会讲学，对听讲的会员广为开导，并邀请“诗界革命”的旗手黄遵宪主讲政教，皮锡瑞讲学术，邹代钧讲舆地，谭嗣同自己则负责天文的讲授，从而将一个为外国宗教服务的学会变成了为变法维新服务的学校。而他自己在讲课中，更是慷慨论天下事，多讲爱国之理，求救亡之法。有一次他在讲课中向会员们沉痛地分析中国被帝国主义侵略而面临着瓜分豆剖的危险，从而呼吁“中国情形危急”！有时在讲天文学时，也多杂夹一些对人的激励，结合阐明救国和变法意义而勉励人们投身于斗争中去，言“诸君当知此堂堂七尺之躯，不是与人当奴隶、当牛马的”，“我辈倘不好自为之，则去当奴仆牛马之日不远矣！”这种激发听讲者奋发图强的讲话，给人们以很大的振奋，据他的好友梁启超说：“闻者无不感动。故湖南全省风气大开。”作为一个拓展了侠士胸襟的非常之侠，谭嗣同的心志远远超出了一般意义的扶危济困，而是展开为拯世济物的治国平天下理想，所以他要以南学会、湘报、保卫局以及有关的实体作为变法的阵地，通过这些形式各异的努力来团结壮大维新派人士和“开发风气”。同时他也不单单着眼于湖南，而是“将以学会群湖南者智湖南，又以智湖南者智中国”。也就是意欲从湖南这个根据地的讲求变法而扩大影响于全国，力图掀起全国性的变法维新运动，以拯救“中国情形的危急”。

谭嗣同对于《湘报》也实行了类似的努力。这家报纸是由唐才常、熊希龄筹办发行的。其宗旨是“义求平实，力戒游谈”，实质上是要求在不损害官僚、地主阶级根本利益的前提下，对某些时政作一点平和的评论。对此办报宗旨，谭嗣同不甚满意，他找到唐才常建议他必须把《湘报》的内容大大地加以改进和充实。他提出：首先应把此报与南学会密切联系起来，目的在于将南学会的一些宣扬变法维新、救亡图存的言论，通过《湘报》的刊载，向湖南各地区、各阶层人们进行广泛的宣传鼓动，提高人们的认识，从而掀起一个声势浩大的维新运动。为此他还特意补写了《湘报后叙》，强调这家报纸将随着形势的发展而发展，循着“日新”和“民史”的原则，来充分发挥报纸在变法维新的现实斗争中的作用。与此同时，他还大张旗鼓地称赞该报所登刊的一些富有战斗性的文章，如樊锥的《开诚篇》，希望报纸能尽量多地刊载像这样敢于揭露和抨击封建统治罪恶的论文，以加强在意识形态领域内向反动封建势力的主动进攻之力量。谭嗣同上述对《湘报》的改进，使得《湘报》发生了质的变化，从而成为民族资产阶级要求革新的锐利武器。

谭嗣同不仅将侠义之行为和战略推展到“文治”，同时在“武略”方面也见之行动，这就是他对保卫局的改良。保卫局设于光绪二十四年，是由署按察使黄遵宪倡议，仿照上海租界巡捕房的形式，设立的一个由官绅合办的维持市区秩序的机构。靠着父亲的势力和自身的地位，谭嗣同也参与了这个局的改良。他认为保卫局不仅有其维护秩序之职责，还应致力于防御帝国主义国家的入侵；另外他还主张在保卫局附近设立一个迁善所，将社会上的大批流氓、拐骗、盗窃等坏分子收拢在此，强制他们劳动、学习某些技艺，使他们能在被释以后，取得正当职业，变为自食其力的劳动者。他不仅提出了这些建议，而且还通过努力，尽量落到实处。

与此相近，谭嗣同对湖南的工矿企业也着力甚多，他对原先洋务派的官办、商办合作以及官督商办的方式进行了改良。坚决支持那些要求商民独办的企业，并以此作为模式尽力推广。而在交通运输方面，他所付出的努力更多，那就是支持和参与、筹划内河小火轮和湘粤铁路的建设。

天下之大必起于细，谭嗣同的侠士心胸的拓展，以及在各种非寻常意义侠义行为上的努力，终于水到渠成地使他义无反顾地投身于一个拯救国家和民族的大事业——维新变法中来了。谭氏的参加变法应该是他侠义人格以及豪侠心胸的再一次质的飞跃。而他在维新变法中的表现又很好地丰富了他的侠义性格和作风。

维新变法运动是在北京开始、并由朝廷直接下令实施的。在谭嗣同看来，北京便是他的奋斗疆场，所以当他接到诏书，要他速去北京执行变法时，他表现得异常兴奋。他在写给妻子的信中流露了这种战前的振奋。他写到：“我这次终于可以去一展我的志向，可以按着我的政治理想去大展宏图救国救民了。”此去究竟如何？他心里也感茫然，但既然去奋斗，即使有牺牲又有何惧呢？此时的谭嗣同，其情怀颇似曹植《白马篇》中所写的那个游侠：

弃身锋刃端，性命安可怀。
父母且不顾，何言子与妻？
名编壮士籍，不得中顾私。
捐躯赴国难，视死忽如归。

当他真正从家里走出的那天，又郑重其事地跟妻子说：“此去京城，前途吉凶未卜，大体说来不会乐观，但我之为人蠢尔躯壳，除救人外，毫无他用，既然所行在于救人，则只应尽力于此考虑和行动，而当‘视荣华如梦幻，视死辱为常事。’”他就这样勇猛无畏地踏上了征程。

谭嗣同行至湖北，忽然害病，他本想小憩以复健康，可光绪来电又催“迅速来京，毋稍迟延”。于是抱病动身，于二十四年七月三日到达北京。他的人生上的侠义实践由此完成了一个成长的过程。接下来，便是那惊心动魄，英武绝伦的终结。

作为一个顶天立地的大侠，谭嗣同不惟在人生处世上展示了侠的品格，同时在为学和思想上也表现出侠的气质。

谭嗣同自失母佑以后，因为父妾的虐待，多次濒于死的边缘，这使他年幼的心灵深处产生了对封建伦理纲常的无比憎恶，甚至由此对封建传统文化也痛恨起来。他从一开始进入学校，便对学习内容产生了天然的反感。他父亲督促他学习时文制艺，他便在课本上大大地写上“岂有此理”四个字，偏不去揣摩这可厌的东西，而津津有味地阅读那些被封建士大夫诋为“异端”的各种杂书。他的为学上的任侠使气便在这里奠基了。

这种为学上的任侠使气，表现在他对一些学习内容上的独到之取舍。

这同样是在谭嗣同很小的时候就表现出来了。十四岁那年，他在父亲的道署读书，对方苞、刘大櫆和姚鼐的桐城派古文产生了爱好，这种爱好源于他在老家浏阳跟欧阳中鹄的学习。欧阳氏在给他讲解桐城派义法时，将这种清澹简朴而又结构谨严的文体作了独特的强调，并且有意跟时文制艺相配合。但谭嗣同此时读桐城散文，却独出心裁地去领略其中的抒情色彩，所以尽管表面上也与人俱学，实际上则是另有用意。

这种颇带天马行空、独往独来风格的侠客学风，愈到后来便愈益突出。谭嗣同十五岁那年由甘肃返回湖南老家读书，在涂启先的教诲下学习儒家经典。涂秉承的是乾嘉汉学家遗风，对于文字训诂均有较高造诣，而尤长于史学，在考证得失，识断精审上更为擅长。嗣同在从师于他的过程中固然对他的学问有所吸收，但却更注意在文字、训诂、史传等考证辨析上“发前人所未发”。另一方面，谭嗣同很喜欢涂启先这个老师，他喜欢的重要原因，便是这个老师也有与自己那种学问上的“尚独”气质。比如涂老师讲授儒家经典就不以宋朝朱熹的注释为局限，而好称引乾隆时阮元、焦循的经说。这在当时一般士大夫都盲目崇尚“程朱”的氛围中，是非常有独特性的。

当谭嗣同在湖南应试落第再次回到兰州，重新在署道读书时，这种“尚独”的气质就更突出了。他的父亲谭继洵为了他能在科举考试中成功，更加紧督促他注重时文制艺，笃力八股。但他自己却更喜欢涉猎一些他自己感兴趣的书籍，在这些书中，他尤倾心《墨子》。读其书，想见其为人，他对墨翟的为人很是崇拜。此外他那时的习文也多作“为驰骋不羁之文，讲霸王经世之略”。

为学上的“尚独”任侠，喜欢独往独来的气质，使得谭嗣同的学术思想逐渐地也带上了侠气，并愈益突出。

光绪十年嗣同二十岁，从这年起，他发愤致力于“辞章”，开始从桐城派的圈子中跳出来，而逐渐对魏晋文章产生兴趣，时时籀绎，益笃嗜之。他认为汉末魏初的作品，更具清峻、通脱、华丽、壮大的气概，而西晋初年的作家，如阮籍等人的文章则写得慷慨激昂，特别是嵇康之论文，思想新颖，往往与古时旧说反对，它更能引起自己的思想上的共鸣。从古代文学和文章里寻觅尚独知音，并有了一定的结果，这更使谭嗣同兴味盎然。他于是在这个基础上，上溯秦汉、下循六朝，奋读那些沈博绝丽的文章，而对唐以后那些所谓明道、载道的陈陈相因、质木无文的作品，则加以摒弃。他不但用心钻研自己所喜爱的古代作品，而且模仿着彼等创作方法和艺术风格，来作一些与时文制艺颇不相近的文章。他的独树一帜的学术思想便由此萌芽了。

这一年他先后到过新疆和内地，然后再回甘肃，开阔了视野，了解了民生。他看到了中国遭受着法国的侵略和政府对于侵略的反击乏力。于是愤而作《治言》。文章对中国的历史演变作了分析，也分析了外国的社会，从而认为西方各国“出一令而举国奉之若神明，立一法而举国循之若准绳，君与民而相联若项领，名与实而相副若形影”，委实有值得借鉴的地方，对“西法”产生了一定的向往。这种朦胧的观念，在当时那个西学为体，中学为用的浓郁的洋务观念氛围里，应该说是一缕清新的春风。在《治言》这篇文章中，他还提出了与众不同的见解，即认为对于法国军队的侵略，决不可持“和议”态度，也不能首鼠两端而苟且应付。他更注意和强调的是我们究竟靠什么来跟法国开战。由此我们可以见出，谭嗣同在学术上已然从古已有之的时文制艺中迈出，而走向了文章合为事而发的道路。

与此相映的是，谭嗣同对科举也有了自己特定的意见。这之前他曾凭借父亲的关系在甘肃和湖南都参加了省试，但结果却均落第，当他再次回到兰州，父亲继续督促他在时文制艺上大下功夫时，他的意见即有所变化，那就是他开始对这种凿空说经，无当生人之用的八股文产生了极大的厌恶。尽管这时，他表面上还在对所厌恶的八股文进行揣摩，而更主要的则是在浏览各种书籍的同时，努力于结交同志，以期获得更新的思想和知识。抱着这样的想法，他在光绪十五年到北京去应试时，结识了住在北京的浏阳著名学者刘人熙，并从他问学，拜之为师。

刘人熙以治张载及王船山而著名，他对《正蒙》及《船山遗书》皆极意讲求，往往得其精意，而于永嘉之学则慊其末流之弊、尽弃性命之理，而以事功相标榜，借以掩其浮浅之实。反而不如浏阳学者朱慎甫那种宗紫阳而践履之来得切实。刘将自己的上述学术见解与谭嗣同作了一番认真的交待，两人从此相切磋，有相识恨晚之感。通过向刘人熙问学，谭嗣同不但对王船山的具有一定民主性精华的学说有了无比的向往，而且对于张载的以气为本体的唯物主义思想有了较多的接触。这种学术上的任侠独往所结出的硕果，为他后来的维新变法理论体系的建立起了很大的作用。

王船山的学术成果给谭嗣同以一个学术新天地。在这里，他仰之弥高，钻之弥深，为其中的丰富多彩和博大精深所吸引，更为主要的是他在这里找到了理解自己那种与时不合、与众不同之思想的同志。他在写给刘人熙老师的信中说："近来的学习主要是攻读船山遗书，再加上一些广览博取，同时也得到了一些贤师友如辨蘁师之刚健文明，王信余之笃实辉光，涂质初之质直，贝元征之温纯的薰陶。"这种学问上的进取和师友间的切磋，使谭嗣同对社会现实的认识有所提高，并为他进一步将王船山的学说和其他的古代思想家的著作进行综合比较研究，再结合西方东渐的自然科学和某些社会政治学说的融会贯通打下了基础。他也由此使王船山的思想成为他建立变法维新理论的主要根据。

谭嗣同为学及学术上的侠气质更多地表现在他不把学问当作空凿其经，坐而论道的营业，而把它作为自己人生行侠仗义的工具和辅助。这反过来又使他的学问和学术思想裹挟着慷慨激昂的因素。中日甲午战争期间，谭嗣同接连听到中国海军失败和日本侵略势焰日益嚣张，沿海地区岌岌可危的消息，感到无比悲愤。深重的民族灾难，给他的思想以强烈的刺激，使他深切地感到再也不能象过去那样在辞章、考据上虚掷宝贵的时光，而必须使学术研究有利于匡济时艰。他自己说："三十之年适在甲午，地球全势忽变，嗣同学术更大变。"于是，他系统地整理了过去的各种著作，把三十岁以前所著的作品定为《秋雨年华之馆从脞书》，再将三十岁以前所作的诗辑为《莽苍苍斋诗》，还把自己以前研究经史子集等学术时所写的札记和有关生活经历的偶记编成《石菊影庐笔识》。从而将三十年来的生活经历作一总结和回顾。用《三十自纪》这篇文章将自己近年来仆仆风尘，迫于试事，和六赴南北省试所历的路程给予了重新的认识。在这番总结认识的基础上，谭嗣同对国家时局有了深切的感慨，从而也发现了自身已然培养和凝聚了一定的力量，他完全可以凭此为治国平天下作出一份贡献。他说："风景不殊，山河顿异；城廓犹是，人民复非，为拯世济物，完全可以趁着自己膂力方刚之时，奋发努力，在社会上做出有利于振兴祖国的事业。"为此，他还特意给自己起了个名字叫"壮飞"。

嗣同于三十岁这一年，因为甲午海战失败后国家愈益衰败，政府更加无能，在这民族灾难深重之际，和变法思潮的激荡之下，以及自身学养的量变引起的质变，他的学术和思想至此发生了根本的变化。这个变化的主要标志就是学术和思想都突出地表现出凌厉的、革命的、勇猛的风格。

嗣同在自我描述这种变化时说："平时自己对国内国外的事情虽说也稍事研究，但始终不能得其要领。经过甲午战争这件创巨痛深的事件，才开始摒弃一切杂事，专门集中精力来思想这方面的事。因此详考数十年的社会变化而深刻地研究其中的规律。既不敢专己而非人，也不敢讳短而疾长；不敢徇一孔之见而封于旧说，也不敢不舍己从人、取于人以为善。通过这番认真而深入的钻研，终于发现他所处身的社会已是千疮百孔，无论是从社会风气还是从政治经济都已经腐朽不堪，这种情况决然是守文因旧所不能挽回的。"因此他准备首发大难，筹划着变法策略。

从这里可以看出，是深重的国难和朝廷的丧权辱国，使得他久已蕴藉的学术上思想上的尚独、尚自由的倾向有了一个新的提高，这种颇带豪侠因素的思想已指向一个更为广阔和远大的目标。而这一点更集中地表现在他的变法理论著作《仁学》及该著作的产生过程中。

自甲午海战失败以后，谭嗣同开始密切地关注国家形势的发展，并结合具体国情思考在中国实行变法的可能性。他认为，就中国的现状而言，要变法存在着一个很大的困难，这就是缺乏精通"洋务"的人才。而洋务运动的一个最大的失误，就是没有培养出一些能够对付外国侵略者的可以实行洋务的人才。而中国目前的士子都是一些读圣贤书，不求致用，舍本务末，避实击虚。其中一些愚蠢到极点的人，把时文试帖小楷当作身心性命的根本学问；而其中的聪明之士，则沉溺于考据、训诂、辞章之中，玩物以丧志，他们所追求的希贤希圣希天，都不出这些内容，即便是神州陆沉，在他们看来，也是与他们无关的事。想到这种情况，谭嗣同感到痛心，也感到一丝渺茫。在他看来，要救亡图存，就决不可因循守旧，而应尽变西法。这样实施的首要一点就必须“孜孜以教育贤才为急务”，而教育贤才又应以学习“算学格致”为主。显而易见，谭嗣同此时所总结和产生的思想是通过对封建传统教育的改良，增加进一些新的自然科学的内容，并以此来培养出贤才来挽救摇摇欲坠的清王朝和国家。

十年磨一剑，霜刃未曾试；

今日把于君，谁为不平事？

经过十多年的学习生涯，艰苦奔波和笃力思考，谭嗣同终于从守文因旧的传统治学中走了出来，用自己对国家命运的关怀，用自己侠义性格作基础，用自己覃思深虑作凭借，从而产生出了新的学术观念和思想。这种思想是他挑战旧世界的利刃，是他创造新世界的根据，是他侠肝义胆的辅佐，是他行侠仗义的羽翼。它集中在谭嗣同所著的《仁学》之中。

从光绪二十二年起，谭嗣同开始从事变法的理论研究，着手撰写《仁学》这部颇带新意识、新观念的，带有自己独特风格的书。对于撰写这部书，谭嗣同自期甚高，他将此书看作是自己冲向旧社会、旧时代所舞弄着的刀枪，是豪侠剑客手中的一把利剑。他在写给其朋友唐才常的信里说：“若夫近日所自治之书，颇想以此共相发明，别开一种冲决网罗之学。”这里所说的网罗不仅仅指传统治学上的陈规陋习和某些传统，同时也还含指已然腐朽的社会与时代。因此这是一部悲歌慷慨的著作，它本身就裹挟着一种荡涤污泥浊水、溃烂决腐的风格。这乃是谭嗣同人生侠义性格在学术和思想上的一个反映。

在《仁学》的撰写过程中，谭嗣同是倾注了很大的努力的，在他看来，非精探性天之大原，不能写出数千年之祸象，与今日宜扫荡桎梏、冲决网罗之故。也就是说，必须通过哲学上的阐述，才能论证数千年封建君主专制制度的不合理，以及谋求改革黑暗现状的必要性。这把作者企图运用哲学观点，来析证其要求革新的社会政治思想的创作动机交待得很清楚。因为抱了这样一个伟大的撰述动机，谭嗣同感到“兹事体大，未敢率尔”。就知识储备而言，他当时虽然读过一些广学会和江南制造局译出的所谓“西学”书籍，但“彼时所译者，皆初级普通学及工艺兵法医学之书，否则耶稣圣经论疏耳，于政治哲学，毫无所及”（梁启超语）。因为从这些“西学”著述中找不到关于哲学的理论和观点，加上当时佛学在一些不满现实、要求变革的知识分子中盛行，谭嗣同便很自然地利用了佛学所提供的哲学观念，特别是他在探索“性天大原”时，更直接地借助于佛学的提供。同时由于撰写《仁学》的急迫性，他也来不及去构造一个比较完整的哲学体系，只好就便取材了。在《仁学·自叙》里，他自己也说：“每思一义，理论过于深刻，又没有恰当的例证，思绪奔腾，际笔来会，便急不暇择了”。

尽管《仁学》里写进了一些作者随时得来，未能完全消化的知识，有些是佛学和自然科学的拌和，但该书的主要篇幅，却是他用自己所了解和接受的自然科学知识，来说明世界、万物以及人们的精神状态的物质性的构造原因。其基本倾向也非常明显地表示出企图用以自然科学为内核的唯物主义观点，来论证对社会政治进行改革的合理性。尤其是这本书的下卷，很突出的、在当时说来是独具异彩的有着大影响的反清革命思想。

在这本著作的下卷，谭嗣同写到：“《明季稗史》中的《扬州十日记》、《嘉定屠城记略》，不过是纵军屠杀的一二例子而已，其实自剃发之令下达以后，清军所至之处，均屠杀虏掠，残无人道。但这样一个对人民如豺狼般凶残的政府，遇到外侮则像羔羊一样的软弱，对外国侵略者动辄屈膝投降，特别是《中日马关条约》和割让台湾，使全国人民宛转于刀砧之下，瑟缩于贩贾之手。”在这里，他已经较清楚地指出清朝封建统治者的利益与人民利益的根本对立，揭示了封建统治者对内血腥镇压人民与对外卖国求降的必然联系。如此，谭嗣同《仁学》这一学术著作中反对封建君主专制的思想，便理所当然地成为资产阶级民主主义思潮的先导，而蕴含其中的反清思想，则成为辛亥革命时期资产阶级革命派的思想前驱。

于是，谭嗣同便不仅仅是人生实践上的不同凡响的豪侠壮士，同时在学术、思想方面也充分地体现出了豪侠的风格，和为整个国家人民之不平而战斗的性质。这人生和学术思想两个方面的侠风格不仅铸成了他的伟大的革命先驱之形象，同时也昭示了他在那样一个黑暗时代里所不可避免地走到悲剧结局之趋势。

谭嗣同匆匆来到北京，襄助皇帝实施变法。对于这次变法的悲剧结局和自己此去京城的凄惨后果，谭嗣同似有所预感。

谭嗣同在湖南与妻子分别时，即作了永诀的准备，说："此去前途难以预料，但我已下定决心，为了国家和民族的命运，不避风险，不畏艰难，虽牺牲也在所不惜。"谭嗣同就这样像古代的侠客如荆轲辈一样，"终已不顾"地离家别子，悲壮地走向了吉凶难卜的变法战场。

谭嗣同一到北京，便毅然决然地投入到变法维新的斗争中，这时他所表现出来的仍然是一贯的侠士风格。他怒斥刁难维新派军机四卿的守旧官僚，在负责阅览广开言路之后雪片似的臣民奏折之工作上，勤奋认真，克服了重重阻厄。尽管旧官僚们对他忌恨非常又侧目而视，但他毫不畏惧。

变法维新果然在像谭嗣同所预料的那个可怕的结局迅速滑动。先是皇帝在维新中成了傀儡，朝中大权由慈禧太后幕后操纵，皇帝只是名义，从而被朝廷官吏轻视如草芥。更可怕的，是维新派之中发生了严重的分歧：出现了与谭嗣同、林旭等激进观点相反的对立派。

谭嗣同和林旭参与新政，日夜谋划变更一切甚急的举措，以及他们所提出的变法要成功，必须改革官僚体制和机构，罢黜耄老守旧诸大臣，任用识大体讲效力的年富力强官吏的主张，遭到了军机四卿之一的杨锐的反对，杨认为这是操之过急，他上奏皇帝说："变法过激，恐为康有为所误。"他建议光绪皇帝宜顺太后旨意行事，不可固执己见，变法宜缓；罢黜旧大臣与选拔新进人才，更不宜太骤，骤则欲速而不达。维新变法就在这内外矛盾中走向末日。维新派中的激进成员的观点，光绪皇帝本人对权力的渴望，终于使这个"新政"开始向实质性阶段迈了一步，这就是皇帝大胆地采取了三项措施：一、裁撤一批无所事事的衙门；二、裁撤湖北、广东、云南三省巡抚；三、下诏把阻挠主事王照上条陈的礼部尚书怀塔布等六人革职。接着光绪又决定开懋勤殿，准备任命一批维新派为顾问官，另立新的中枢机构。慈禧太后及其守旧势力的反扑迅速到来。光绪皇帝惶然无措，密诏维新派杨锐召集四卿等人议策，但杨锐竟吓得躲藏起来。

就在这危急关头，谭嗣同以其大智大勇和义无反顾的风格站出来了，开始了最后的侠士生涯。

当杨锐等人已张惶失措，甚至躲藏起来时，谭嗣同却毅然挺身而出，他首先向皇帝上了一道密折，推荐袁世凯有将才，要光绪帝先发制人，监禁慈禧太后。而当皇帝处境已极险恶、新政难保、局势突变之后，谭又夜访法华寺，直接来找袁世凯，晓以变法维新大义，并将光绪密诏袁囚禁慈禧太后的诏书当面交给袁世凯。看到袁世凯读诏后面色发黄，心中颤抖，大汗淋漓，谭嗣同蓦地站起身，双目炯炯，直视袁世凯，疾言厉色地说："国事急矣！今日可能救圣主，助维新者，唯在足下耳！你如果不答应我，我就死于足下面前。你的生命在我手里，我的生命也在你手里，我们至迟要在今晚决定，决定后我立即进宫请皇上办理。"

这样的场面，对于熟悉中国古代历史的人并不陌生。在荆轲刺秦王，在专诸刺王僚，在唐且不辱使命中我们已见过多次了。那些侠肝义胆的非常之侠，总是在国家最为需要的时候挺身而出，置自己的生死于度外，以大忠大勇，大义凛然，来力挽狂澜。谭嗣同居然在十九世纪的末年又把这个场面重现了一次。

然而谭嗣同这个大侠客却被袁世凯骗过了，襟怀坦荡的他怎么也没有想到袁世凯竟然在他的面前耍了一个诡计。袁在九月二十日傍晚返回天津防地，当晚便向荣禄告密，将谭嗣同夜访法华寺，策动他起兵勤王，杀荣禄，软禁太后之事全盘托出。荣禄听完袁世凯的密告，吓得面色如土，当晚立刻乘专车进京，去颐和园向慈禧太后报告了一切。第二天，天刚破晓，光绪帝还照例到颐和园请安，哪知如此变故，接着便是被收去玺绶，并被搜走了一切文件，随即被幽禁于瀛台。当天慈禧太后便以"结党营私，莠言乱政"的罪名，下令逮捕康有为。

一场轰轰烈烈的变法维新就这样走到了尽头，接下来的就是"后党"们对维新派们的残酷迫害与无情杀戮。康有为逃到香港；梁启超则逃往日本。北京城的上空浓云密布，黑气陡生，家家关门闭户，一片惊慌，不少居民纷纷迁避逃难，一场血腥的屠杀不可避免地要到来了。

有道是疾风知劲草，烈火见真金。就在维新派们争相奔逃保命之际，谭嗣同再一次以其侠肝义胆向世人证明了什么是伟大不凡的侠。当着那些发动变法维新的主将们尚在东奔逃跑的路上时，谭嗣同却在各方奔走营救光绪皇帝。他以毅然的态度拒绝了日本朋友的劝逃避难，而以豪侠的气概面对了惨淡的人生和淋漓的鲜血。他慷慨地回答了朋友们的恳劝避难：

大丈夫不作事则已，作则磊磊落落。且各国变法，无不从流血而成。今中国未有因变法而流血者，此国之所以不昌也。有之，请自嗣同始！

铿然有声，如金石掷地的语言，充分表现了他的侠士胸襟。这是一个何等不同凡响的大侠啊，明知牺牲而宁可用自己的鲜血去开出胜利的道路，去唤出一个民族的更新。他的行为比张良的博浪沙一击，比荆轲的易水相别不知要悲壮多少倍！

悲壮的命运结局正一点点向谭嗣同靠近、再靠近。

谭嗣同视死如归，心情镇定，他反复思考并与自己早年的老师剑侠王五商量，策划着准备把幽禁的光绪皇帝劫救出来，同时又计划召唐才常率哥老会骨干，日夜兼程赶来配合行动。谭嗣同的策划处于实施阶段。但王五在经过侦察之后，看到紫禁城城墙高耸，铁皮包门，箭楼崔嵬，根本无法下手，这个计划就到此为止了。但这不妨碍他再次走回到人生侠士的旧辙上。

谭嗣同不可避免地被捕入狱。对此他早有准备，所以当九月二十五日早，一队缇骑冲进他的住宅，前来锁拿他时，他镇定自若，毫无畏惧。离家时的预感终于变成现实，命运已然在他内心划定的轨道上运转。当初那种“捐躯赴国难，视死忽如归”的情怀再一次浮上心头，他坦然且昂然地迈出了大门，又一次的“壮士一去兮不复还！”

被捕入狱的谭嗣同充分地展现出豪侠的气贯长虹。拖着沉重的镣铐，望着阴森森的高墙，在浊臭昏暗的狱中作着深沉的思索。牺牲的准备早就作好，剩下的就是对自己的死作价值的思考。这时，拒辞朋友劝逃避难时的话又在耳旁回响，他的心情开始平静。是啊，各国变法无不流血，要变革就会有牺牲，以一己之鲜血生命倘能唤醒后人的斗争，也就死而无憾，死得其所了。想到此，他的感情突然一阵激动，巨大的灵感的冲击促使他站起身，抓过放在一张破桌上的供囚徒写供的粗笔，饱蘸浓墨，奋笔在灰暗的狱壁上疾书下四句铮铮有声的诗句：

望门投止思张俭，忍死须臾待杜根。

我自横刀向天笑，去留肝胆两昆仑。

中国的史家曾无数次地描写到英雄末路，但所有的描写与谭嗣同的这首诗相比，都显得苍白而乏力，即便是司马迁这样的大手笔，写项羽那样的大英雄，其末路之叹也不如谭嗣同来得壮志凌云，气吞山河。“去留肝胆两昆仑”，这是多么形象逼真、多么震憾人心、多么的慷慨豪壮！

真的猛士，真的大侠，真的英雄就应该倒下是一道大岭，站立起是一座大山！而且他们永远不会倒下去，便也就永远是巍巍的昆仑。

行刑的日子到了，一八九八年九月二十八日，戊戌六君子：谭嗣同、杨深秀、杨锐、林旭、刘光第、康广仁一起被推到了菜市口刑场。

年仅三十四岁的谭嗣同巍然挺立，面不改色。行刑的时间到了，谭嗣同昂起了头颅，高声说道：“有心杀贼，无力回天，死得其所，快哉！快哉！”这是他留在这个世界上最后的声音。他就在这天地共鸣的声音中慷慨就义，走完了豪侠的一生。

谭嗣同生以侠，死以侠，为学有侠气，思想尚侠魂。对于他的一生的总结，我们以为谭嗣同自己有一首诗便是极好的归纳。诗云：

无端过去生中事，兜上朦胧业眼来。

灯下髑髅谁一剑，尊前尸冢梦三槐。

金裘喷血和天斗，云竹闻歌匝地哀。

徐甲倘容心忏悔，愿身成骨骨成灰。

这是一首从佛经中《业》理论生发的诗，说由于前世有业因，我走入了这个世界，无始无终的许多事在朦胧之间尽入眼底。眼前王朝的黑暗和统治者的腐朽，总应该将他们铲除干净。我自己生在鼎食之家，我的一切都得自吾土吾民，我不是我自己的，我只是象《神仙传》中所写的徐甲那样是一具枯骨。今天在我尚有血有肉有生命的时候，我要忏悔，要发誓牺牲自己，愿我的肉体化为枯骨、枯骨化为灰烬，为吾土吾民献身。

正是这种志节学行和思想上的准备，谭嗣同才成为中国二十世纪开幕的第一人，才能以生命和鲜血为后人的前行去开拓道路，作出指引。

谭嗣同的生与死，恰如他的《狱中题壁》所喻：去留肝胆两昆仑。诚如他所说，变法、改革、革命，一切的改变旧制度、旧观念，一切的改造旧社会、旧世界的行动，“无不从流血而成”。谭嗣同目睹时艰，自鸦片战争、甲午战争以后，东西方帝国主义步步侵犯，得寸进尺；清朝廷因循守旧，苟且图存，生机已尽。如此，他才甘愿以自己的流血牺牲唤起沉睡的民族。才以天下为己任，为维新变法而舍弃一切，也才表现了临大节而不辱、杀身成仁，舍生取义。谭嗣同以其碧血丹心为了变法维新，上下求索，南北奔波，披荆斩棘，含辛茹苦，为国家民族，以自己仅三十四岁的美好生命慷慨赴义，从容就死。

“燕市天如晦，宣南雨又来。”还是在谭嗣同刚刚就义之时，他的同志严复便从这慨然就义中预见了变法和改革的事业，必将走完风雨如晦、鸡鸣不已的艰难程途，必将迎来光明灿烂的远景。不管雨有多大，风有多狂，必定有云开日出的时候。果然，十二年之后，武昌起义爆发，结束了满清王朝的封建统治；再过十年，北京爆发了五四运动，掀开了中国现代革命的新一页；又三十年，天翻地覆，天安门前升起了五星红旗……而操纵、完成这一连串改天换地而持久的变革的人，恰恰是前赴后继如谭嗣同一样的叱咤风云、豪侠无畏的猛士。

这正是谭嗣同悲壮命运结局的意义！

第四章

宦海无情诗有情

历史的车轮滚滚向前，在中华民族繁衍生息的这块热土上曾上演过多少幕惊天地、泣鬼神的悲喜剧！沧海桑田，造就了无数英雄；潮起潮落，沉浮多少权贵！

在人与人交相碰撞中，历史的烟云变幻出或悲壮或凄婉，或昂奋或幽怨的一幕幕：

家藏画像，十里相送表达了杭州人民对苏东坡、白乐天的深情厚意；“军中一范”令西夏闻风丧胆，备受凌辱的百姓脚踢黄土，打起了腰鼓，发出震天的吼声，以一种激昂的方式传递他们的拥戴；曲江池畔立生祠，对张养浩的纪念平添了几分神圣！

然而，与人斗难于斗天。他们一面咽下了无数的悲凉和无奈，另一方面却以参天地、关盛衰的浩然之气取得了历史为之动容的成就：

苏轼的绝世才华不敌群丑的权术机心，但其坦荡睿智、潇洒风流化谗言为翰藻，浑涵光芒，雄视百代，成为少有的全能大家。

白居易胸怀尧舜之志，却沦落天涯。秦吟乐府长叹，琵琶之音久恨，天若有情，亦当为之泪下。

范仲淹一腔热血，因逆龙鳞遭贬，但以勇毅冠盖三军，忧先乐后，风范长存。

张养浩忠厚耿直，心记倒悬之民，为之呼吁奔走，呕心沥血，其兴亡之叹，发人之所未发，警醒百代。

“文章憎命达”，他们都以一腔滚烫的血，两行酸楚的泪，贯注笔端，在人类文明史上留下了绚烂的一抹。

1. 白居易：自创新乐府，惟歌生民病

唐宪宗元和十一年（816 年）秋季，古城江州一个萧索而阴冷的夜晚。

在湓水与长江汇流的宽阔江面上，寒风呼啸，不时掀起阵阵波涛。一排排汹涌而来的雪浪花，犹如无数只张着血盆大口的恶狼，贪婪地吞噬着江岸的泥沙。凄清的秋月，撒下一张巨大的银网，江面一派迷濛。远处，渔火点点，如鬼魅一般闪动着邪恶的眼睛，给这惨白的江面平添了许多寒意。

在江畔待发的无数只木船中，有一艘上正在举行告别筵席，却并不热闹。寒冷的江风不时从船舱的缝隙中灌进来，昏黄的灯光摇曳不熄。酒已过半酣，可是主客并没有分手的意思。那位身着青衫，长须飘飘的中年人显得格外惆怅。面对凄清的秋月，两人低头喝着闷酒，欲言还止。这时忽然听到邻舟传来弹琵琶的声音，派人询问，原来弹者是一位独守空船的女子。不忍分离的青衫人终于找到机会打破这沉闷的局面，移船相近，邀她相见，请她再弹一曲。曲罢，从谈话中青衫人得知，她曾经是长安的著名歌妓，可是随着年龄渐大，容减色衰，那些曾经朝暮追求的公子王孙便都不再上门了。她不得不和一个商人结合，从长安漂泊到这荆蛮之地。现在商人又往浮梁卖茶，便把她孤零零地抛弃在江州，她只得在这儿独自过着寂寞的生活……听着琵琶女幽怨似泣的倾诉，青衫人早已是泪流满面。他不忍卒听，走向船头，望着凄清的江面，心头充满了无名的惆怅和钝痛……

青衫人就是唐代大诗人白居易。

此时此刻，白居易痛苦地意识到自己正扮演着一个流放者的悲剧角色。他万万没有想到自己从皇帝近臣到一小小的江州司马，这大起大落的人生沉浮和琵琶女何其相似！“同是天涯沦落人，相逢何必曾相识！”

白居易所著诗歌意存讽谕，深得宪宗赏识。他一时高兴认了真，屡屡触到保守势力的痛处，终于被贬谪为江州司马。

唐元和年间的江州，属江南西道，领浔阳、彭泽、都昌三县，州治设在浔阳。浔阳在长江南岸，是江西一个吞吐港口，当时的商业颇为繁华；同时也是一座古城，大约从夏、商、周时就有了这个城市。城南二十五里左右，便是庐山。山高七千三百六十尺，奇峰古寺，相映成趣。著名的山峰有五老峰、香炉峰、双剑峰、佛手岩等。历史悠久的较大的寺院有文殊台、白石寺、海会寺、东林寺、西林寺等。江州西南九十里是柴桑山，山下就是陶渊明的故乡栗里。庐山和栗里，是白居易心仪已久的地方。优美的山水、宁静的生活，渐渐淡化了贬官的不快，他甚至想在香炉峰之北，遗爱寺之南修建草堂，作永久居留之用。谁知琵琶女一席幽怨的倾诉打破了刚刚宁静的心，勾起了他那不堪回首的往事……

元和六年（811 年）四月，白居易的母亲患严重的精神失常症，在看花时不小心坠井而死。按当时的礼俗，必须守孝三年。白居易把母亲的灵柩扶运回故乡——下邽义津乡北原安葬了。他自己和家人在渭河北岸紫兰村中住下来，学习陶渊明躬耕，经常和农民接近，写有《效陶潜体诗十六首》、《归田》诗。元和九年初冬，三年守孝期限一满，他又回到了长安，皇帝给他左赞善大夫的官职。白居易对于这种陪伴太子读书，难以实现自己的政治抱负的清闲官职很不满。不料第二年，一次意外的风波向他冲来。

当时平讨淮西吴元济叛乱的战事正呈胶着状态，淄青节度使李师道、恒郓节度使王承宗为了阻止对吴元济的讨伐，便派人潜入长安和宦官勾结，同时又大搞恐怖活动，杀人放火，张贴谶书，造谣惑众。

自从元和九年宰相李吉甫暴病而亡后，讨伐吴元济一事，便由宰相武元衡主持。李师道便阴谋派人行刺。恒郓节度使王承宗遣牙将尹少卿奏事，为吴游说。尹少卿在书信中言辞不逊，被武元衡怒斥出去。王承宗又写信诋毁武元衡，可是武元衡丝毫不退让。矛盾白热化，一场流血事件在所难免。

元和十年六月初三日，天未明，武元衡入朝，刚刚走出靖安坊的东门，突然有刺客从黑暗处杀出。随从一惊而散，刺客紧追武元衡坐骑十余步，残忍地砍掉武元衡脑袋。（后查明，是李师道勾结宦官集团，派中岳寺武僧圆净行刺的。）差不多在同时，另一伙杀手在通化坊伏击另一位力主讨伐的宰相裴度，击伤其头部。裴度从马上摔下，掉到阴沟里，幸亏毡帽厚，刀没有砍进去，只受了点小伤。侍从王义，抱住刺客大喊，慌忙之中，凶手砍断王义双臂，夺路而逃。一时京城大骇，人心惶惶。

当时掌握政权的宦官和旧官僚集团对这样的大事居然保持沉默，不积极着手迅速处理。白居易气愤已极，认为这是国家的奇耻大辱，不能安于缄默，当天中午便上疏请捕杀刺客，严肃法纪，稳定人心。

可是，别有用心的宦官集团和旧官僚集团却认为白居易是东宫官，不应该在谏官还没有上奏章之前就抢先议论朝政，说这是一种僭越行为，不但不奖励他热心国事，反而要给以惩处。而那些平素就很讨厌、妒嫉白居易的人也趁机造谣诽谤，推波助澜，说他的母亲因看花坠井而死，白居易不应该写赏花和新井诗，有亏孝道，这样的人没有资格再陪太子读书，必须驱逐出京。众口铄金，舆论已经形成，白居易纵是有一百张嘴也是辩说不清，于是宰相奏贬为江州刺史。中书舍人王涯还觉得不解心头之恨，再奏一本，言白居易所犯罪状，不宜治郡，于是再贬一级作刺史辅佐，实质上是一闲职的司马。

从六月三日武元衡被刺案发，到七月被贬出京，这一个多月的时间是白居易最为苦闷的时期。他的热情受到从未有过的打击，已经降到冰点。人生、世事犹如一场春梦。可是在骨子里呢，白居易的性格不允许这种情绪影响他的行动。他如一柄古剑，“可使寸寸折，不能绕指柔”，无论在多么困难的环境中，他都不会向恶势力低头。

初到江州，白居易的情绪很不稳定，毕竟是第一次遭贬啊。他曾经作过翰林学士，天子近臣，而且诗名满天下。谁能想到一下子贬到远离京城几千里之外的江州呢？（唐代素有重京官轻外臣的风气。）这里气候潮湿，蛇虫出没，甚至有瘴气，令过惯了北方生活的白居易一下很难适应。

更让白居易难受的是，他所任的司马一职，是一闲官，实际上无事可干。这对于颇有才干而又很想有所作为的白居易来说无疑是一种最大的折磨。白居易很有些闷闷不乐，但在这闷闷不乐的岁月中，他却写了不少好诗，其中最有名的是长诗《琵琶行》，一句“同是天涯沦落人，相逢何必曾相识”，表现了普天下沦落不遇的人们的共同心声，千百年来引起了多少人的共鸣！

在公务之余，白居易苦心吟诗，反复修改，技巧比过去更为炉火纯青。令他甚感欣慰的是，终于有机会把自己过去写的诗编纂成集。

更值得一提的是，好友元稹的《叙诗寄乐天书》引起了白居易对诗歌理论问题的思考。他回溯了古代诗歌创作的发展轨迹，并结合自己的创作实践，阐明了关于诗歌创作的完整“诗论”。这就是有名的《与元九书》。在这里，他系统地阐述了诗歌内容与形式的关系，诗歌与现实的关系，以及诗歌的社会功能，成为唐代新乐府运动的光辉旗帜和行动纲领。“文章合为时而著，歌诗合为事而作”这一响亮口号有力推动了有唐一代，甚至自此以后整个中华民族诗歌的现实主义创作道路向前延伸。他成为继李杜之后的又一位独当一面的大诗家。可是在当时，有谁能想到命运之神会青睐这位屈居江南一隅的小司马呢？

白居易字乐天，其中寓意着多少美好的人生愿望！但诗人不幸生活在一个多灾多难的时代，乐天不乐，他能把握住多蹇的命运吗？

李唐代宗大历七年（772 年）正月二十日。河南新郑县东郭宅白季庚家中，一声嘹亮的婴啼给第二次为人父的白县令带来了无比喜悦。出于对孩子的衷心祝福和关爱，白季庚给孩子取名居易（后来取字乐天）。这个名字蕴含了父母多少关爱和希冀！也许这位饱经战乱和颠沛流离之苦的普通官员太希望自己的孩子平平安安地生活，快快乐乐地成长了！

然而，命运似乎和白居易开了一个天大的玩笑。他初生的大历时代是一个物质极其匮乏，战乱频仍而精神极度空虚和感伤的年代。如果说李白和杜甫是安史之乱这场历史浩劫的预感者和经历者的话，那么白居易就是这枚苦果的品尝者和回味者了。安居不易，乐天何乐？

曾经充满自信地敞开自己博大胸襟广纳四方宾客的泱泱大唐，历经八年的苦苦挣扎，在风雨飘摇中如履薄冰地度过了安史之乱这场浩劫后，已是元气大伤，百孔千疮，惨不忍睹：山河虽在，城草犹深。昔日繁华早已烟消花落，东西两京，民众四散，十不存一。中原板荡，废耕停杼。大唐帝国的百年光荣，九五之尊，将相之贵，平民的富庶，士人的理想，一时都被狂乱的飓风扫荡殆尽。八年战乱让人们备尝人间苦难，而且成为心头永远也抹不掉的梦魇。一向单纯快乐和自信豪迈的唐人变得沉重而忧伤，充满了叹息和泪水。

在白居易出生前的十年，即宝应元年（762 年）十一月，当李怀仙怒斩史朝义，传首京师时，普天之下以为从此天下太平，莫不欣喜若狂，潸然迸泪。然而，当人们发热的头脑开始冷静地环视四周，他们很快就失望地发现自己的处境并未得到多大改善，而是糟透了。内忧外患依然是唐帝国躯体上不可根治的顽疾。

从安史之乱爆发后，蕃兵乘边防空虚，连年出击，兵锋直指畿州县。从至德二年（757 年）到广德元年（763 年）七月，他们占领了河、陇一带的大片土地，闯入大震关，大肆掠夺资财人畜。从此，李唐对陇右便失去了控制，与西北边州的交通联系也被割断。吐蕃成为唐廷的卧榻之虎，心腹之患。同时，李唐内部乱臣贼子也乘机蜂拥而起，裂土分疆；史朝义旧部投降朝廷后，依旧占据河北，拥兵自重，成为藩镇之滥觞；其他各州也蠢蠢欲动，相互杀戮兼并，甚至公然与朝廷分庭抗礼。朝廷既无心思又无能力解决这些问题，只能眼睁睁地任其盘结自固。和安史之乱比较，可谓狼去虎来，一时生灵涂炭，辗转沟壑。

白居易就在这个时候出生于河南新郑。河南新郑地处中土，民众性和才慧，产厚类繁，可谓人杰地灵。但其地理位置离东都洛阳不远，且处在连结关中、中原驿道要冲，基本上是处于唐王朝的中枢神经地带，故外部世界发生的每一次剧烈震动，随时都可以打破这里宁静的田园生活。还是龀齿之年的白居易，即遭受到时代变乱衰薄气氛的侵袭，经常为一些兵燹灾荒的传闻所纷扰，在他早慧和敏感的心灵上，无可避免地要留下许多现实冲突对它叩击的伤痕。白居易后期所写的许多感伤诗，不言而喻是同唐王朝面临着江河日下、日薄西山的颓势分不开的。

如果说和白居易没有多大直接关系的地方局势并不重要的话，那么等待他出仕的朝廷又是什么状况呢?

代宗昏庸无能，宦官奸臣当道，君臣隔阂，上下猜忌。先有李辅国、程元振，后有鱼朝恩，他们权倾朝野，威势无比。接着是元载、王缙和杜鸿渐把持朝政，他们阴险贪婪，懦弱圆滑，三人沆瀣一气，排斥打击异己。

与肃、代二宗不同，德宗是一个颇思有为的君王。登基伊始，就实施了一系列为人称道的善政，显示出一种政修礼复的“中兴”气象。然而没过多久，人们的“中兴”好梦便被无情的事实粉碎。建中元年（780 年）二月，德宗听信杨炎谗言，贬刘晏为忠州刺史，后赐自尽，其下属亦多被斥谪。朝野上下，一片恐怖，在人们“中兴”幻觉中投下了一片阴影。

这是一个从恶梦中醒来却又陷落在空虚的现实里因而令人不能不忧伤的时代。对刚从大乱中挣扎过来的人说，记忆犹新的战争依然在梦醒后上演。世难不靖，个人就无法摆脱流离颠沛的遭遇。白居易年轻的生命之舟只好随着时代浪潮而上下颠簸。

建中三年冬，朱滔、田悦、王武俊、李纳、李希烈五人，各自称王。第二年春，李希烈攻陷汝州，四月攻陷汴州。新郑离汴州较近，受到战火威胁最大，白季庚的家人终于被迫离开，只得迁往白季庚的任所去了。这一年，白居易恰好十二岁，结束了和外祖母、母亲一起生活的无忧无虑的童年时光，来到父亲身边。

白居易的祖上一直可以远溯到北齐兵部尚书白建。（陈寅恪考证持怀疑态度，但白家自认为是这样，至少在主观上有巨大的心理优越感和自豪感。）这一名分赋予白居易一种自觉意识，使他在前期生活中始终把自己的感情倾向与唐王朝的命运维系在一起。这一份值得矜夸的光荣家世，在白居易幼小的心灵里时时滋长起济世的热情。如果说祖上的光荣和骄傲有点虚无缥渺，可望不可及的话，那么父亲白季庚就给他实实在在的言传身教。白季庚为人正直，嫉恶如仇，对唐王朝绝对忠诚，常以忠贞报国为念，这些无形的薰陶，对小居易无疑起到了很重要的启迪和培育作用。

白居易到徐州父亲任所后的近十年内，生活较为安逸，父亲的官越做越大，他也有条件只身漫游江南。“上有天堂，下有苏杭。”杏花春雨般妩媚的江南赋予白居易更多的诗人气质，同时也使他更进一步接触到下层劳动人民的生活，对他们的苦难，白居易有了更进一步的了解。另一方面，白居易也结识了不少的人物，特别是看到韦应物、房孺复这两位苏、杭刺史风流儒雅的生活，使他暗生爱慕之心。谁能想到他一生的命运就和这两座城市结下了不解之缘呢？

然而，现实往往是残酷无情的。贞元九年（793 年）九月，一代重臣李晟薨，朝中失去了一根台柱子。第二年更令白居易刻骨铭心。白季庚在襄阳官舍病逝，享年六十六岁。父亲死后，兄弟们要丁忧守礼，不能外出谋事，家中一下断了经济来源。全家生计毫无着落，一下子由小康陷入困顿！而此时的白居易依然是一介白丁，国事、家事和个人无一如意，前途一片渺茫。

而在社会上，剧烈的沧桑变故促使人们对历史进行反省并重新审视自我。理想幻灭和现实的残败不堪，给人们带来极度空虚、失望和伤感。白居易正站在命运的十字路口，何去何从，他也面临着艰难的抉择！

时势既来，白居易像云龙，像风鹏，意气风发，竭力奉公。然而，承载着“兼济天下”宏伟志向的命运之舟能否顺利到达彼岸呢？

其实，现实的生存危机并不是最关键、最根本的问题，生存危机可以激发人们的创造力和自强精神，从而依靠这种精神战胜和超越困难。可怕的是信念的丧失，那却不会因为时局的好转而迅速改观的，它会深深地积淀在社会心理底层，成为一种普遍的社会集体潜意识。泱泱大唐的自信力就随着这一场接一场的内外之战大打折扣而逐渐沦落到了举步维艰、危机四伏的境地。许许多多的人们为大唐王朝的命运担忧。

如果说那些大部分时间生活在繁荣昌盛到极点的开元盛世的唐人血液中流淌着积极乐观的浪漫气质，心存一个辉煌的大唐梦的话，那么，生活于战乱中的年青一代就不同了。他们的观念中没有开元之盛的概念，战乱给他们的印象远比盛世强烈，深刻。因此，一些人寄意净土，更多的人则企图在世俗生活的享乐中求得慰藉和补偿，他们希望忘掉那噩梦般的令人心有余悸的大动乱，生活态度由盛唐理想主义、英雄主义而转向平凡的、世俗的人伦情感和家庭生活乐趣。

然而，年轻的白居易并没有沉浸在这种温柔乡里，他牢牢地把握住了自己生命之舟的航向，劈风斩浪，走上了一条不同流俗的生活道路。他自幼聪慧绝人，襟抱宏放。五岁学诗，九岁就谙识音韵。经过八年的江南漫游，白居易的见识、阅历比以前提高了不少。特别是第一次看到韦应物、房孺复这样的荣耀和体面，给他留下了深刻的印象，使他意识到想出人头地。只有苦节读书，这是一条唯一的出路。尽管父亲去世，家庭生活困难，可是他还是十分严格地要求自己，一丝一毫也不放松。从十五六岁知道有进士时，他便刻苦学习各种书籍，广泛涉猎，昼夜诵读，常常废寝忘食，以至于口舌生疮，手肘成胝，衣带渐宽，人未老而齿衰发白。

其实，白居易的才华早就显露过。贞元五年（789 年），白居易初上长安，他以初生牛犊不畏虎的锐气直接投诗给著作侍郎顾况。顾况当时在文坛久负盛名，一向恃才自傲，看其姓名，便戏谑曰：“长安百物皆贵，居大不易。”可是，一待看了一句“野火烧不尽，春风吹又生”之后，就不禁失色，急忙出门迎接，边走边叹：“有句如此，居天下又有何难?”并连连道歉，表示刚才只不过是开一个玩笑罢了。这首诗不仅表现了自然界的春草有顽强的生命力，纵然野火肆虐，也无可奈何。更令顾况赏识的是它表现了白居易坚韧不拔、顽强生活的精神。从此，白居易诗名大振，东西两京，无人不晓，为日后科举打下了良好的基础。

在这个了无生气，人们普遍对前途感到迷惘的时代里，他却充满了积极进取的精神。真是功夫不负有心人。贞元十六年（800 年），白居易参加进士试，一举擢升甲科。贞元十九年三月，授秘书省校书郎。这是一个正九品上的小官，负责校雠典籍，刊正文章，职位相当卑下，而且也没有什么实际工作可作。这使充满理想，有宏图远志的年轻诗人很不快意，所以在每日应官之余，白居易仍然刻苦读书，“磨铅重刬割，策蹇再奔驰”。一份耕耘一份收获，辛勤苦读终于结上了累累硕果。元和元年（806）四月，试制举，应“才识兼茂明于体用科”，策入第四等，授周至县尉，不日又授集贤校理。这对于白居易来说是多么不易啊。唐科举考试的录取率非常低，“三十老明经，五十少进士”，现代人几乎难以想象。白居易上无朝廷附丽援引，下无乡曲吹嘘造誉，然而，十年之间，他却三登科第，迹升清贵。命运之神总是青睐那些有准备的人，白居易终于走上了一条“学而优则仕”的道路，从此正式步入了政治生涯，命运从此翻开了新的一页。

周至县在长安西南一百三十里，属京兆管辖。此时，因为进讨刘辟，李元奕的部队经由骆答道向四川进军，于是周至变成交通要道，军需物资络绎于途，日夜不绝，白居易不得不马上上任。他的工作就是向人民征讨赋税。对于对黎民百姓具有同情心的白居易来说，这是一个很难受的工作：“拜迎官长心欲碎，鞭挞黎庶令人悲！”

幸好，白居易结识了许多诗友。使工作上带来的糟糕情绪得以解脱。元和元年（806 年）十二月，他和陈鸿、王质夫三人同游仙游寺，在陈、王鼓励下，白居易写下了情文并茂的《长恨歌》，歌咏了唐玄宗李隆基和贵妃杨玉环的婚姻爱情故事，情绪感伤，寄意深微，和后来写的《琵琶行》合称白诗“双璧”，当时深受人民群众的喜爱，广为传唱：“童子解诵《长恨曲》，胡儿能唱《琵琶篇》”，而且对后世影响巨大，成为戏曲家的张本，《长恨歌》演变为关汉卿的《唐明皇哭香囊》，白朴的《唐明皇秋夜梧桐雨》，屠隆的《彩毫记》等；《琵琶行》演变为马致远的《青衫泪》和蒋士铨的《四弦秋》。对后代戏剧界有这样大的影响，这恐怕是唐代任何一个诗人所无法企及的。

公务诗酒之余，白居易常常碰到不愉快的事情。这年夏天关中大旱，令他夜不能寐，心急如焚。天灾如此，人祸更让他愤怒。一首《宿紫阁山北村》把神策军欺压百姓那种凶神恶煞的丑态暴露得淋漓尽致，令某些宦官权要恨得咬牙切齿，心里非常忌恨白居易。从此，白居易的命运里埋下了绕也绕不过的祸根。

如果白居易一生终老于周至县尉，也许什么也不会发生，但命运之手偏偏要把他一步一步地推向政治的漩涡之中。

“惟歌生民病，愿得天子知。”白居易常师先哲“达则兼济天下”的志向，以诗救济人病，裨补时阙。因为他的文章富艳，所作的诗歌，篇篇有所讽谕，朝野上下，有口皆碑。此时正值章武皇帝在位，他希望有所作为，渴望谠言，以箴时之病，补政之阙，于是白居易被相中。元和二年冬，一纸调令，白居易开始作离开周至的准备。

那是在一天的拂晓，趁着快要落下的晓月之光，在人语马嘶声中，白居易离开了周至山城，沿着古道，在晨曦的沐浴下，策马扬鞭，奔向长安。

“春风得意马蹄疾”。展望未来，白居易豪情万丈，心想，“兼济天下”的机会终于来到了。这年十一月，经过简单的考试，白居易便被召为翰林学士，这是多少人梦寐以求的荣耀！

元和三年五月，白居易再拜为左拾遗。拾遗是个谏官位，属门下省，从八品上，职位虽不高，但有与皇帝直接对话的机会，对于一个普通的官员来说，这是相当荣耀的事情。白居易顿感责任重大，把皇帝老儿的棒棰当成针，授官以后，非常尽责，每天食不知味，寝不遑安，有阙必规，有违必谏，朝廷得失，天下利害，无一不言。甚至还郑重其事地给宪宗写过一封《初授拾遗献书》，表其忠心，表现出高昂的政治热情和高度的负责精神。殊不知，厄运正悄悄地向他拢来。

元和三年四月，在"贤良方正能言极谏科"制举考试中，考官吏部侍郎杨于陵以名列前茅的成绩录取了在对举中抨击时政、力诋宦官和权贵而言辞激切的皇甫湜、牛僧孺、李德裕三人。这下可激怒了宦官们和宰相李吉甫。他们合力攻讦这次考试，甚至采取了撒泼等卑劣无耻的手法，宪宗不得已，出杨于陵为广府节度使，罢裴垍翰林学士，除户部侍郎。白居易也参与了这件事，只不过他刚入朝，牵涉不深才免遭贬谪。白居易非常不安，遂上《论制科人状》，慷慨陈词，力保裴垍等人，但是却无法改变宪宗的决定。

这次事件实际上是旧官僚集团和宦官集团联合对付新进士集团的权力之争，是牛李党争的滥觞，是守旧与革新之争，第一次让白居易领略到朝廷政局的复杂性。

元和三年九月，淮南节度使王锷入朝，目的是想求个宰相官儿当当。白居易素来鄙视王锷的为人，知道他在任岭南节度使时就大肆巧取豪夺，用搜刮来的民脂民膏，珍奇古玩，贿赂宦官，供奉皇上，为达到自己的卑鄙目的，打通关节，铺平道路。白居易自然反对，便上疏痛斥，骂之为小人。王锷没达到目的，自然忌恨在心，宦官、皇上断了一条财路，心里也暗暗不高兴，只是不便发作。

元和四年九月，河北诸军阀仍在混战，互相兼并。成德军节度使王承宗俘虏了保信节度使薛昌朝，宪宗派中使景忠信劝说王承宗放了薛，承宗拒不受命。宪宗大怒，命左神策护军中尉吐突承璀为招讨处置使，联合各道兵马进行讨伐。诏命一出，满朝惊怪。因为吐突承璀幼时曾为小黄门，用宦官作兵马元帅，史无前例。吐突承璀只不过侍候宪宗，深得他信赖罢了，并没有什么真正的军事才能，让其领军纯系从感情出发，显然是错误的。白居易认为制服藩镇是应该的，但以目前的兵力，似嫌不足，如果镇服不了王承宗，一则丧失了朝廷的威信，二则其他藩镇争相效仿，闹独立，到那时就算只维持一个和平局面恐怕也不可能。战争一开始，果然不出白居易所料，吐突承璀至行营后，威令不振，骁将郦定进陷贼战死。其他诸军，观望自守，战争呈胶着状态，人员伤亡不断增加，战争消耗日甚一日。这件事充分地印证了白居易卓越的军事预见力和政治才能，然而，宪宗根本不听，甚至在众多的上书反对者当中，尤其不满白居易，因为白居易言辞太激切了。他恨恨地对宰相李绛说："居易小子，朕拔推以致名位，今无补于朕，朕实难堪!"是真的无补于皇上吗?非也，只不过没给他面子罢了，其实，谏官只不过是封建社会皇上设的一个摆设，统治者的虚伪面孔终于暴露了。

元和五年夏天，皇上终于不耐烦，便暗示崔群让白居易求自便，结果改授京兆府户曹参军，这是一个明升暗降的职位。白居易在那些官僚政客们的巧妙的诡计之下，终于被驱逐出近臣之列，剥夺了他直接参与朝政的权利。宪宗终于赶走了这个屡屡令他讨厌和难堪的"不识时务"的人。其实，"二王八司马"事件，宦官和旧官僚集团拟定的贬官名单就有白居易，只是苦于找不到什么借口，方让他留在京城。事实上白居易被贬的命运在那个时候已经确定了。

事之至此，白居易该梦醒了吧！然而不，他以耿耿之心，依然密切地关注着朝政得失。他已下定决心去迎接不幸，无论遇到如何险恶的环境也决不委屈求全："我有鄙介性，好刚不好柔。勿轻直折剑，犹胜曲全钩。"好一个向旧势力宣战的号角！壮哉，为民请命的拾遗风采！

皇上剥夺了白居易的上奏资格，这位孤独失路英雄不得不将自己一腔滚烫的热血化为文学上的"英雄感怆"，将自己冷落不遇的压抑感和屡遭谗陷的悲愤感吐诸笔端。其实，何止是自己，白居易更关注着生活在社会底层的劳动人民的生存状况。他以"不畏权豪怒，亦任亲朋讥"的无畏精神和义无反顾的气魄，将自己的所见所闻的种种丑恶都毫发毕现地抖落出来。

青少年时期的流寓生活和一段地方官经历使他深深地了解社会底层人

民所遭受的种种苦难。他主动继承了汉乐府和杜甫诗针砭社会的现实主义精神，创作了以组诗《秦中吟》十首和《新乐府》五十首为代表的讽谕诗。官场失意，但文场得意。这些讽谕诗成为白居易三千多首诗中最耀眼的精华，奠定了他在我国诗歌史上的崇高地位。

这些诗歌，大胆而又直率地暴露了当时社会的种种阴暗面，广泛反映了中唐时期社会生活各方面的重大问题，有农民的辛苦和赋税剥削的沉重；宦官的飞扬拔扈；豪门贵族的穷奢极侈；边防问题以及战争给人们带来的苦难；有为门第限制下人才受压抑而抱不平；有为礼教束缚下妇女的悲惨命运发出愤怒的控诉；有的抨击世风衰败和人情浇薄；有的讽刺迷信神仙的虚妄愚昧……这些作品心苦力勤，正气凛然，不愧为八世纪中唐社会的一面镜子。它们锋芒尖锐，像把把锋利的投枪匕首，把矛头直指向显官要宦，令他们扼腕切齿，忌恨不已。

“始得名于文章，终得罪于文章”，终于在武元衡案发时，权要们借口白居易的《赏花》、《新井》诗有失孝道，不宜作太子辅佐，从京城一贬几千里到江州作一小小的司马，恨不得他永世不得翻身，令亲者痛而仇者快。

人虽然被贬，但白居易的诗名却传遍大江南北，长城内外。“禁省，观寺，邮候，墙壁之上无不书，王公、妾妇、牛童，走马之口无不道”，更加有力地宣传了他的政治理想。自从李唐开国，前有李、杜、高、岑，可是大历十年国家积弱不振，诗人鲜有个性，更不用说独当一面，直到白居易，这种难堪的局面终于被打破了。居易与元稹的诗歌紧贴现实生活，明白晓畅，号“元白诗”，形成了轰轰烈烈的新乐府运动，在我国诗歌发展史上留下了浓墨重彩的一章。白居易的诗不仅影响了同时代的人，而且对宋及以后的诗人也产生了巨大的影响，被称为“广大教化主”。国内如此普及，国外同样流行。据说鸡林国宰相派人以百金一篇的高价购买。墙内开花，里外均香，为中外文化交流史上又添上了一段佳话。真可谓“失之东隅，得之桑榆”。

假若白居易是普普通通一介文士，专心作诗而不介入政治，或者参与政治而作一个消磨了棱角、八面玲珑的官僚，中国文化史上是否还有其浓重的一笔？在封建社会里，介入政治对中国知识分子来说到底是摧残还是催化？中国古代的文学到底是因政治而被异化扭曲了的畸形儿还是被政治催生的宁馨儿？无论如何，它带有比外国文学更多的外在影响因素，这也许就是中国文学之为中国，是好是坏，一派迷惘。然而，命运不可假设，生命不可再生，也许冥冥之中，上苍已经安排好了，白居易也好，黑居易也罢，历史终将上演这说不清是悲剧还是喜剧的一幕！

命运是多么不可捉摸！

白居易首先是文人，文人不同于一般官僚，他们更有个性，而且充满理想色彩。可是“学而优则仕”，官僚文人一体的传统理想使他们固执地把做官作为自己的人生目标，觉得只有做官才算实现自己的人生价值和理想。他们中的大多数很早就偏离了作为文化承传者和创造者的正常轨道。封建官僚政府只不过是君王统治思想得以实现的权力机器，是野心家和政客的角斗场。这儿需要的是大量的奴才，而不是个性鲜明的人，更不用说白居易这种有主见，充满着逸出常态的理想色彩的人！这就注定他将走上一条通向冥冥天涯的悲剧性的不归之路，如果他不想改变自己的话。

白居易自求外任，南知苏杭，东隐洛阳。虽抛却了进士粗豪，洗尽了拾遗风采，倒也幸得善终。这也许是中国知识分子最好的命运结局。

元和十三年十二月二十日，白居易奉诏除为忠州刺史，结束了近四年的郁郁不乐的苦闷生活。这可是白居易盼了多年的消息啊，现在终于来了，心里说不出的高兴。忠州，又称南宾郡，属山南东道，离长安二千多里，户仅六千，是一个下州。尽管如此，终究是一个刺史，相对于一个被贬的司马，总算是升了格。此时，女儿罗子已经四岁了，聪慧可爱。弟弟白行简也在身边，一家人团聚在一起，高高兴兴过了旧历年，第二年春天便离开江州溯江而上，赶往忠州。

初春，冰雪消融，长江水势高涨。逆水行舟，速度很慢，白居易站在船头，由眼前的情形想到自己的前半生充满坎坷的仕宦生涯，无限感慨。以前还只是偶尔浮现的佛、道思想，此时如荒草一般迅速蔓延滋长，知足自保的思想意识渐占上风。他渐渐有点后悔当初自己的不平之气太壮，是非之心太多。他决定再也不像以前那样奋不顾身了，尽管与“兼济天下”的宏愿有些矛盾，白居易觉得这未尝不是一条折衷之路。

元和十五年十一月左右，白居易从忠州调回长安，此时朝廷中新进士集团势力占上风，他的友人纷纷入朝或改官。第二年十月十九日，诏除白居易为中书舍人，从正五品上，已跨入高官阶层，白居易甚感满意，不过时时告诫自己要知足保和。

长庆二年（822 年）二月，好友元稹做了宰相，与宦官魏弘简等勾结，有意解除了正在布署讨伐藩镇的裴度的兵权，怂恿穆宗罢兵。白居易从国家大局出发，宁愿斩断与元稹多年的交情，坚决上书揭露元稹之非，斥之为奸臣。白居易这种出以公心不计私情的精神赢得了士林的普遍赞扬。

然而，在这喧嚣的官场生活中，白居易已感到心力交瘁。上书穆宗，也不被采用，他觉得留在京城，也于国事无补，于是力求避开党争，自求外任，离开这肮脏的是非之地，走一条“中隐”之路。

长庆二年七月，穆宗批准了白居易的请求，他被诏除为杭州刺史。杭州属江南东道，山明水秀，那本是他幼时立志要去的地方，现在居然去杭州做刺史，终于圆了幼年的梦，他心中自然快慰。

杭州是东南大郡，白居易深感责任重大。他工作兢兢业业，不敢有丝毫懈怠，努力在职权范围内为黎民百姓做一点力所能及的事情。长庆三年六月，江南大旱。白居易心急如焚，到处祈雨，可是都不见灵验。河池堰塘一个接一个地干涸，手下官吏纷纷告急。现实使白居易意识到祈求神灵行不通，只有靠人的力量，兴修水利才是有效途径。于是，他力排众议，发动老百姓，加高河堤，蓄积湖水，引水灌田，做到湖、河、田联通。

白居易处处关心百姓的生活。他还查明了前任李泌在杭州淘过的六口大水井，令人清除堵塞之物，整修井壁，使井水干净充足。杭州市民再也不用饮用含有海水咸味的脏水了，解决了他们生活中的一大难题。

身为一州之长，白居易还身体力行，克己奉公，清正廉洁。在任满后，扣除必须的生活开支外，白居易把多余的俸钱，全部留下充官库。后来的继任者，因公事花费不够，就以白居易留下的俸钱填补，一共使用了五十多年。那些贪婪之徒和他比起来，应该自愧形秽。甚至连离职时，接受了同僚赠送的两片天竺石，白居易也深感不安，认为有伤自己的清白。难怪杭州人民对白居易恋恋不舍。启程那天，杭州城内，万人空巷，男女老少，相扶而来，有一些人竟泣不成声。白居易心里也很难过，为自己未能更多地造福杭州人民而心存歉意："唯留一湖水，与汝救凶年。"

穆宗长庆四年，白居易得到回京的调令后，满载杭州人民的情意，由运河回到洛阳。住了一个时期后，敬宗宝历元年（825 年）三月间，忽又奉诏去作苏州刺史。能再次离开政治中心，白居易有说不出的高兴。三月末，他和全家人坐上官船，沿黄河顺流向东，从洛阳出发了。

苏州，是东南大郡，元和年间有十万多户，物产富饶，风景宜人。城西南五十里，就是太湖。太湖东西二百里，南北一百二十里，襟带苏、湖、常三州之地，东南诸水汇聚于此。湖中有七十二座小山，最有名的是洞庭山。湖光山色，与古城相映，名胜古迹，遍布境内，风景绝佳，是典型的泽国水乡。

苏州郡比杭州郡大，公务更加繁忙。虽然风景绝佳，极宜游览，但白居易工作非常紧张，一直辛苦工作了两个月才举行新官上任就应举行的"旬宴"，以饷宾客和郡僚。

工作之余，白居易想起那些已经溘然长逝的亲密朋友，伤感不已。同时更为活着的朋友担心，因为此时朝廷敬宗在位，他比穆宗更加昏庸，因年幼无知，嬉戏无度，根本就不会处理政事，于是生性奸诈的李逢吉得以专权，正直大臣朝不保夕。弟弟白行简来信极少，而他此时正担任着曾经给他自己命运带来光明更带来黑暗的左拾遗职务。这是一个吃力不讨好，甚至要担很大风险的小官，白居易一想起往事就心有余悸，也很为弟弟的处世幼稚担心。

苏州虽然很富裕，但白居易仍为自己政绩平平而不安，诗文中常有自责。宝历二年春天，白居易身体愈来愈弱，痰多，咳嗽得厉害，肺病有些发作。“福无双至，祸不单行”，就在此时，他从灵岩寺游览回来的途中，不小心从马上掉了下来，摔伤了腰和脚，行动很不方便，就连从床上坐起来，也要人扶。但许多公务都等着他去处理，连篇累牍地看书到深夜，他的眼病也发作了，看东西就像隔着一层雾一样。长此下去，眼睛非瞎不可，他实在是没有力量为苏州再干点什么了，不得不长期告假，休身养病。

宝历二年十月初，白居易接到诏书，罢任苏州刺史。临动身的那天，属吏、州民都来送行。人们抬着酒席，吹奏着丝竹，随船相送，赶了十几里还不肯回去。白居易深为感动，黎民百姓是多么容易满足啊。想起当年在江州作司马时的寂寞冷落，和朝廷的刻薄寡恩比较起来，百姓们是多么富有淳朴之情！

文宗太和元年（827 年）正月底，白居易回到洛阳。接下来在长安、洛阳的几年时间内，他做过秘书监、刑部侍郎，官越做越大，可是他心中一点也不开朗。弟弟刚去世不久，第二年，好友宰相韦处厚也暴病而死，给白居易精神上的震动很大。他的身体依然病弱不堪，朝廷党争依然没有罢演的迹象，万一牵连进去，后果将不堪设想。同时自己的官阶已经够高的了，何必再恋栈呢？就在犹豫不决的时候，他的另外三位好友孔戢、吏部尚书钱徽、华州刺史崔植也死了，半月之内，四位好友相继去世，白居易有些寝不安席了。

太和三年三月下旬，白居易诏授太子宾客，分司东都。此次离开长安，白居易打心眼里高兴，直到生命的终结他再也没有回去过，也没有离开洛阳。

洛阳的十七年，白居易过得轻松闲适。诗酒唱和，读书弹琴，游山玩水，使他初步尝到了分司东都的妙处。不过，他依旧惦记着下层黎民：“中人百户税，宾客一年禄。”常常担心自己做得不好，白领俸禄而不安。他自己花钱雇人疏浚、开凿了伊河龙门潭以南的八节滩和九峭石，为过往的船伕解除了痛苦，寒冬腊月，再也不用下水，饱受刺骨冰寒了。其实，尽管白居易做官不小，可是生活上并不宽裕。曾有一段时间想方设法准备变卖家财以资补充日常开支，幸亏牛僧孺的帮助才得以渡过难关。

武宗会昌六年（846 年），久受风痹折磨的白居易终于未能抗拒死神的召唤。这位曾经风靡天下的伟大歌者，如同流星，在浩翰的夜空中留下了一道闪亮的轨迹，坠入茫茫宇宙，给人们留下了无穷无尽的回味和思索。

为什么这位曾志在卿相的知识分子走上了一条同屈原、贾谊不同的回归之路？也许，他觉得屈子、贾生的殉献太凄惨，太摧残人性？

“秋风满衫泪，泉下故人多！”或者是看到与自己相处了几十年的亲朋好友一个个地故去，使他感到生命的无常？

也许，曾在狂涛吞吐的大海中操舟历险的人是最懂得珍惜泊船港湾的惬意和幸福？

其实，儒道两家并非无舟楫可渡，随着社会的发展和个人年龄的增大，人们在心灵上承受的痛苦负荷就越来越重，笃行儒家积极入世主张的人就感到生活越来越累，心理天平的倾斜度就越大，在专制社会里甚至会有生命之忧。早期阳刚的自居易到老来不正是需要这种维持心理平衡的韧性吗？在当时的环境下，这也许就是中国知识分子最好的命运之路。

他墓前那一丈见方被祭奠之酒打湿的土地终年不干，也许说明了许多，向后来的人们昭示了一切……

2. 范仲淹：但得葵心常向日

天下太平很久了，然而这太平景象中却隐伏着危机。目前士大夫少纲常教化，用度豪奢，长此以往朝廷中必然少尽忠报国的贤臣；用度豪奢，百姓困穷，认为朝廷刻薄少恩，是邦本不固；朝廷认为天下多年无事，听不到下层百姓的怨言，很可能让奸雄窥伺，窃夺国柄；军队久不操练，武备不坚，西方戎狄必然乘隙犯边……这些都是当前的大弊啊，希望丞相能够固邦本、厚民力、备戎狄、杜奸雄，明国听……

当晏殊看到这里时，不禁频频点头，他问宰相王曾："此《上执政书》是谁写的?"王曾答："是姑苏范仲淹所作。"这是发生在宋朝天圣五年（1027年）十二月间的一幕。

范仲淹是大中祥符八年（1015年）的进士。他少有大志，经历坎坷，二岁丧父，母亲改嫁淄州长山县朱氏，他改名为朱说。二十二岁在长白山醴泉寺僧舍读书，后到应天府书院从戚同文学习，齑菜馇粥为食，冬天用凉水洗脸提神，以便能继续学习，曾经写诗说："多难未应歌凤鸟，薄才犹可赋鷦鷯"，以张华王佐之才自喻。现今他正在母丧丁忧中，犹未忘怀国事，上书坦陈理国治政的策略。

范仲淹因为一封《上执政书》，引起宰相王曾的注意，被晏殊荐为京城秘阁校理，开始了他因上书而屡屡升迁，又因上书而屡屡遭贬的宦海生涯。

晏殊在他的荐举书上评论范仲淹说：为学精勤，属文典雅，略分吏局，亦著清声。这就涵盖了儒学、文章、吏材、德行四个方面，复合型的才能加上他刚直的性格，使得他很快成为众人注目的人物。但范仲淹进京城不久，就发生了为章太后上寿事件，范仲淹因此被贬。

天圣七年（1029年）冬至，仁宗想率百官于会庆殿为太后上寿，下令起草上寿仪式。同样的事件两年前曾举办过一次，但这一次却遭到了仲淹的反对，他上书说："皇上有事亲之道，无为臣之理，有南面之位，无北面之仪。如果皇上在内廷为太后祝寿，可行家人的礼节。同时可命丞相率百官在前殿为皇帝太后祝寿，若是皇上厕百官行列为太后祝寿，同样行三拜九叩的大礼，那是亏损君体主威的行为，怎能为后人效法?"此奏一上，百官震恐。晏殊此时为资政殿学士，急责仲淹说："你拂逆龙鳞，真是轻率狂妄，以此邀名钓誉，连我也要被拖累啊!"仲淹听了，正色道："仲淹受您知遇之恩，常恐不称您所望，使您蒙受羞辱，但我没想到因这忠直之论而得罪您。”晏殊听了十分惭愧，无话可说。仲淹离开晏府后，又给晏殊写长信一封，说明自己上疏的正确。最后说：“要是认为我尽心参预朝政不叫做忠，言论上无任何保留不叫做直，那么我以后不知该以什么为行动准则了。”

皇太后对仲淹的疏奏未置可否。仲淹再次上书请她还政于成年的皇上，入后宫休养。但还是不被理睬，于是仲淹请求外放，担任河中府通判。

第二次被贬是因废郭皇后事。明道二年（1033 年）四月，仲淹因为在任地方官时，政绩卓著，且上书多中时弊，获得仁宗信任，被提升为右司谏。十二月，太后去世，郭皇后顿时失去了靠山。一次，尚美人跟她争宠，当着皇上面讥讽郭皇后，皇后大怒，想打她耳光，一不小心落到皇上脸上，仁宗大怒，就想废掉她。仲淹上书言不可，但是丞相吕夷简事先敕命有司不受台谏章疏。仲淹即率御使中丞孔道辅等人来到垂拱殿门口想要进谏，守殿军士不给通报，道辅扣门上铜环说：“皇后被废，为何不听台谏入奏？”不一会，宰相诏命台谏前去。仲淹责备夷简说：“你主张废后不过是引用汉武帝废后的故事劝皇上罢了，这是光武失德，自那时废后皆是前世昏君作为，你怎么能劝皇上效法呢？”夷简无以对答，说：“诸位自己向皇上说这些事吧！”仲淹与道辅等人准备明天上朝细陈，而夷简当晚入见仁宗说：“太平之世，为此事争执，影响不好。”第二天一早，仲淹等未及上廷，诏下，出仲淹知睦州，道辅知泰州。

如果说这两次被贬是因为忤逆皇上，那么仲淹第三次被贬就是因为与吕氏集团的争斗了。景祐三年（1036 年），仲淹为天章阁待制，知开封府。夷简为相，幸进之徒奔走门下，仲淹对此十分不满，上《百官图》向仁宗说明，怎样是循序升迁，怎样是越级而进，怎样是出于私心，怎样才算公平，提醒皇上要仔细考虑，不要全部委托给宰相。夷简听了十分不悦。

不久，孔道辅建议迁都洛阳，仲淹不赞成，认为只要充实洛阳储备，把陕西和东路余粮运往西洛，“数年之间，庶几有备，太平则居东京通济之地，以便天下，急难则居西洛险固之宅，以守中原。”仁宗问吕夷简的意见，夷简因为记恨仲淹，就说：“这是仲淹迂阔之论，务名无实。”

仲淹听了，又上四论：一曰帝王好尚、二曰选贤任能、三曰近名、四曰推委，都是讥指吕夷简的执政，又说：“西汉成帝时，皇帝宠信舅家的张禹，终于酿成王莽之乱，我害怕现在朝廷亦有张禹，坏了皇上家法，皇上要小心啊!”

吕夷简得知后，大怒。决心去掉范仲淹这个总与自己作对的人。他在仁宗前指诬仲淹离间君臣，越职言事，荐引朋党。仲淹因此被贬知饶州。余靖、尹洙、欧阳修等人上书为仲淹辩解，同时被黜。从此，开始了范吕两党相争的局面。

宋朝士大夫多因言论陟，同样多因言论黜，比如苏轼，再比如石介。这种奇特的现象和北宋政治局面有关，赵宋王朝总结唐亡教训，认为是唐王朝中出现女后专政、臣子不忠、宦官专权等违背儒家传统的弊病，才导致唐三百年天下却有三分之二时间陷入藩镇割据的分裂局面。为免蹈覆辙，必须加强中央集权。这样，宋太宗制定两方面策略：一则重兵拱卫京师，边境只有可资防守之军，防武人跋扈；一则重用文臣，以便重振儒学伦理纲常钳制思想导向。在后一方面，改科举成了复兴儒学的重要方法，取士不再注重门阀，并将进士科专考诗赋改为兼试策论，或主考经论，促使应试者探讨国家政治和社会重大实际问题，科举制度的改进使得大批寒门子弟能凭借自己的才华进入上层社会，如王禹偁世为农家、欧阳修出身孤寒、苏轼乃西蜀无名之士。同时，宋王朝任用文官，并重官职，造成一种宽松政治气氛，终于形成一个儒学复兴的大环境。自汉末佛学东来，儒学独尊的地位日趋衰微，在八九百年后的北宋中期重新崛起，而范仲淹正是处于这一上升期，此时注重以儒学“君子”人格作为舆论品评人物的标准。仲淹更是身体力行。在他为秘阁校理主持学政时议论时事，以至于“一时士大夫矫厉尚风节，自仲淹倡之”。时代风气和士人的共同努力，为宋学——理学的诞生提供了合适的土壤，政治上产生大批政治家，在文学上，为诗文革新运动开了哲学思想上的先路。

问题又来了，加强中央集权，必然造成专制主义的恶性发展。然而北宋士人言论的自由前所未见。这一悖论的奥妙在于太祖赵匡胤所定之策：宰相须用读书人，不得杀士大夫及上书人。生命有保障使言论自由有了根本的保障。从宋初始，王禹偁、欧阳修、王安石、苏氏兄弟均慷慨讥议朝政。况且，文战之场的胜利，往往给作者带来极大声誉，为自己进入文学界和政界打下良好基础，如宋初淳化三年榜状元孙何与第四名丁谓，在文坛均负盛名，王禹偁有诗云："二百年来文不振，直从韩柳到孙丁。"丁谓名列西昆酬唱诗派，真宗时官至宰相。其对头寇准则为宋初晚唐体诗人代表之一，文名不亚孙丁，于真宋景德元年（1004）拜相，著名"澶渊之盟"即订于其执政时期。

儒学批判时弊，积极入世，但是，当面对世事的无奈时，非理性的宗权情绪往往会在不知不觉中潜入。作为它的对立补充面的道佛学说便成了封建士大夫精神的安慰之所，如王维、白居易均出入儒道佛之间。在历经现实打击之后，范仲淹如何面对他的现实与未来呢？

景祐党争失败后，仲淹于五月离开汴京。八月，至饶州贬所。梅尧臣敬佩仲淹的为人，为他的前途担忧，便寄《灵乌赋》婉言相劝："乌兮，事将乖而献忠，人反谓尔多凶"，"结尔吉兮钤尔喙，尔饮啄兮尔自遂，同翱翔兮八九子，勿噪啼兮勿睥睨，往来城头无你累"，优游自在，自适人生多快乐啊！仲淹感到朋友不能理解自己，便作《灵乌赋》相答，说："宁鸣而死，不默而生"，表示愿为理想献出自己的生命。

信寄走了，但仲淹心中郁抑之气依然不能平静，他想起自己这四十八年的生命历程中，少时的立志，宦海的风波，自己的屡屡被贬。他又想起了自己素所钦慕的寇准：澶渊之役，他能左右天子，不动如山，能够忠于社稷，忠于民族，这才是真正的大忠啊！自己但求为苍生谋福利，皇上的几次贬谪又算得了什么？以天下为己任，这才是自己的命运把握！什么富贵贫贱，毁誉欢戚不过是过眼云烟罢了！

但是，范仲淹又犹豫了：我所梦想的事业，我能够完全把握的了吗？以寇准之贤，犹然被贬，志不能成，以孔子之大勇，壮怀成空。我又是谁？仲淹对自己说，何必想的太多，但求仰不愧于天，俯不怍于地："为自我者当如是，其成与否，有不在我者，难，虽圣贤不能必，吾岂苟哉！"

正在这时，仆人送上一封来信，是老友谢希深的慰问，他挥笔写下了一首诗，《和谢希深学士见寄》：

天地久开泰，过言防结括。谁怜多出处，
自省有本末。心焉介如石，可裂不可夺。
尽室得江行，君恩与全活。回头谏净路，
尚愿无壅遏。岂独世所非，千载成迂阔。

刚直勇毅的性格，对自己所从事事业的艰难清醒的认识，加上仲淹的这种执著，成为他个性中认真与超脱圆满的融合。他抬头望着窗外，天很高，很远，很蓝。

范仲淹经略陕西三年，成功遏制了西夏的侵掠，最终使其叩首称臣，范仲淹因此被称为"龙图老子"。

宝元元年（1038 年）西夏元昊称大夏皇帝。此时的仲淹正在越州，听说宰相张士逊要削元昊原有封号，绝断贸易，兴师问罪，他深知前线宋军的实力，不由得担忧起来。由于实行"重内轻外"之策。边关军队较少，而陕西战线东起麟府，西尽秦陇，二千多里的边境上，西夏可从任何一地进攻。另外承平日久，军队久不操练，更无大将（这在他早年《上执政书》就已指出过的），西夏境内山川险恶，多沙漠，都城远在黄河之北，不易攻取，若兴兵深入，粮草辎重运输绵延百里，极易遭敌劫持，攻守均为不易。仲淹反复思忖：倘若我能守边关，怎样制敌取胜？有了。夏国经济穷敝，粮草缺乏，绢帛、瓷器等生活物资均需从宋输入，这是它的致命弱点。想到此处，仲淹心中亮了起来。

边关的军事形势果然象仲淹的预料那样发展。康宝元年（1040 年）正月，夏军攻克金明寨。五月，塞门、安远、永平诸寨失陷，延州被围。延州太守范雍向鄜州请援。鄜延副总管刘平、石元孙率部至三川口时中元昊埋伏，一场血战，刘平、石元孙被俘。范雍因此被贬知安州。

在此危难之际，范仲淹与其好友韩琦同被起用为陕西经略安抚副使。仲淹兼知延州。仁宗问他守边之策。回答说："现在关中地区较边关的防备更差，万一昊贼深入，阻断潼关。两川贡赋不能入京，朝廷就危险了。因此，必须严防边关，充实关内的防备。如果敌人进犯，则坚守城寨，敌人战不能战，又无法深入关中，二三年间，必然因为物资不继而败退。"然而，仲淹的坚守之策遭到许多人的嘲笑，认为是怯懦的表现。韩琦上表说："宋军拥重兵二十万，只守界壕，如此怯弱，自古未有，未免让敌兵看轻了我们，长此以往，士气要丧尽的。况且军队一出，耗资甚巨，久之国家经费不能承续。应五路大军同时进讨，速战速决，以图永逸!"

仁宗最后采用了韩琦的主张，命令韩、范同时出兵征讨，范仲淹连上三表反对无效，只好回到延州。这时已经是秋天了，他漫步在延河岸边，宝塔山下，郁抑不展。一行大雁飞过，勾起了他满腹愁情与乡思，脱口吟出《渔家傲》一词：

塞下秋来风景异，衡阳雁去无留意。
四面边声连角起，千嶂里，
长烟落日孤城闭。
浊酒一杯家万里，燕然未勒归无计。
羌管悠悠霜满地，人不寐，
将军白发征夫泪。

这一年，范仲淹五十二岁，已是满鬓飞霜。

庆历元年（1041 年）正月，韩琦派尹洙至延州约请进兵。仲淹说："我军新逢三川口之败，不可轻敌冒进，只可谨守边城，以便观敌变化。"尹洙皱眉说："韩公常说，大凡用兵，当置胜负于度外，现在您如此谨慎，是不如韩公的地方。"仲淹生气地说："大军一动，关系千军万马的性命，怎么能轻易置胜负于度外呢?"尹洙只好返回。韩琦得知劝不动仲淹，就调动镇戎军全部人马，又募一万八千壮士，命环庆副总管任福带队。兵至张家堡南，遇上小股敌军。敌人扔下马羊橐驼佯败。任福被诱至六盘山南麓好水川，却不知道已入敌人伏中。他发现路边有几个银盒，封袭谨密，里面有动跃声，打开看时，竟是几百只带哨家鸽一齐飞出，盘旋于任福军队上空。于是夏兵四面合围，展开一场血战，宋军寡不敌众，任福身被数十箭而死。阵亡士卒不计其数。韩琦率残兵败将撤回。沿途之上，阵亡军卒父兄妻子手捧死者旧衣，提着纸钱，举着招魂幡凄楚地哭喊："昨天你跟着招讨使出征，今天招讨使回来，你却死了，你的魂魄能跟着招讨使回来吗?"哭声震野，惨不忍睹。见此情景，韩琦满面愧色，勒住战马，也是潸然泪下。范仲淹听到败讯，叹息道："这个时候，就难置胜败于度外了。"

好水川之败，教训了韩琦等主战派，上层官员开始思考失败的原因，御史中丞贾昌朝上表说："太祖收夺藩镇的财权与兵权，以为万世利益。太宗时，将帅手下是统帅多年之精兵，威信卓著，一呼百诺，将士一心，可说是所向披靡。但是现在因为西羌之叛，才重新给那些久不操练的军队任命将领，兵不知将，将不知兵，以屡加更易之将，驭使久不操练之兵，战争焉有不败？这是太祖过度削藩的弊端，况且现在武将多为皇上亲旧恩宠之人，本不知行军打仗之事，骤然出为边将，是将千万人的性命送往死地，这是亲旧恩宠太过的弊病，从现在开始，方镇的守将不要轻易更换，任命将领时，不应加以怀疑，给他们大权，有关边镇事务，应让他们便宜行事。"仁宗采纳了这建议。

这个建议的实施使范仲淹获得了更多的权力。从而能全力以赴地推行他的守边之策：

首先是修固边城。即在宋夏交界前沿阵地修寨筑堡，做为军事据点。宋夏接界之处多犬牙交错，有的纵深达百余里。仲淹在提为秦凤、泾原、环庆、鄜延四路总帅后，将这些失地全部收复，并建城守戍。在延州与庆州间修筑大顺城；环州和镇戎军间筑细腰、葫芦诸寨；在延州东北二百里古宽州地区筑青涧城，先后修复永平、承平等旧寨十二处，招回逃亡农户，开辟营田，恢复农耕。这些寨堡成为延州的屏障，并可进图银夏二州。一方有警，各方应援，西夏人都说，不要再起攻打延州的主意了，小范老子（仲淹）胸有数万甲兵，不比大范老子（范雍）好欺负。

第二个措施是大力练军。由于承平日久，士卒多未经战阵，平常又乏训练，步兵携武器和口粮，走几十里就气喘流汗，骑兵中有的甚至不能披甲骑射。仲淹一方面重新选择强悍士卒组成新营，指定专人训练统率，改变过去兵将不相识状态，并因材任职；一方面因守边军队多从内地调来，不耐劳苦，久戍思乡，士气不振，遂大力招募当地土著入伍。他们熟悉环境，强悍善战。同时，仲淹鼓励民间练兵，在青涧城，以银钱作靶心，谁射中便可拿走，如果在射箭比赛中取得好成绩，还可减免徭役。这样一来，人人善射。此外，仲淹军纪严明，赏罚公平，对于勇敢杀敌者，破格擢升，培养出许多后来的国家栋梁，如狄青、种世衡、姚嗣宗、雷简夫等人。

第三个措施则是安抚善待属羌。这些土著人与西夏关系时亲时疏，有的还给西夏当向导。仲淹亲自巡视少数民族营寨，抚慰犒赏他们，并和他们约定：已经“和断”了的仇隙不能报复，违者必究；伤人者罚羊百头、马两匹，杀人者斩；有债务争讼的要听从官府决断；西夏入侵，不按规定入保城寨者每户罚羊两头，并以他们的首领为质；大人出击西夏的，老幼入保本寨，由官府供给饮食。这个和约使汉羌关系大大改善。范仲淹也以坦荡的胸襟感化着羌族。有时，羌族酋长来到仲淹府中，仲淹就热情款待，并撤去卫兵，以示对他们的信任。渐渐的，明珠、灭藏等羌族部落将亲近夏人之心转向宋人，他们自告奋勇担任向导，并出兵助战。元昊逐渐陷入孤立无援的境地。

范仲淹治边的思路很有见地，措施亦很得当。修城筑堡使根据地固若金汤，大力练军使部队作战能力得到提高，安抚属羌则是取得民心拥护，从而一举扭转了宋军被动挨打的局面，他本人也赢得极高声誉。有一首歌谣赞曰：军中有一韩，西贼闻之心胆寒；军中有一范，西贼闻之惊破胆。

不久，葛怀敏败于定川寨，西夏兵直抵潘原，关中震动，以为西夏军将侵犯长安。范仲淹由庆州驰援泾原，打算在夏军进兵时截击。但夏兵听说仲淹兵至，慌忙退去。仲淹为了安定人心，遂移师关辅，显示了一下自己的兵力，人们看见宋军盔甲鲜明，兵威整肃，这才放下心来，宽慰地说：边境上有龙图公为长城，我们有什么可担心的呢？

时局正如范仲淹所预料的那样，长期的军事对抗和经济封锁大大削弱了西夏国力，其境内物资奇缺，物价飞涨，又发生了鼠患与旱灾，粮食匮乏，元昊已无力再打下去了。而宋仁宗由于财政困难，亦产生厌战心理。于是从庆历三年（1043 年）两国开始议和，至庆历四年正式达成和议，元昊继续向宋称臣，宋朝则恢复互市贸易，每年赐夏国岁币，绢、银、茶共二十五万两。至此，西北局势转危为安。

造福地方的政绩和守边戍关的威名，将范仲淹推向政治生涯的最高峰：庆历新政。但以他的干练之才，新政为何失败？

北宋加强中央集权的基本策略在于重用文官。科举是选择官吏的主要途径，宋王朝也借此笼络文士。宋太宗时，进士与诸科录取就多达一千人，官员越来越多。做官的另一途径是“恩荫”，指皇帝对大臣或功臣子孙赐予官职，也叫“任子”，这种制度自汉唐至宋，已经到了泛滥地步，一个二品宰相，不但子孙亲戚，连他的门客、私人医生都能捞到官职。仁宗时，官员人数达二万人，朝廷充斥着坐食禄米的权势子弟。庞大而臃肿的官僚机构，行政效率极低，但官员们却享受着优厚的俸禄月钱，各种生活物资。“恩赏”的赏金多达白银万两。这些费用支出均以赋税摊派到农民头上，后人讥评说：“恩逮于百官者，惟恐其不足；财取于万民者，不留其有余。”

百姓承受压迫越来越重，每逢荒年就有成千上万饥民到处流浪。为防止饥民聚众造反，政府在荒年时，招饥民中强壮者入伍。于是军队数量从宋初的二十二万骤增至真宗时一百二十五万，军费支出成为中央财政的沉重负担。然而这支军队战斗力却极差。

冗官冗兵造成庞大财政支出。同时，皇室大兴土木，建宫殿寺观楼台，挥霍浪费到了惊人的地步。史书上将北宋弊病称之为“冗官、冗兵、

冗费”。“三冗”的负担以沉重的赋税摊派到下层人民身上。而官僚享有免役权，他们兼并土地，逼得农民典妻卖子，流离失所，最终在仁宗初期，爆发了王则王伦起义。内忧外患的局面，促使部分有识之士纷纷上书仁宗，请求起用贤良，以革旧弊。范仲淹终于以其在泰州、苏州的政绩，守边关的威名远誉踏上了他政治生涯的最高峰：庆历新政。

庆历三年，朝廷起用范仲淹为参知政事，数次要求他提出改革方案。仲淹深知，本朝累年积弊不是短期内能革除的，因此，迟迟不敢发表意见。九月，仁宗开天章阁，赐其笔札，责承他着手改革。同时，欧阳修、余靖等人皆入台谏，大力支持范仲淹。这一切，增加了仲淹改革的信心，“知其不可为而为之”的儒家精神再次成为他行动的信条。很快，著名的《答手诏条陈十事》诞生了，这就是新政的重要纲领，它提出十项改革方案：

一、明黜陟。他指出目前文官三年一迁，武职五年一迁的磨勘制度客观上打击了真正为国效力的人的积极性。对于百官应根据他们的政绩升迁，不称职者撤换。二、抑侥倖。改革“恩荫”制度，抑制官僚特权。三、精贡举。改革考试制度，由重诗赋改为重策论，由死背经书改为阐述经书之义，并鼓励发挥新义。四、择官长。选派得力之人前往各地检察政绩。奖励能吏，罢免贪图享受、贪赃枉法的官员。五、均公田。公田是地方官吏定额收入之一，分配往往高低不均，应改革此况，确保低级官吏合法收入，以免因生活贫困贪赃枉法。六、厚农桑。兴修水利，发展农业生产。七、修武备。在京城附近招募卫士，寓兵于农。八、减徭役。合并县邑，减轻差役负担。九、覃恩信。对皇上赦书所布恩泽，应保证实行。十、重命令。命令既下，就不能轻易更改，违令者严法重惩。

《条陈十事》呈上后，仁宗很快将其颁行天下，这项方案中，改革重心明显在于吏治，吏治的重点则在于地方长官的任用。仲淹深信，贤者在位，能者在政，必可医国救民。他检查全国监司名单，将不称职的转运使、提点刑狱一一勾掉，以便撤换。枢密副使富弼素来尊敬范仲淹，对他说：“你这一笔，要使被勾掉的一家人都哭了。”仲淹答曰：“一家哭总比一个地区哭好啊!”

新法的执行使朝廷行政效率有了明显的提高，京师的漕运、财政等有了改善，暮气沉沉的北宋政权有了起色。但是，改革触动了许多大官僚的利益，守旧派纷纷攻击新政，诬陷范仲淹、欧阳修、尹洙、余靖、杜衍等人为朋党，并且时时寻找机会陷害他们。

庆历四年十一月，进奏院事件发生了。苏舜钦监进奏院时，一如惯例举行赛神会，卖拆封废纸所得宴客，并叫女伎劝酒。太子中书舍人李定要求参加，舜钦由于厌烦他，将其拒之门外。李定恼羞成怒，便造谣说苏贪污。御使中丞王拱辰指使部下鱼周洵、刘元瑜诬告苏舜钦。苏被削职为民，参加宴会的十余人全部遭贬，是为进奏院事件。苏舜钦是范仲淹推荐，又是杜衍女婿，显而易见，守旧派是想借此事动摇二人的地位。

曾为陕西经略安抚使的夏竦，因与石介、欧阳修结怨，怀恨在心，让家中一使女每日临摹石介手迹，待到两者一模一样，便伪造一封石介给富弼的密信，说要废掉仁宗，重立新帝，一时朝廷流言四起。仁宗虽不相信此事，但对仲淹渐生猜忌之心。仲淹明白自己已难在京师立足。适逢边关有警，遂以河东陕西宣抚使名义离京巡视边境。此时京城守旧派攻击更烈。庆历五年，软耳朵的仁宗下诏废止一切改革措施，贬仲淹知邓州、富弼知郓州。欧阳修、余靖、蔡襄、韩琦等相继被逐。“庆历新政”历时一年零四个月，终于失败。

“庆历新政”是北宋统治集团为挽救危机所进行的一次革新运动。范仲淹以吏治为中心的改革反映了进步力量的要求，反映了社会大众的心声。与此相联系，在文艺领域，要求“文以载道”、“文以明道”的诗文革新运动，其目地是恢复儒学在意识形态领域的统治地位。两者都是为了加强宋朝的中央集权，以图本固邦宁。然而从根本上来说，这次改革对于冗兵、冗费以及土地兼并赋役不均这类军事、财政和社会问题，都没有提出有效办法。它失败的原因除了守旧派的打击外，还源于北宋台谏制度本身的缺陷。

台谏，即御史台与谏院。御史台自秦汉以来即独立建制，谏院设自唐代。宋时，台谏功能合一，本是为加强中央集权，维护君主专制，监督和牵制宰相而采取的措施，同时也体现了“异论相搅”的原则，以消除因驻兵“内重外轻”所导致的大臣专权的威胁。真宗时，既用寇准，又用其对头王钦若、丁谓，有人不解其意，真宗说：“且要其异论相搅，即各不敢为非。”此为宋代统治者驭下的不二法门。真宗天禧元年（1017 年）二月，右正言刘烨第一封谏章便是“请罢免宰相，以应天变”，矛头直指宰执大臣。宰执畏忌，作为对策，就尽量起用自己亲信为台谏官。由此可见，台谏对宰执的任免有举足轻重的决定作用。然其弊病在于，代表舆论的谏官所言，当事人无法声辩，也无调查与仲裁机构来检验。苏轼曾批评过：这种舆论有着法律的意义，足以改变皇帝及其它决策者的心态，但自身却没有任何制约。试看范仲淹几次黜陟时的情况：景祐党争时，权御史中丞张观和左司谏高若讷皆是吕夷简所荐引建置，一有风吹草动，暗地里必然互通声气。仲淹被贬，高若讷无一言进谏。欧阳修有著名的《与高司谏书》，骂他说“不复知人间有羞耻事”。高上疏连欧阳修同贬。庆历三年，欧阳修、王素、蔡襄、余靖等四人控制谏院言事权，遂荐仲淹、韩琦、富弼等执掌国事，是为“庆历新政”的基础。庆历五年，新政失败前，谏官欧阳修等相继被罢，御史中丞王拱辰、御史鱼周询、刘元瑜和右正言钱明逸等台谏官员合力攻击新政，日久，仲淹等终被黜退，新政失败。

范仲淹的这场改革无论在深度、广度、力度还是在对后世的影响上，都不能与他的后辈王安石变法相提并论。但他的再次被贬，却成就了他作为一个文学家的辉煌。这是一个人生的悖论。然而命运就是这样，它很公平，它夺去一些你渴望的东西，却在另一方面依照你的禀赋而给你相当程度的补偿。范仲淹的改革在历史上只是昙花一现，过眼烟云，但在这次改革之后他所创造的一段文明却远远超过他政治上的辉煌，因了这段文明，中国记住了一个伟大的名字，一座不起眼的楼台，一片浩淼的碧波。庆历六年（1046 年）范仲淹被贬知邓州。这一年，邓州人贾黯以状元及第还乡。拜谒仲淹，请以教益，仲淹说：“君子不以不显为忧虑，惟有‘不欺’

二字可以终身奉行。”贾黯受言，对乡人说：“我从范公那儿得到的，平生用之不尽啊！”二月，仲淹收到了与他同年登进士第的好友滕子京的来信，请他为重修告竣的岳阳楼作一篇记。滕在任环庆路经略安抚招讨使兼知庆州时，被御史梁坚诬告“枉费公用钱”十六万缗（实际只用三千缗）而被贬虢州，移知岳州，范仲淹曾为之力辩，并愿与之同行贬黜，后来事不果行。子京修复岳阳楼，心情却郁闷之极。仲淹知道子京心境，想起了自己少年时游洞庭湖的浩荡壮美之境，也想起了自己一生的起伏：少年时哭别娘亲去应天府书院的苦学；登进士第时的欣喜若狂；以天下为己任大志的确立；任广德司理参军时，因坚持己见而遭太守的排挤；在泰州“范公堤”成后老百姓感激的热泪；苏州导五湖入海后稻田的丰收；整治开封时，歌谣唱“朝廷无忧有范君，京师无事有希文”的期盼与赞许；数度上书抗颜进谏时的风险；与吕党廷争时的慷慨激昂……他也想起了自己数度被贬时朋友愿与自己共贬的赤诚；延州前线与韩琦、富弼、滕子京的战斗情谊；新政时他们对自己的支持；但是现在，他们中的大部分人和自己一样，被贬在各地，报效国家的壮志无法实现，被个人的得失所困惑，以至于产生了对自己从前的作为的怀疑。现在，他们有的雄心已退，就像孔子所说，不在其位，不谋其政；或者像孟子所说，穷则独善其身，而将“济天下”局限于“达”时。人不应该这样，满腹雄心应百折不挠，九死不悔。仲淹又想起了自己早年的自勉诗《依韵酬吴安道学士》：

圣君贤相正弥论，谏诤臣微敢徇身。
但得葵心长向日，何妨驽足未离尘。
岂辞云水三千里，犹济疮痍十万民。
宴坐黄堂愧无限，陇头原是带经人。

是的，葵心似金，才能始终如一，真正超越自我，不以物喜，不以己悲，洞庭湖的晴天丽日或阴风惨雨怎能奈我何！想到这里，范仲淹挥笔写下了脍炙人口、传颂千古的《岳阳楼记》：

……不以物喜，不以己悲，居庙堂之高则忧其民，处江湖之远则忧其君，是进亦忧，退亦忧，然则何时而乐耶？其必曰，先天下之忧而忧，后天下之乐而乐……

《岳阳楼记》成，由苏舜钦书石，邵竦篆额，二人均为当时书坛名家。滕子京的政绩，范仲淹的文章，苏、邵的书法，珠联璧合，相映生辉，时人称之为“四绝”。

后来范仲淹知杭州、青州等地，勤政之余，徜徉于青山绿水之间，写下了大量诗文，是他作为文学家的一个重要收获期。同时，他大兴教育，每到一处，创办郡学，培养大量人才。不久因病请徙颍州，至徐州病重而卒，时为皇祐四年（1054）五月，终年六十四岁，遗体遵嘱葬于河南洛阳尹樊里万安山下，其母归葬之地，是成全他生时为国尽忠、死时为母尽孝之意。死前《遗表》一无所求。生前，邠州、庆州二地羌民，均画仲淹像立生祠纪念，闻听仲淹故去，羌族酋长率羌民数百人到佛寺举哀，如同哭自己的亲生父亲一般，戒斋三日才离去。

元遗山对范仲淹的生平有着极中肯的评价，他说：

> 文正范公，在布衣为名士，在州县为能吏，在边境为名将，其才其量其忠，一身而备数器。在朝廷，孔子所谓大臣者，求之千百年间，盖不一二见，非但为一代宗臣而已。

3. 苏轼：一蓑烟雨任平生

嘉祐二年（1057年）正月，北宋汴京正沉浸在一派祥和、忙碌的氛围之中，峭寒的空气里还散发着阵阵鞭炮硝香，让人感到好不温馨！汴河两岸人来人往。玩杂耍的，就地设摊，亮出了把式，不时传来阵阵叫好声。小吃摊旁热气腾腾，挤满了老少爷们儿。空阔的地方，搭起了戏台，早已是人头攒动。大姑娘、小媳妇悄悄地抹了脸，描了眉，相约为伴，走街串巷，一路上嘻嘻哈哈，好不热闹。

此时此刻，礼部官署大院周围却三步一岗、五步一哨。卫兵一个个面无表情，严肃得像一座座石雕。手中的武器，寒光凛凛，有一种逼人之气，令过路的市民噤若寒蝉，不由自主地放轻了脚步，匆匆离开。里面，正在进行本年度礼部考试的阅卷工作。

屋外，春寒料峭。屋里，热气腾腾，甚至让人感到沉闷。朝中重臣韩绛、王珪、范镇、梅公仪等一个个脸色阴沉，手中的朱笔一动不动——实在没有一个人的试卷让他们欣赏。怎么全都是一些歌功颂德、粉饰太平、以割裂剽窃为能事的平庸之作呢？本次主考官，礼部侍郎兼侍读学士欧阳修心里暗暗着急，真有些坐不住了。国子监直讲、著名诗人梅尧臣负责编排议定等具体事务，忙上忙下，看到欧阳兄那威严、冷峻的面孔，心里也感觉沉甸甸的，毕竟刘筠、杨亿这些有地位的贵族文人所创的“西昆体”已经在文坛上流行了三四十年之久。想要革除这形式主义的文坛时弊是多么难啊！

梅尧臣摇头叹息，漫不经心地浏览着试卷。突然，当他读到“……当尧之时，皋陶为士，将杀人，皋陶曰杀之三，尧曰宥之三……”时，眼前一亮：它的逻辑力量，它的论证方法，它的畅达朴素而又精炼的文笔，以及所阐发的正统的儒家思想，大有孟轲之风。梅尧臣欣喜若狂，马上向欧阳修推荐。欧阳修还未看完，不禁击掌叫绝。韩绛、王珪、范镇、梅公仪等扔下手中朱笔，纷纷围拢过来。众人赞口不绝，一致认为是大手笔，纷纷建议他把这份试卷定为第一名。欧阳修欣然同意，可是转念一想，这篇文章的文风多么像自己的门生曾巩啊，如果是他，舆论不说我有失偏爱吗？为了避嫌，就忍痛定为第二名吧！后来一揭晓，这篇《刑赏忠厚之至论》的作者不是别人，正是苏轼。同时，他的弟弟苏辙也被录取在高等。

接着参加礼部复试，苏东坡以“春秋对义”获第一。同年三月五日，仁宗赵祯在崇政殿亲试进士，苏轼兄弟同科进士及第。这时苏轼才二十二岁，苏辙十九岁。欧阳修在得到苏轼谢表后说：“读苏轼书，不觉汗出。快哉！快哉！老夫当避此人放出一头地！”后来的事实证明，苏轼在文学上成为一个全能大家，也确实是青出于蓝而胜于蓝！

“唐宋八大家”，苏氏一门独占其三，难怪后人有“苏文熟，

吃羊肉；苏文生，嚼菜根”的美谈。自称为“西南布衣”的苏氏父子实在是出手不凡。

在苏轼兄弟应试的同时，苏洵持张方平的介绍信，带着自己作的二十二篇政论文拜见了欧阳修。欧阳修很赏识，认为有荀子文风，一时公卿士大夫争相阅读。在欧阳修、梅尧臣的大力推荐和延誉下，苏轼文章遂擅天下，文风为之一变。

其实，欧阳修如此褒赞苏轼不是没有原因的。蜀地自古山川奇秀，豪杰之士辈出。汉代的司马相如，《子虚》、《上林》二赋流传千古，扬雄、王褒步其后尘。唐代的陈子昂自言蜀中多豪侠。李白青少年时代在四川仗剑侠游，杜甫晚年流落四川，初唐四杰也和四川结下了不解之缘。一时间“天下诗人尽入蜀”。晚唐五代，中原混战不已，西蜀相对安宁，各路文人学士，如韦庄、牛希济、薛绍蕴等避乱而来，进一步促进了西蜀文化的繁荣，使西蜀成为当时全国的文化中心之一。当地百姓“释耒耜而笔砚者，十室而九”。在苏轼参加进士考试这一年，仅眉山一县举荐参加礼部进士试的就有四五十人之多，进士及第的更高达十三人！由于相对封闭的环境，西蜀文风较少受五代浮靡气息的影响，西蜀文人仍“以西汉文词为导师”，与欧阳修等人所倡导的古文革新运动合拍。苏门三父子的文章内容充实，词藻朴素而畅达，和晚唐五代词藻华丽而内容空虚的文风迥然不同，因而深受欧阳修赏识，成为北宋古文运动的干将。“唐宋八大家”，苏氏一门独占其三，真可谓中国文学史上一道灿烂的风景！

苏轼的祖上，可追溯到唐代武则天时的苏味道。苏味道九岁能文，与同乡李峤都以文翰著称，号称“苏李”。此外还有崔融，以及杜甫祖父杜审言。时号“文章四友”，在初唐文坛上也掀起过一阵不小的波澜。

苏轼的父亲苏洵是一个很有趣的人，少年时不喜读书，游荡不学。寒窗苦读的大好时光早已过去，他依然吊儿郎当只知玩乐。苏轼祖父苏序亦不加管束。待苏洵像做春梦一般地醒来之后，已经是二十五岁了，早过“弱冠”之年，自己的两个哥哥早以步入仕途，功名在身。苏洵这才意识到问题的严重性，于是他谢绝了平时的狐朋狗友，闭门苦读。在经过几年头悬梁、锥刺股的苦读后，苏洵满怀信心地去应试，却一次次落第。

宋代的科举录取名额比唐代大为增多，唐代每科仅录取二三十人，甚至有些年根本不录，而宋代一次就取五六百人。屡试屡败，对苏洵来说不仅是一个沉重的打击，更是一种冷酷的讽刺。他苦闷、徬徨，甚至想和科举、功名分道扬镳。后来有了苏轼、苏辙，“二子”从小就表露出不凡天赋和才能，这又激起了苏洵莫大的希望。他以自己追悔莫及的惨痛经历勉励两个儿子刻苦攻读。

苏轼的母亲程氏，是大理寺丞程文应的女儿，一个颇有文化教养的家庭妇女，她以个人主义的上进以及封建名节观念来教育、勉励苏轼、苏辙兄弟。有一次，程氏为苏轼讲读《后汉书·范滂传》，当读到范滂因反对宦官专权误国而被诬言中伤，被捕前其母与他诀别时的一段话时，她喟然叹息。这勾起了少年苏轼的一番思想活动，从此，“慨然有澄清之志”，敢于坚持正义，敢于斗争的范滂在他心中埋下了一颗奋发有为、有志用世的种子，成为指引他驾驶命运之舟在黑暗中前进、永不熄灭的航灯！

有这样的社会大环境影响和家庭的薰陶，两位血气方刚、才华横溢的小苏在年逾五十、两鬓已白的老苏带领下，如同骤然从西蜀冲过来的一股狂飙，以无比的威力和绝世的才华横扫当时的汴京文坛。积弱不振、腐朽沉闷的空气被含有西蜀秀丽山川气息的清新之气取而代之，令人神清气爽，耳目为之一新。文坛上旋即刮起一股学苏风。难怪后来有“苏文熟，吃羊肉，苏文生，嚼菜根”的美谈，自称为“西南布衣”的苏氏父子实在是出手不凡。

此时苏东坡刚满二十二岁，出川的第一仗打得如此漂亮，他自豪地把自己和弟弟同科入第与晋代陆机、陆云联袂入洛轰动京都的盛况相媲美，不无自负地写道：

> 当时共客长安，似二陆初来俱少年。有笔头千字，胸中万卷；致君尧舜，此事何难！

年轻气盛的苏轼雄心万丈，似乎看到了一条金光坦途在自己面前向前延伸，直指理想的彼岸！

嘉祐六年（1061年），欧阳修因赏识苏轼才识兼茂，力荐于秘阁，让他参加制科试，以优异的成绩和吴盲同列三等，成为北宋以来，仅有的入策三等的两人之一。之后，朝廷除苏轼为大理评事、签书凤翔府判官。苏轼正式步入其政治生涯。

王安石与苏轼政见不同，孰是孰非众说不一。但王安石想借经济问题搞垮苏轼实在是错打算盘。连名正言顺的赐詹之银尚且婉拒的苏轼会干贩私盐的勾当吗?

治平四年（1067年）英宗病逝，神宗赵顼继位。赵顼是位立志有为的青年君王。当他名正言顺地登上了皇帝的宝座时，他就踌躇满志地算计着把胸中的宏图变为现实。

可是，祖上传下来的这份千疮百孔的家业多么令他寒心啊！财政危机已经直接威胁到生存的根基；政风吏治每况愈下，衰颓不振；百姓在各种苛捐杂税的压榨下如同倒悬；外患在边地索钱并地，虎视眈眈，如同卧榻之虎，令北宋朝廷寝食不安。——改革惩弊势在必行啊！

其实，又何尝没有过改革？仁宗朝范仲淹、富弼雄心勃勃，可最终溺死在中伤、诽谤的唾沫之中，“庆历新政”昙花一现。

英宗也是一个“有性气、要改作”的皇帝，可是庆历新政的阴影还笼罩在那些执宰大臣们的心头，他们敷衍塞责，力图作一个太平官员。英宗身体极弱，未能等到这班庸才醒来，便带着他惩弊的美好心愿弃世归天了。

但神宗毕竟是神宗，经过一段时间的考察，他不顾许多人的反对，于熙宁二年（1069年）拜王安石为参知政事，开始具体实施变法。王安石首先设置“制置三司条例司”作为变法的总机构，以理财为中心，对政治经济进行全面改革，一场继“庆历新政”后的革新运动轰轰烈烈地全面铺开。

苏轼虽然在仁宗朝主张改革，反对因循守旧，但主张稳扎稳打，不可急躁。王安石认为“三冗”之根本在于法制不健全，因此大力推行法治；苏轼却认为关键在于人，选好了官吏，吏治自然清明！熙宁二年苏轼从凤翔回京城，王安石变法也开始付诸实施，两人便处于直接对立的状态。

在变法中，王安石充分表现出作为一位政治家的果敢，他对那些企图阻止变法的人毫不手软，坚决驳斥，甚至外贬。同时把一些政治地位较低、资历较浅而又赞成新法且有才能的人，积极加以引进，集合在自己周围，形成变法派的中坚力量。韩琦、富弼、欧阳修纷纷自求外任或隐退，吕惠卿、曾布、章惇等人纷纷升迁。面对如此频繁的人事调动，苏轼十分不满，为曾巩、欧阳修鸣不平，并开始攻击王安石，把他比作曹操、张汤。

熙宁四年，苏东坡借机向神宗进言，劝诫神宗不要“求治太急，听言太广，进人太锐”，引起王安石不悦。王安石本来就不满意苏轼对自己所持的异论态度。从凤翔回中央后，苏轼监官告院。在去年的贡试放榜问题上，苏轼反对王安石一手提拔起来的吕惠卿，反对把改革派的叶祖洽列为第一。这次王安石就不能忍耐了。命苏轼当开封府推官，推官是掌管刑狱的，事务繁杂，他想“以多事困之”。

王安石在大刀阔斧地进行改革时，也确实有用人不当的地方。正如苏轼在《上神宗皇帝书》中反对置制三司条例司那样，王安石选择的四位执政大臣——曾公亮、富弼、唐介、赵抃，连同自己，被人称为生、老、病、死、苦。但王安石雄心勃勃，对苏轼这样不倾向于自己的意见自然听不进去。不但听不进去，还时时提防着他。当神宗下诏两制举谏官时，范镇曾经推荐苏轼。而苏轼如果担任谏官这个职务，于新法和王安石自然不利，变法派就给苏东坡以回击。王安石通过他担任御史的姻家谢景温诬奏苏轼，说他在苏洵去世，扶丧返川时，曾在船中贩运私盐。王、谢还兴师动众下令淮南、江南、东西荆、湖北、夔州、成都六路转运司，严加调查、搜集罪证，并逮捕篙工水师，严加穷治。真有些“黑云压城城欲摧”的恐怖气氛。

其实王安石等人大错特错，想要在钱财上找苏轼的茬，实在是不明智。苏轼父亲苏洵死时，英宗诏赐银绢，韩琦赠银三百两，欧阳修赠银二百两，苏轼均婉言谢绝。如果苏轼贪财，会放过这到手的名正言顺的银子而提着脑袋去干贩私盐的勾当吗？谢景温真是利令智昏，难怪要无功而返了。苏轼不屑同这些人争辩，既然当权者采取了如此卑劣的手段，自己还强留朝中有何意思呢。此时朝中，已是王安石的天下，欧阳修、富弼、范镇、曾巩、吕海、韩琦、司马光纷纷“致仕”（退休）或外迁。于是苏轼亦自求外任，于熙宁四年出杭州通判。这是苏轼第一次被诬陷。

苏轼因政见不同被排挤，孰是孰非，千百年来聚讼纷纭。欧阳修、文彦博、范镇、富弼、韩琦，这些元老重臣都支持过范仲淹的“庆历新政”，如果说是因为政治地位改变而使他们变得保守，那么王安石的亲家吴光、两个亲兄弟王安礼、王安让也反对变法，就很让人回味了。但是这些人的命运又有谁比苏轼更惨呢？

知子莫若父，苏洵对苏轼的性格最为了解，他在《二子说》中写道：“轼乎，吾惧汝之不外饰也。”苏轼性格豪放不羁，锋芒毕露，确实“不外饰”，不像其弟辙，“善处乎祸福之间”。

另一个最亲密的人，爱妾朝云也被他引为知己。一日退朝，苏轼拍着肚皮问侍儿们：“肚中何物？”众说纷纭，独朝云曰：“学士一肚皮不合时宜。”真是一语中的。

苏轼置身于激烈的变法与反变法斗争中，一生始终标榜自己既不是旧党，也不是新党；既不是反对派，也不是变法派；既不追随王安石，也不追随司马光。他似乎想在激进的改革派与顽固的保守派之外寻找第三条道路，始终固执地坚持着他的温和改革思想，所以在王安石执政时期，他与激进的王安石分手，在王派的人看来似乎在向司马光靠拢；而司马光上台，他又不同意完全废除新法，让保守派觉得他是改革派的人。这种特立独行的固执己见，给苏东坡的政坛生涯带来了深刻的悲剧性：既不见容于王安石这样的变法派，也不见容于司马光这样的顽固派，当然更不容于章惇这样以新法为招牌的当权派。在任何一个时期，他始终都是一个被打击的对象。而且，死了也不得安宁，被蔡京定为“奸党”，大肆焚毁其文章！

可是苏轼丝毫不放在心上，依旧豪放不羁。苏轼家中的疏竹轩内有一怪石，别人都不以为意。独苏轼觉得怪石不但不丑，而且精神高不可攀，他深深地被怪石“意欲警惧骄君悛”，“万牛喘汗力莫牵”，“震霆凛霜我不迁”的“节概”所感动。他自己也是“雕不加文磨不莹”，总是以自己的本来面目出现，对他历任过的仁宗、英宗、神宗、哲宗都作过尖锐的批评，难怪一生屡遭贬逐，差点被杀头，几乎在他的身上破了赵宋的“不欲以言罪人”、“不杀士大夫”的祖宗之法。

熙宁四年，苏轼出汴京，绕道陈州，邀上弟弟苏辙，一同去颍州拜望隐退的欧阳修，然后取道寿州、濠州，于十一月抵达杭州。

杭州是东南大郡，经济一向繁荣发达。可是给苏轼印象最深的却是旱灾、虫害，而新法并未给老百姓带来实际利益，它的缺点和弊病却先入为主，和着农民的痛苦和眼泪，使苏轼心里很不是滋味，于是挥笔写下了许多反映现实生活具有批判精神的作品，象《鸦种丧行》、《画鱼歌》、《关中田妇叹》、《山村》等等，“生平所惭今不耻，坐对疲氓更鞭笞”的矛盾和苦闷像毒蛇一样时时刻刻在啃噬着苏轼的心。为了排遣心头苦闷，他徜徉于山水之间，湖中桔林，溪上上苕花，顾渚茶芽，梅溪木瓜无不令他像回到了故乡眉山一样。“淡妆浓抹总相宜”的西湖像一个仪态万方的清纯少女令他心仪不已，难怪后来在狱中留下遗嘱死后要葬在西湖呢！

熙宁七年五月，中央有令，苏轼移知密州。此时在整个大宋范围内所发生的严重灾害和推行新法而引起的激烈的社会动荡，令苏轼苦闷不已。西北边疆，外族的挑衅激起了他高涨的爱国主义情感。苏轼的整个精神世界处于爆发状态：“老夫聊发少年狂……”

政治上的苦闷带来了生活上的寂寞之感，苏轼常常陷于往事的回忆之中。特别是心爱的妻子王弗，死了已经十年了，“十年生死两茫茫”啊。自己也是满面风尘，两鬓白霜，即使相见，恐怕未必能认出来吧。真是“无处话凄凉”！还有自小情同手足的弟弟苏辙，在这月映万川的中秋夜里，你可知道我是多么想念你啊。“明月几时有，把酒问青天。”可是苏轼就是苏轼，自有其乐观豁达之处。是啊，连月亮也有阴晴圆缺，何况人呢？“但愿人长久，千里共婵娟！”就让明月带去我的祝福吧！

此时的苏轼，大大地开拓了词的新境界，把它从闺房的儿女情长中解放出来。他的词如关东大汉，用铜琵琶、铁绰板歌唱，一派豪放。

可是，面对灾民四散逃亡，这些词又有什么用呢？“平生五千卷，一字不救饥！”他只能在力所能及的范围内减轻农民的负担，安抚灾民而已，或在诗歌里发发牢骚！

熙宁十年四月，苏轼奉命知徐州。在徐州，跟在密州一样，苏轼也遭受一次严重的自然灾害的考验。但这次不是旱灾，而是特大洪水。在凤翔，他写过《喜雨亭记》，那是因为旱灾；杭州任上，他碰到的也是旱灾，密州任上仍然是旱灾，而这次独独是水灾。水和唾沫多么相似啊，也许是历史的偶合，抑或在冥冥之中，向他的命运暗示着什么？

战胜了徐州的滔天洪水，苏轼如释重负。殊不知另一场更猛烈的政治风暴正向他袭来，虽免为鱼鼋口，却沦为阶下囚……他能冲出这无耻的包围圈，继续昂然前行吗？

事情发生在元丰二年（1079 年）四月。苏轼离开徐州，出任湖州知州。他到达湖州任所之后，给神宗写了一道谢表：“……知其愚不适时，难以追陪新进；察其老不生事，或能收养小民。”他感激皇恩，到湖州任职，决心好好干。这是一道十分正常的谢表，尽管带一些怨气。

可是不经意的怨气却大大地刺激了那些推行新法者的敏感的神经，那些“新进”、“生事”的字眼很令某些人不舒服。他们早就对苏轼耿耿于怀，如鲠在喉，不吐不快，可就是找不着下手的机会。这下可好，撞到枪口上来了，抓住他上皇帝表中的字句，再挑他一些平时诗词中“犯上”的毛病，狠狠地治治，看看谁还敢对时局不满，在那儿说三道四?！苏轼开始真正倒霉了。

我们应该记住下列名字：

一个姓何的监察御史里行，他的名字很有趣，叫大正（注意不是小正），字正臣（不是歪臣）。就是他，率先点燃“乌台诗案”的导火索，上书状告苏轼“愚弄朝廷”，“妄自尊大”；对皇上推行的新法肆意诋诮，无所忌惮，没有人臣之节。我们上次告你贩卖私盐不是没抓住你的辫子吗？这次把你推到皇帝的对立面，看你还嚣张不嚣张。何氏的智商可谓不低矣！——要是激怒了皇上，你脑袋不搬家才怪呢？就算不激怒，也不会给神宗留下什么好印象，以后有好果子等着你呢！好一个借刀杀人，何氏的《孙子兵法》不可谓不熟！

还有一个也不应被忘记，他也是一位监察御史里行，名叫舒亶，大概一生以弹劾为能事吧。先后有郑侠、张商英等数人遭到他的弹劾，“栽”倒在他脚下。这次，他在宰相王珪的指使下，指摘苏轼《山村五绝》、《杭州观潮》等诗中的一些句子，说他借诗诽谤新法，愚弄皇帝：

陛下为增加财政收入，实行盐铁专卖，苏轼就叫冤：“岂是闻韶解忘味，尔来三月食无盐。”

陛下让百官学习新法的法令文书，苏轼笑之为：“读书万卷不读律，致君尧舜知无术。”

……

堂堂的宰相王珪还亲自出马，死死抓住苏轼《王复秀才所居双桧》中的“根到九泉无曲处，世间惟有蛰龙知”不放，说什么把本应在天上飞腾的皇上比作地下的蛰龙，不是污蔑圣上的形象吗？甚至到九泉，不是在诅咒皇上早死吗？如此目无天子，实在是罪不容赦！

此王珪何许人也？他就是北宋有名的“三旨相公”。这个人自熙宁三年官拜参知政事以来，直到元丰八年（1085 年），共在神宗朝任执宰大臣达十六年之久，要不是病死，还不知道要继续做多少年的不倒翁呢。十六年间，任凭风急浪高，群臣如走马灯似地升迁贬谪，而唯独善于左右逢源地和稀泥“将顺为政，无所建明”的他能一帆风顺，稳坐钓鱼台。秘诀就是上朝“取圣旨”，皇帝表态后说声“领圣旨”，退朝对僚臣说“已得圣旨”。时人讥之为“三旨相公”。此人专看皇上脸色行事，看见神宗同意御史台逮捕苏轼，误以为要杀苏轼，于是跟着煽风点火，落井下石，挖空心思，捕风捉影地找出这么一句，可他单单忘了王安石诗中也有龙。苏轼一句巧妙的回答，轻轻松松地哽得他直翻白眼。待他乐颠颠地向神宗上奏时，幸亏神宗还不至于十分糊涂：“自古称龙者多矣，……孔明卧龙，岂人君耶？”如同一盆冷水迎头泼下。就是这样一个小人，连刚被王安石提拔起来、资格一点也不老的章惇对他这样歪曲苏轼也很不满意，退朝后质问他是不是想使苏轼家破人亡。王珪说："此舒亶言也。"章惇毫不客气地讽刺道："难道舒亶的口水，你也喜欢吃下吗？"一点也不把这个可称得上是自己前辈的重臣放在眼里。

还有一个叫李定，最近荣升御史中丞。当初苏轼就反对他升迁京官，因为其母死，他不服丧，苏轼以为不孝，很讨厌他。这自然令李定不快，这下你落到我手中，不好好治治才怪呢！他搜肠刮肚，罗列了四条大罪，条条欲置苏轼于死地。最后断言苏轼："讪上骂下，法所不宥。"

还有一个人，这就是著名的科学家，《梦溪笔谈》的作者沈括。似乎这么一位杰出的科学家，在人们的印象中应该是被打击排挤的对象，至少不会进入诬蔑人的行列中去吧！可是历史就是这么无情，丝毫不以人们的意志为转移而抹去那些人们不愿看到的恶劣镜头。就是他，最先把苏轼的诗集《元丰续添苏子瞻学士钱塘集》作为犯罪证据的！

人们也许会想，像苏轼这样才华横溢的大文豪，同时代的人肯定会衷心钦佩，虔诚地仰视吧。但事实却很令人悲哀，越是超越时代的伟人，越容易被人们视为异类而惨遭攻击和围剿！中国不是有句老话叫做"众口铄金"吗？翻翻二十五史，有多少人淹死在唾沫之中！

中国历史确确实实具有浓烈的悲剧色彩。本来是一个最富于聪明才智的民族，却往往选择了"劣化组合，良化淘汰"的方式。本来是一个勤奋勇敢，是一个能创造出灿烂文明，包括长城、四大发明在内的伟大民族，同时却又极具破坏性，多少人力和物力内耗掉了。想想水深火热中的百姓，想想多年来西北边疆积弱不振的局面！

可这伙人偏不去想，更不去干，不是有"岁币"买来了平安吗？现在当务之急是治你苏轼的罪！

于是跳梁小丑太常博士皇甫遵自告奋勇地带上他的儿子和两个御史台的兵丁，连夜疾驰，直奔湖州而来。朝中附马王诜是苏轼的好朋友，听到要逮捕苏轼的消息后十分着急，忙派人给南京（今河南商丘）的苏辙报信，让他立即通知苏轼。幸亏皇甫遵的儿子在润州（江苏镇江）病了，耽搁了半天，苏辙的信使先到。

皇甫遵一行气势汹汹赶到了湖州府衙，两个白衣黑巾的兵丁左右各一，面目狰狞、凶神恶煞。皇甫遵道貌岸然，一言不发，空气十分紧张。苏轼从来没见过这阵势，以为皇上派人不远千里来，必定是赐死无疑。心想死不容辞，得跟家人告告别吧。这时皇甫遵才从牙缝里冷冷地挤出几个字："不至于此！"湖州通判一看，不过是一般的拘捕文书，大家悬到嗓子口的心才算落了下来。

皇甫大人要求苏轼立即起程进京受审，经苏轼苦苦哀求才允许与家人告别。这是多悲恸的一幕啊！一家妻儿老小泣不成声，悲痛欲绝。皇甫遵嘴角挂着冷笑，心里好不快意。湖州父老看到顷刻之间他们敬仰的苏学士被押上了船，一时泣如雨下。

妻子王氏派长子苏迈随同苏轼进京，以便沿途照顾他的生活。船行至太湖芦香亭停宿，当晚月华如水，湖面一片迷濛。苏轼心情十分沉重，料定此次进京，凶多吉少。真想一头栽进湖里，各种担忧和烦恼从此一了百了！可是想到自己的亲弟弟苏辙，自己不是说过"但愿人长久，千里共婵娟"吗，也许他在设法营救自己呢？

面对狱吏飞舞的皮鞭，为文如喷泉涌、不择地而出的苏学士常常哑口无言。"欲加之罪，何患无辞"，他们对苏轼词中的辞句和意象作上纲上线的推断和联系，其奇特的联想令想象力丰富的苏学士也自叹弗如！

历史就是这样残酷：文明往往会遭到野蛮的蹂躏！你不是才华绝代吗，怎么不见你的翩翩风采？你不是雄辩滔滔吗，怎么现在变得哑口无言？不认罪吗？好，用皮鞭来招待你！苏轼痛苦万分，真想触壁而死。他甚至把日常服用的青金丹藏下一些，以备一旦定了死罪，好超量服用自尽。

长子苏迈和他约定每天送饭菜时，没有什么事就送肉和菜，万一有不测就送鱼来。这样可以使苏轼明白事态的发展，心中早有准备。这天苏迈有事外出，托一亲友送食却忘了告诉他约定的暗号。这位亲友知道苏轼喜欢吃鱼，便高高兴兴地做熟送到牢房。苏轼一看，悲怆万分，心中最后一丝希望也没有了，到底是难逃一死啊！他设法让狱吏给苏辙转交自己的两首绝命诗，平静地等待最后时刻的到来。

苏辙读到哥哥的两首绝命诗，涕泪泉涌，立即上书神宗，愿意削官赎罪。苏轼因诗获罪，在朝野上下激起了强烈的反响。王诜、苏辙贬职，司马光、张方平、范镇、黄庭坚被罚俸，连已故的欧阳修、方同也受到牵连。这一明显改变祖宗之法“不以言罪人”的事件，激起了许多人的反感。在苏轼惨遭迫害的同时，另一场反野蛮迫害的斗争也拉开了帷幕：

和王珪相反，另一位宰相，王安石的亲家吴光以曹操尚能宽恕击鼓骂曹的东汉末文学家祢衡一事，规劝神宗宽赦苏轼。

苏轼的前辈张方平，曾经位至参知政事，这时隐退南京，也愤然上书营救苏轼，派自己的儿子张恕直接上京到闻鼓院投书。

甚至王安石的得力干将章惇也指责想害苏轼家破人亡的王珪，对神宗说仁宗以苏轼为一代之宝，现在反把他投进监狱，恐怕天下说陛下“听谀言而恶讦直”。

病中的曹太后对神宗这样做也很不满意，过去仁宗以制科得苏轼两兄弟，是把他们作为宰相人才留给子孙的。她派人传话给神宗，为了她的病，不必大赦天下，赦苏轼一人足矣！神宗是孝子，不得不考虑此话的份量。

还有另外一个人，王安石，这位曾经设法排斥苏轼的变法派铁腕人物，当时已蛰居金陵，不问政事，这时也看不过去，上书说：“安有圣世而杀才士乎?”王安石是神宗器重的人物，虽已退隐，但这话仍很有作用。

有章惇和王安石这样积极主张变法的激进者出来为苏轼讲话，神宗不得不考虑重新处理这件事了。于是元丰二年十二月四日，神宗下令释放苏轼，贬为黄州团练副使。

宋初的“马上天子”很懂得发展文化、尊重知识的重要性和必要性。宋太祖定下誓规，不许杀士大夫，不许因言罪人，成为沿袭多少年的“祖宗之法”。而且宋代的统治实际上远比唐代稳固，因为唐代除了宋代所具有的一切不稳定因素外，还有六朝遗下的豪门旧族——他们时时窥视着李家的皇权宝座，而宋代没有。尽管士大夫的待遇比唐代高得多，可是他们言论上的自由少多了。

苏轼只不过是“西南一布衣”而已，突然取代了欧阳修成为文坛上实际的领袖。可是，在政客们的眼里，他只不过是一棵没有根基的小树，随时都可以被拔起，成为一只杀给猴看的鸡。于是各种污水劈头盖脸地一齐向他泼来，唾沫差点把他淹死。学士的雅趣怎么能敌得过本用来策马的皮鞭？文明在哭泣，历史在倒退！

而这场悲剧的导演者——神宗却最聪明：他不敢也无意真正打击大地主大贵族政治集团中的反对派，而挑苏轼作为“替罪羊”，极力扩大打击面，企图掩盖新法推行不顺利而引起的国内社会矛盾激化的状况，转移人民斗争的视线。而且给人一种错觉，迫害苏轼的罪魁祸首是李定之流，好像与他无关，其实，他才是迫害苏轼的幕后指使者。因为这一切必须在他的默许下才能发生，也只有他出面制止才能拯救。可是他没有，直到这场闹剧快要收场了，才从幕后走出来，说了一句貌似公道的话。

在一大批文明的衷心的拥护者的帮助下，苏轼终于从谗言的包围中挣扎出来，疲惫不堪地来到了黄州。可是，他的政敌并不就此罢休，他们又在追查苏轼知徐州时不觉察百姓李锋、郭进等谋反之事。苏轼进行了申辩，这个追查才被撤销。苏轼在上谢中自述处境：“无官可削，抚己知危”——我已经是小鱼了，再也翻不了大浪，你们还穷追着干什么？显得多么无力和可怜，难怪神宗看了哈哈大笑，说莫非苏轼怕挨棒子不成？

这使人想起了他的祖上苏味道。武则天诞圣元年（695 年），他与张锡因事下狱，张锡神态自如，苏味道却“席地而蔬”，装出一副可怜相，以换取武氏的从轻发落。历史的岁月逝去了近四百个春秋，可是这相似的一幕仍在上演。在群小面前，君子有时不得不低下高贵的头颅，在野蛮面前，文明也不时被迫让路。

黄州的生活是艰苦的，可是苏轼丝毫不以为意，躬耕自足，兴致勃勃地买来些富人不肯食的猪腿，精心烹作，美其名曰“东坡肉”，真是苦中作乐。他给自己定了一条规矩，每天的用费不得超过一百五十钱。每月初，取四千五百钱分为三十串，挂于屋梁上，每天用叉挑取一串，就把叉藏起来。其实，用不着这么刻意，苏轼也完全能生活下去，虽然他不是一个苦行僧，喜欢享受生活，可绝对不是一个好“口体之俗”的人。小时候，母亲程氏就注意不让他们兄弟沾染一般富家子弟容易滋生的骄奢怠惰的习气。据说，他少年攻读科举时，程氏让他日享“三白”：一撮盐、一碟生萝卜、一碗饭。所以，度过这一点困难对他来说简直是履险如夷。

可是精神上，苏轼尝尽了世态炎凉的滋味：“故人不复通问讯，疾病饥寒宜死矣。”为了防止言多必失，苏轼也尽量不同人来往。多么寂寞啊！“寂寞沙洲冷……”他就像一只孤飞的大雁，如同飘零的花朵，更像一只失群流落到沙洲的孤鸟！可是并不是所有的人都是那么势利，那么胆小，他们怀着对文明的热烈向往，纷纷聚集在苏轼的周围：

陈慥，这位是苏轼在凤翔签判任上结识的密友，还有王齐万，一位四川老乡，他们常邀苏轼到他们的隐居地此亭（湖北麻城西南）西南和武昌作客，杀鸡沽酒招待这位落魄的苏学士。元丰七年四月，苏轼从黄州移汝州，陈慥一直送到几百里之外的九江。

李端叔，在众人诽谤苏轼的时候，他却对苏轼推崇备至。

钱塘主簿陈师中是“乌台诗案”的受牵连者，但他仍不以前事为意，多次主动给苏轼写信，其诗文中十有四五提及苏轼兄弟。

还有一些不知名的小人物，史书没有记载，然而我们却不应该忘记：

马正卿，追随苏轼二十余年，苏轼贬官黄州，他也来黄州，并参予东坡垦荒，“马生本穷士，从我二十年”（《东坡八首》）。另有潘生、郭生、古生等人也参加进来。就在这个时候，“苏门四学士”聚集到他的门下，晁补之、秦观、张耒，还有陈师道。这些在中国文学史上响当当的人物，一时使一个小小的黄州城如此有品味地热闹起来。

此时的苏轼像第一次一样被人包围了起来！所不同的是，他们是文明的追随者和拥护者！这真是一个有趣的现象：苏轼没有遭谗害以前，很少有人如此热烈地追随过他，可是遭贬成为“危险人物”后，反而有如此多虔诚的崇拜者，甚至不远千里万里来看一眼。不是吗？后来贬到儋州，故乡的杨济甫派儿子来慰问，王彦商也派专人而来，连杭州的两个和尚也渡海而来。

最令人感动的是老友巢告，苏轼谪居黄州时，他曾来探望，后回到眉山，当得知苏又遭不幸，流放惠州，他又决定从眉山徒步赴岭外，赶往惠州，待到惠州见到苏辙时，得知苏轼又贬到了海南岛。当时他已七十三岁，人皆笑其狂，可是他毫不理会，马不停蹄地从惠州出发，可惜行至新州时，不幸病死，留下终生遗憾！

有这么多的朋友支持，苏轼再也不感寂寞，“莫听穿林打叶声，何妨吟啸且徐行。竹杖芒鞋轻胜马，谁怕？一蓑烟雨任平生。”是啊，没有轻裘肥马，竹杖芒鞋也不错！更重要的是，有如此多的人支持他，经历了那么多的风浪，他还有什么可怕的呢？苏轼诗情大发，再也不顾忌什么了。诗《初到黄州》、《定惠院寓居·月夜偶出》、《迁居临皋亭》、《南堂五首》、《东坡八首》、《问大冶长老乞桃花茶栽东坡》、《元脩菜》等等，记下了黄州的淳朴民风、优美风光和日常的生活情趣。“长江绕廊知鱼美，好竹连山觉筍香”，表现出苏轼履险如夷的乐观态度和坦荡品格。《闻洮西捷报》、《给友人陈慥》，表达了身卑未敢忘忧国的爱国情感。《蔡州道上遇雪》、《陈季常所蓄嫁娶图》、《鱼蛮子》、《秧马歌》，表现了苏轼对下层百姓生活的同情和关心。前后《赤壁赋》通过对宇宙、人生的思考，表现一种旷达、豪迈的精神气概，卓绝千古。

面对滚滚长江，他在《念奴娇·赤壁怀古》里艺术地再现了赤壁之战那雄壮的一幕，刻画了一个英俊潇洒、风流倜傥的周瑜形象，借咏史以抒发个人怀抱。另外，还有《江城子》、《定风波·沙湖道中遇雨》、《西江月》、《临江仙·夜归临皋》、《浣溪沙·游蕲水清泉寺》等等，令人赞口不绝。

“文章憎命达”，谁能想到黄州之贬倒成全了苏轼，使他成为文学史上少有的全能大家，前后《赤壁赋》奠定了他在“唐宋八大家”中不可动摇的地位。词更是达到了全面成熟的高峰，使北宋豪放一派真正确立起来，与婉约词成为我国词坛上一支光彩夺目的并蒂奇葩。

元丰七年四月，苏轼改知汝州。在赴汝途中，路过金陵，苏轼还特地去看望蛰居在此的王安石。

王安石是一个颇有争议的人物（大凡历史上的改革家又有谁不被议论呢，被争议本身就体现了一种历史价值）。有人从他的面相上断言他“眼中多白”，是奸臣之相。韩琦认为：“安石为翰林学士便有余，处辅弼则器量不足。”神宗侍读孙固也认为他“狷狭少容”。实际上他也是一个饱受猜忌和排挤的角色。

其实，苏轼和王安石没有根本的矛盾冲突。他们都出身于低级官僚地主家庭，主张改革，只不过是手段和缓急程度不同而已，方向上还是一致的。欧阳修死后，他们俩成为文坛上影响力相当的两大旗手。他俩惺惺相惜，互相佩服对方的诗文才情，苏轼即使在攻击王安石学风时也认为“王氏之文未必不佳”，王安石的《桂枝香·金陵怀古》令苏轼拍案叫绝，连喊：“此老乃狐狸精也”，自叹弗如。王安石也是，勉励苏轼以他的才情重写《三国志》，甚至当苏轼因“乌台诗案”入京师天牢，王安石并不因他反对新法而落井下石，上书说“岂有圣世而杀才士乎”？据说此案“以公（安石）一言而决”。

苏东坡与王安石之间还有着广泛的社会联系。王安石的几位兄弟王安上、王安国、王安礼都与苏轼有交往。王安上曾被牵入到“乌台诗案”中，王安礼又在神宗面前为营救苏轼出力辩护过，他们最了解“乌台诗案”的真相。

看透了官场那些争权夺利的群丑的表演，苏轼对王安石的品质有了真正的了解。特别是苏轼贬黄州以来，他不时地感受到了王安石对自己的关怀，尤其是王安石虽对苏轼不无成见，但他的见解开明，表现了良好的风度，这些都令苏轼佩服。

于是逆境中的苏轼和病中的王安石相交了。这是怎样的一种情景啊，两位大文豪，摒弃了过去的隔阂和仇视，欣然相聚。两人不以政见不合而疏远，反而频频唱和，畅谈国事，产生了我国文学史上作家个人关系起先恶化而最终握手言和的令人庆幸的场面，成为千古美谈。半山园里留下了深深的思念，久久的共鸣……

元祐六年（1091），王安石病逝，苏轼看到王安石人亡势去、门庭冷落的情景，内心深为悲伤：“闻道乌衣巷口，而今烟草凄迷。”他怀着崇敬的心情，撰写了《王安石赠太傅制》，称之为“希世之异人”。对于一位自己曾经反对过，也因此吃了不少苦头的宰相，苏轼竟如此不心存芥蒂，实在令人佩服。

带着满身的疲惫和伤痕，苏轼匆匆上路了：杭州、颍州、定

州……“九死南荒吾不恨，兹游奇绝冠平生！”不忍心看到文明在野蛮面前难堪颤抖，命运之神悄悄地招一招手，苏学士便飘然隐去……

元丰八年三月，神宗因病逝世，苏轼也除起居舍人兼翰林大学士。元祐元年，司马光为相，起用一大批变法反对派分子：吕公著、刘挚等人，他们标榜守旧，不问新法利害，采取各种措施，全盘否定。

苏轼平时对司马光这个颖脱不群的知名人物，怀有尊敬向往之情，曾经以“儿童诵君实，走卒知司马”颂扬过他。司马光也确实饱负盛名，他俭朴、廉洁、博学、持重、重名节、讲忠信，连王安石也称赞：“行义信于朝廷，文学称于天下。”他为人坦诚，“一生无不可对人言者”，在士大夫中有很大影响。

可是，苏轼对司马光顽固的守旧立场颇有微辞，甚至在政事堂公开批评司马光废除王安石的免役法而以差役法代之。但司马光丝毫不听，苏轼回到家大呼：“司马牛！司马牛！”苏轼政治上的不合作，引起了司马光的忿然不满，遂有排挤驱逐之意。

当时的台谏官多为司马光所荐。对于苏轼因持进步而温和的改革思想而与司马光不合，他们自然知道该怎么做！旁观者清，一位名叫毕仲游的人早已看出了苏东坡再次面临的险恶处境：“非人所未非，是人所未是”，这样危力触讳以救是非，等于抱石而救溺。果不出毕仲游所料，以聚敛、贪污而臭名昭著的御史赵挺之纠集了一大批对苏轼不满的政敌，采取了李定、舒亶之流惯用的手法，根据自己的需要，寻章摘句，断章取义，诬蔑苏轼诽谤先帝神宗。

苏轼在短短的两年之中，四次遭到保守派的攻击，使他意识到这伙抹煞是非、颠倒黑白的当权派是不会让他在朝中有安稳日子过的。于是，元祐四年三月，他以龙图阁学士出知杭州。

这次出知杭州，职权较大，更有条件为杭州人民做好事了。组织民工开浚西湖；取湖内淤泥构筑了一条长堤（杭州人称“苏公堤”），方便了行旅和耕作……政绩斐然，深得人民崇敬。而且他以神来之笔写下了许多揭露吏治不当、生灵涂炭的热血篇章，丝毫不顾忌自己曾经因此获罪。《次韵苏伯固主簿重七》、《异鹊》、《袁公济和复次韵答之》、《绝句三首》等等，只不过手法隐蔽些罢了。

元祐六年五月，苏轼以翰林学士承旨还京。适值朝中洛、蜀党争。洛党侍御史贾易和赵君锡，玩弄李定、舒宣之流的手法，认为苏轼是蜀党领袖，弹劾苏轼于神宗死后“作诗相庆”，指责苏轼草诏引用“民亦劳止”，讥讽熙宁新政。其实，苏轼虽因反对变法吃过不少苦头，可在元祐初期却被召还京，连连荣升，恰恰是神宗晚年念及仁宗的告诫，而嘱咐高后，在自己死后，要重用苏轼。苏轼感激还来不及，怎么会对神宗之死“作诗相庆”呢？

这次朋党之争，又牵连了不少人，黄庭坚丢掉了起居舍人的高位，秦观和王定国也受到了攻击。

其实，苏轼和程颐本都无可指责。苏轼看不惯程颐的道学，有失偏颇，但他承认了这一点。程颐离开中央，并不是苏轼的关系。只不过是对立的人互相嘲侮厌嫌，诟谇不已，造成内耗。

可是，这些是苏轼说得清楚的吗？他不得已再乞外任，知颍州。于是苏轼像一个过路远客，席不暇暖，又匆忙上路。在颍州任上，为救民苦饥，苏轼组织修建境内沟洫，并散义仓谷，赈济灾民。

元祐八年，对苏轼来说又是一个倒霉的年头。他的继室王闰之卒于京师。二度丧妻，苏轼不胜悲哀。更大的打击接踵而至。同年九月，主持元祐更化的高太后去世，哲宗亲政。元祐七年九月自扬州还朝后，苏轼仍遭到多次攻击，是高太后保护才勉强在朝中立住脚的。高太后一死，哲宗以章惇为相，吕惠卿为中大夫，苏轼只得自乞外知定州。自此，苏轼被一贬再贬，终哲宗朝再也没有回到朝廷。

定州是大宋王朝抵抗北方契丹的边地重镇，苏轼一上任就修葺兵营，惩罚贪官污吏，整饬军纪，并为民上表乞减粜常平米赈灾，深得民心。

章惇在王安石执政期间，在政治上有良好的表现，“乌台诗案”中曾经鼎力相救过苏轼。可是现在的章惇，针对元祐时期保守派对待变法派的排斥态度，也以其人之道还治其人之身，大搞派性斗争，不问所谓洛党、蜀党，也不问个人具体的政治表现，一律扣上“元祐党人”的帽子，无原则地报复，这就是历史上著名的“元祐党祸”。五十九岁的苏轼再遭诬陷，发落两学士职，知英州。苏轼还未到英州，他的政敌还觉不解恨，再贬惠州。

惠州在南岭外，号称“万里”，宋代只有罪孽深重的人才贬到此地，苏轼自知此去生死无望，便安置家小，带上幼子苏过和侍妾朝云南下。

在政治上再一次成为“罪人”，而在诗歌王国里，苏轼又一次获得了灵感。路过太行，天气晴朗，有所喜，作《临城道中作》，充满了乐观精神；到九江，看浔阳楼，想起了白居易，有所患：“人事千头及万头，得时何喜失时忧”（《被命南迁途中寄定武同僚》）；一路上感叹人间不平：“且并水村攲侧过，人间何处不巉岩”（《慈湖夹阻风》）；深感人生如梦：“四十七年真一梦，天涯流落泪横斜”（《天竺寺》）；但又自我宽解：“莫言西蜀万里，且到南华一游”（《见长芦天禅师》），这些贬斥算什么呢，就当一次旅游散心吧！多么豁达！

如果说黄州是苏轼对人生沉思的第一个转折点，那么惠州就是第二个转折点，“问汝平生功业，黄州、惠州、儋州！”他对仕途绝望，从骨子里要求获得心的解放：“穷猿已投林，疲马初解鞍”（《和陶归园田居》）。他要学陶潜躬耕田园，笑望落日黄昏，充分享受大自然赐给人类的芬芳。《和怨诗示庞主簿邓治中》、《游罗浮山示儿子过》，真切地传达了他此时的心境。

苏轼深受老庄“随缘委命”的思想的影响，每到一地，都会随遇而安，对那里产生深厚的感情，不久他就深深地爱上了惠州风物。并不以迁谪为意。《初到惠州》、《舟行至清远县见顾秀才》、《迁居》、《寓居合江楼》、《松风亭下梅花皆开》……艺术地再现了惠州美好的风土人情。“罗浮山下四时春，卢橘杨梅次第新。日啖荔枝三百颗，不辞长作岭南人”（《惠州一绝》），更勾起了人们的无限向往之情。貉貊之邦、瘴疠之地的惠州能唤起苏轼充满天才的诗情，“失之东隅，得之桑榆”，这恐怕是章惇之流没有想到的吧！

苏轼虽离汴京万里之外，可是以章惇为首的新派并没有忘记他，相反还很“关心”他。苏轼写了一首《纵笔》，其中有言：“为报先生春睡美，道人轻打五更钟。”有好事者（注意：千百年的历史告诉我们，这类人是不可能断子绝孙的，苏学士怎么没有想到呢?）报告了宰相。

这下又不知触动了章惇的哪根神经，以为又是在有意讥讽，狞笑着说：“苏子尚尔快活耶?”你不是“春睡美”吗，我可要让你不美！章惇决心再治治苏轼。可是怎么治呢？杀他吧，没有借口，且违背了祖宗之法，易招来众怒；再贬又贬到何处呢？他找遍地图似乎没有一个地方比惠州更荒凉了。对了，老苏不是为你起名很费了一番劲吗，你不是叫子瞻吗，儋州有“詹”，就贬到儋州吧。这次让你飘洋过海尝尝滋味！同时被贬的：苏辙（子由）雷州，刘莘新州。

绍圣四年（1097）四月，苏轼以六十二岁高龄再次被驱逐，渡过雷州海峡，来到更南端的儋州。

初到儋州，苏轼多病无米，章惇还派人把他逐出官舍。海氛瘴雾而多雨，蛇虫出没，简直难以生存。他深感“生还无期，死有余责”。

谁知天无绝人之路，黎族同胞素闻苏学士大名，群起相助，解决了他的生活问题。这种萍水相逢的帮助使一生屡经坎坷的苏轼倍觉温暖。生活上虽然艰苦，可是精神却是愉快的，“华夷两樽合，醉笑一欢同”再次焕发了他富有创造性的才情。苏轼写下了许多富有生活情趣、热情洋溢而又浪漫风趣的诗章：“东行策杖寻黎老，打狗惊鸡似病疯”（《访黎子云》），“半醒半醉问诸黎，竹制藤梢步步迷”（《被酒独行》）……

苏轼深深爱上了这里淳朴的人民，优美的风光。他传播文化，开凿井泉，介绍先进的农耕技术，破除迷信，散发药剂，提倡民族平等……天天和黎民同胞融为一体，充满热情地生活着，似乎忘掉了遭受的打击。他渡海时准备了棺木，那是想到海南的恶劣，担心不能生还。现在真的甘愿“化为黎州民”了。他换上了黎装，学说黎语。因为他在这块土地上浇灌了自己的心血：“九死南荒吾不恨，兹游奇绝冠平生。”

元符三年（1100）正月，哲宗驾崩，徽宗即位，大赦天下，苏轼奉命知廉州。他怀着恋恋不舍的心情离开了南海，渡海北上。刚到廉州贬所，又改迁舒州团练副使，接着又提举成都玉局观，复朝奉郎。此时的苏轼“心似已灰之木，身如不系之舟”（《自题金山小像》），早已被搞得憔悴不堪。回顾岭南、海南的流放生活，真似一场恶梦，许多好友已经长眠九泉，吕大防、刘挚、范纯仁、范禹祖、秦少游等等，他们甚至是受到自己的牵连。自己的仆人也死去六个。他像一只被驱赶的倦鸟，多么想停下来歇息一会儿啊！可是不行，虽然已经六十五岁了，还得振翅孤飞！

建中靖国元年（1101 年）七月，苏轼移居常州，为疾病所困，自知不久于人世，召三子于床前，吃力地说："吾生无恶，死必不坠！"一代文豪，溘然长逝。消息传出，引起了广大人民的深沉哀痛。吴越人民，相哭于市，士子们相吊于家。

苏轼是大文豪，也许并不适宜混迹官场。可他做了那么多的地方官，做了数不清令百姓称赞的好事，也称得上是一个清官了。可是让这么一个文人气质特浓，甚至有点天真浪漫的人，介入充满陷阱的政治涡流之中，实在是他的悲哀，也是中国文坛的悲哀！"道大难，才高为累"啊！否则，怎么屡遭严厉而悲惨的贬斥！不是吗，连他死后也不得安宁：苏轼逝世的第二年，蔡京掌权，特别仇视苏轼和"苏门四学士"在文学艺术上的成就及其所产生的广泛影响，用最卑鄙的手段焚毁他们的文集，并作翻案文章，牵进司马光、文彦博等一百二十余人，定为"奸党"，颁碑于郡县！——苏轼何罪，独以名高！

然而，历史是人民书写的。虽然蔡京之流禁传苏轼文集并把赏钱增至八十万，但禁愈严而传愈多，人们以多得苏文自夸，以能背苏诗、苏文而自豪。到了南宋，人们更崇尚苏轼文章，"苏文熟，吃羊肉；苏文生，吃菜根"——这实在是一个值得深思的有趣现象！

苏轼虽然已乘鹤归去，可是他的诗章却闪耀着灿烂夺目、绚丽无比的光芒，将永远凛然地照亮这尘寰，成为人类千年共享的文明之精品！其超俗豪迈、豁达坦荡的君子之风为万世所敬仰！

4. 张养浩：一曲沉郁苍凉的历史悲歌

元文宗天历二年（1329 年）七月，一个与众不同的灵魂完成了他最后的抽搐，生命之光作了最耀眼、强劲的一闪，随之坠入茫茫宇宙。他，就是放弃了颐养天年的优裕生活，应朝廷的请求到陕西赈济灾民的御史台中丞张养浩。“出师未捷身先死”，正当万众黎民嗷嗷待哺的时候，他却因劳累过度，心力交瘁，含恨而逝。消息传开，山川同泣，万民同悲。因为，这不是一个普通生命的自然消逝，而是一个伟大人物以自己的生命实现了对人生价值的最好诠释。

十九岁时，张养浩来到济南名胜白云楼，写下了才气横溢、文情并茂的《白云楼赋》，表现了他热衷政治、渴望建功立业的伟大抱负。

“海右此亭古，济南名士多。”“四面荷花三面柳，一城山色半城湖。”济南，这个人杰地灵的历史文化名城曾孕育了多少风流蕴藉的历史人物！张养浩就出生在这个既有江南杏花春雨般秀丽妩媚，又有礼仪之邦厚重历史文化积淀的舜耕之地。

元朝初年，蒙古人在除掉了金国这个肘腋之患后，便马上兵锋南指。强悍好战的蒙古铁骑很快踏碎了偏安江南一隅的南宋小朝廷的温柔好梦。元世祖至元十年（1273 年），江北重镇，淮汉军事前线上极其重要的一环——襄樊失守，守将吕文焕降元。四十年的苟安局势发生突变。从此，南宋王朝险情迭起。兵败如山倒，两年之内，宋军主力损失殆尽。赵宋皇帝或沦为阶下之囚，或被元军赶入大海。南宋“气数”已尽，再也无反抗之力了。

素来以“正统”自居，以“偏安”为计的南宋君臣在尘烟滚滚的统一浪潮中被迫上演了一场接一场的悲剧。谁也没有想到，几百年来人们梦寐以求的统一好梦，竟是由这个来自漠北的马上游牧民族来实现。具有如大地般深厚儒家文明的广大汉族子民是否要重新选择自己的命运？他们再一次面临着历史的抉择。张养浩就在这个时候来到人世。

张家并不是一个簪缨世家，也不是一个权门豪族。他的曾祖父曾为武略将军，章丘燕镇酒监。到了祖父张山辈时，家道就中落了，沦为平民。

其父张郁十六岁就不得不独任家务，为一家生计出外经商，往来于江、淮之间，奔走于京、济两地，虽然获利不多，却性格豪爽，喜欢施舍，周济比自己更穷的乡亲。

自古齐鲁多圣贤。历城地处以临淄为中心的齐文化和以曲阜为中心的鲁文化的双重浸润之下，向来以人杰地灵著称。尽管家境艰难困窘，但是这却激发了张养浩好学上进的精神。他自幼就颇有行仪，刻意经史，笃学不辍。一次外出途中，拾到楮币若干，他马上追寻失者，如数交还，赢得了乡党的交口称赞。年方十岁，张养浩就知道自觉读书，儒家经典，诸子百家，笔记小说，无不研习，而且十分勤奋刻苦。父母担心这样会伤了他年幼的身体，就屡屡制止。张养浩便白天默诵，晚上点着灯关上房门背着母亲读。

十九岁这年金秋，张养浩来到济南名胜白云楼，写下了才气横溢、文情并茂的《白云楼赋》，表现了他热衷政治、渴望建功立业的宏伟抱负。一时间，闻名于缙绅，受到山东按察使焦遂的特别赏识，其业未竟，就被荐为东平学正。张养浩终于把握住了自己的命运，迈出了人生重要的一步。

这时的元代，国家统一，农业生产有所恢复，手工业和商业也有所发展。城市逐渐兴盛，与西方贸易和文化交流不断加强，史称元代盛世。素有“致君泽民”理想的张养浩自然不甘终老于一小小的东平学正，他要趁这太平盛世飞出东平，飞出山东，飞向大都！

至元二十九年（1292年），二十三岁的张养浩赴京求仕。经中书右丞陈英引见，张养浩晋谒了平章政事不忽木，希求得到这位崇尚儒学的大臣的援引。不忽木一看其文，大惊其才，先后荐他为礼部令史、御史台掾，后改荐为中书省掾属。作为京官，张养浩清廉自守。一天张养浩卧病在床，不能上朝视事，不忽木亲自到家问候，看到他家徒有四壁，没有余财，十分佩服，叹曰：“此真掾台也！”难怪不忽木如此惊奇，因为元代官吏贪污成风，已是公开的秘密。当时内外官吏总数达二万六千多人，而仅查出来记录在案的就有一万九千多人，占百分之七十还多！在那些贪婪之徒的包围之中，张养浩却能独持操守，真可谓是一塌糊涂的泥淖中芒角四射的一束辉光，给平章政事不忽木留下了深刻的印象，为日后擢升为监察御史奠定了一个良好的契机。命运之路在此开始悄悄地发生转折。

大都是全国的政治中心，也是当时的国际大都市，居住着数不清的权贵势要，他们占尽了满城春色，和暖的风却很少吹到地位低微的寒士身上。在京城最初的十余年中，张养浩亲身经历了“诸掾属动辄罹刑辱”的官场屈辱，自己又沉沦下僚，一直过着清贫劳苦的生活。但这只放飞的雏鹰并没有被暂时的困难吓倒，而是以极大的毅力经受着官场的种种艰苦的磨难，以极大的热情饶有信心地期待着“致君泽民”机会的到来。

古代的牌坊可谓多如牛毛，然而由百姓自发地为“父母官”立碑存念的又有几何？张养浩便是这屈指可数的被纪念者中的一人。

机会总是青睐那些有准备的人。大德九年（1305 年），张养浩循例选授为堂邑县尹。堂邑县是一个中等县分，其他官员不屑一顾，甚至不愿去。因为前尹荒于政务，水灾连年，暴徒猖獗，社会秩序混乱，百姓苦不堪言。张养浩受命于危难之际，喜忧并存。喜的是终于有机会一展宏图，“致君泽民”；忧的是一县安危系于此身，若是治理不好，则有负苍生。在他的心目中，国家昌盛，周边安宁，朝廷充满生气，民族文化得以爝火相传，全有赖于百姓。救民于水火之中，事关重大。新官上任，他便抓住了根本性的问题：治县先治人。他坚决反对把流民掠为奴妾。对那些罪大恶极，残害百姓的首恶之徒，坚决予以打击，严惩不怠。就连前任县尹碰也不敢碰的横行乡里的杀人犯李虎，张养浩也照样毫不客气地除掉，民众无不拍手称快。因此而初步获得了堂邑县百姓的信任，表现出高度的政治艺术和才能。对那些为生活所迫，不得已沦落为草寇的良民，张养浩宽大为怀，网开一面，给他们以自新之路。众贼起初大为惊讶，甚至不敢相信这是真的，他与旧尹太不一样了，继而感泣不已。在整个封建社会中，该有多少人是靠残酷镇压和剥削百姓起家，而张养浩却视民之疾苦如己之疾苦，对他们抚慰有加，好似春风化雨一般。

民以食为天，张养浩也十分注意这一点。元代，各种宗教在统治者的利用和保护下，发展规模很大。这些道观寺院通过国家赏赐、私人捐赠以及种种巧取豪夺，拥有大量的土地财产。甚至利用迷信，借口祭神驱鬼勒索百姓。寺院道观经济势力恶性膨胀，农民群众在地方和寺院的残酷剥削下却日益贫困。张养浩深知这一点，一到任上，便首毁淫祠三十余所，把土地分给百姓。同时，张养浩还力举改革官府粮食征购制度，防止狡吏从中渔利。他还亲自巡察灾情，率民生产救荒，尽力解决老百姓的疾苦。三年任上，百姓各得其所，种田者自饱，工商小贩赢利富足，民风淳朴，互相友爱，一县大治。而他自己呢，“三年何所得，憔悴雪盈簪!”肥了百姓，瘦了自己!

命运之神在开始并没有怎么特别地青睐张养浩，甚至对他有些不公：堂邑县如此糟糕，只不过是前任留下的一个烂摊子罢了。可是张养浩却并没有怨天尤人，更没有退却，而是干脆利落地解决一个个实实在在的问题，把烂糟糟的堂邑县治理得井井有条。官位虽卑，但对各种忧虑有着全面深入的思考，时时告诫自己不要懈怠，要清正廉洁，勤勉学习，以礼待下人，视民病如己病，成为当世甚至后代为尹的楷模。

古代的牌坊可谓不少，然而由百姓为“父母官”立碑存念的又有几何？张养浩便是屈指可数的被纪念者中的一个，而且十年之后，还有人在不断地为他立碑，其泽惠民众之远可见一斑。

“一屋不扫，何以扫天下!”张养浩就是把小小的堂邑县作为大战前的试验场，认认真真地对待每一件小事，积累经验，作搏击长空前的试飞。不久，张养浩便因政绩昭著而被擢升为太子文学，负责教授海山之弟爱育黎拔力八达因。此时已是大德十一年（1307 年），元成宗去世，武宗海山即位。

武宗海山即位前确有武功，即位后却不甚明智。一方面，自蒙古立国以来，始终未能妥善解决皇储问题。海山即位就险象环生，十分不易。为了拉拢朝中众多官僚及拥立他称帝的蒙古权贵，海山就滥加封赏。受授之官日多，赏赐之钱日增。加之国家机构日益膨胀臃肿，财政支出自然越来越多。为了保证这种滥封泛赏的做法能长期维持，武宗又仿效世祖忽必烈的办法，重新设置专门聚敛民财的尚书省衙门。滥发钞票带来物价飞涨，钞币急剧贬值，百姓深受其害。成宗的守成之业，至此已告隳废。元朝政治由盛转衰。

在这紧要的历史关头，命运之神再次把张养浩推上了风浪之巅。至大元年（1308 年），张养浩被擢升为监察御史。御史台是掌管国家风宪的监察机构，对于整肃吏治起着十分重要的作用，然而也是一个吃力不讨好的衙门。“中外之官，莫难于风宪，亦莫危于风宪。”入则“与天子争是非”，出则“与大臣辩可否”。一言一行，不仅关系到别人的生死荣辱，也直接关涉到自己的成败安危。张养浩再次走到了命运的十字路口，何去何从，他必须作出抉择。想到堂邑县任上看到的那些困苦不堪的黎民百姓，张养浩便勇敢地肩负起这副历史重担，并且谨于职守，积极行事，常常不顾个人安危。

至大三年（1310 年）向元武宗上《时政书》，张养浩理直气壮地直斥朝政十大弊端，要求改革，并乞罢尚书省。这些一一切中要害，为当权者不能容忍。特别是罢尚书省，直指武宗心头之痛，要知道那可是武宗设立的钱袋子啊。也许，武宗没想到张养浩会这么认真，这么不给他面子，于是龙颜大怒，遂除翰林待制，不久又捏造罪名罢掉，并让台省不再起用。

其实，监察机构只不过是封建社会皇帝老儿自欺欺人的一个摆设而已。谁知，张养浩就认了真，结果从波峰跌了下来，摔得不轻。对他来说，这只不过是命运处于上升阶段的一个小小的插曲而已，更大的波折还在后面呢。

跌入波谷的张养浩奇迹般地崛起于蒙古贵族政治统治中心，然而等待他的却不是鲜花。厄运再次降临，如影随形，接踵而至……

至大四年（1311 年）正月，元武宗卒。三月，皇太子即位，是为仁宗。张养浩也时来运转，从政治波谷上升到波峰。仁宗在东宫作太子时就非常佩服张养浩的文才和为人，因而他很快就被重新起用，曾先后被任命为右司都事，翰林直学士，礼部侍郎，礼部尚书，最后擢升为中书省参知政事，达到他政治生涯的巅峰，进入元王朝的决策机构和权力中心。

“山不转水转”。“三十年河东，三十年河西”。在张养浩任右司都事时，有一个达鲁花赤来求选，谁知他就是那个当年在堂邑县上屡屡与张养浩过不去的人，如今却撞到他手上了。这正是报复的好机会，至少可以不理睬他。张养浩却不计前嫌，尽力向宰相推荐，以给他求得一美差。也许，张养浩并不是刻意这样对他好，以显示自己的胸襟是多么宽大。在他看来，于人诚信，于官清正，与人方便，救人危患，只不过使自己身心安宁罢了。张养浩生性忠厚，为人正直，那种刻薄寡恩的狭隘之心，与他的性情实相违拗，更不用说打击报复了，正如他自己所说：“与人方便，救人危患，休趋富汉欺穷汉！”

“与人为善”本是一个极其普通的道德命题，但却是中华民族文化的精华之一。对古代清正廉洁的士大夫而言，它往往又和传统的“济世”、“民本”思想联系在一起。张养浩任礼部侍郎知贡举时，就有许多参加进士试的读书人纷纷前来诣谒，自然少不了带许多财物，希望提携。张养浩却一概拒绝，对他的两个同乡也不例外，并且告诫他们应当以社稷为重，报效国家才是根本。

元代不像宋代那样重视文官。元代的文职官员薪水并不多，许多正直清廉的官员生活还相当清贫。这也是元代贪污成风比任何一个朝代都严重的原因之一，几乎没有人能出污泥而不染。礼部知贡举虽然没有多大实权，但却有许多无形的“好处”。许多主考官通过取士，延引门生，悄悄培植自己的政治势力，为日后仕途升迁铺平道路。唐代一杨姓主考官公务之余不理家财。为了子嗣着想，他的妻子就很着急，他却不慌不忙地告诉妻子他所取的三百进士就是最好的资本。一语道破天机。张养浩却不这样，他恪守自己戒贪的节操，尽心尽力地为国家荐贤，没有一丝一毫的私心杂念。

“普天之下，莫非王土；率土之滨，莫非王臣。”在另一种意义上也许正说明了封建士大夫的命运完全掌握在至高无上的君王手中。“君要臣死，臣不得不死。”也许说得有点过分，但君主好恶直接影响到君子命运却是

不容怀疑的事实，“一朝天子一朝臣”，所言极是。

延祐七年（1320年），仁宗去世，英宗即位，张养浩便失去了政治靠山。而屡遭弃置的铁木迭儿又在答已太后的支持下，重新爬上了丞相宝座。小人一旦得志，便肆意专权，大肆报复构陷以前不曾阿附自己的大臣。英宗与答已太后素有矛盾，遂对其党羽大规模诛杀。君心叵测，太后干政，奸臣专权，朋党倾轧，一时朝廷上下，乌烟瘴气，充满恐怖。

至治元年（1321年）元宵节，英宗欲在宫中张灯，结灯山与民同乐，以粉饰太平。张养浩便上《谏灯山疏》，力数不可，英宗大怒，既而勉强接受，并给他奖励，但心中很是不快。身为中书省参议，处于统治阶级高层的张养浩嗅觉是何等的灵敏！从英宗最初发自内心的震怒他就看出某些信息。一向谨慎的他清醒地认识到伴君如伴虎，君心叵测，一旦再触祸机，佞臣谗诟，后果不堪设想！英宗的“好以刚锐神威御下”迫使张养浩寻找退路。

同年，张养浩以父老归养为由，辞官归里。刚直的性格在皇上那儿不受欢迎，张养浩从云端跌了下来。在归卧云庄的七八年时间内，朝廷先后七次聘征张养浩入朝，而且官位一次高于一次，但因在短短的几年时间内，就走马灯似地换了三四个皇帝，斗争激烈，政局动荡不安，使他无法实现“致君泽民”的抱负，因而皆力辞不就。其实，他才不在乎高官厚禄呢，早在任堂邑县尹时，就“袖有归来赋”，预备一旦受到屈辱，就立刻辞官。

好人总是命运多蹇，上苍也多有不公。每在张养浩准备扬帆远航时，帆刚张开便被折断了桅杆，命运之舟只好再次搁浅。然而，命运之神又是公允的，她总是赐予那些不折不挠、不甘沦落的人以优厚的报偿。在这七八年时间内，他优游于故乡的山林泉水之上，陶醉于诗酒田园之中。隐居对他不是退却，不是消沉而是避开尘世的喧嚣，开始另一种全新的生活。在这里，他找到了生命的另一种价值。他热爱生活，没有封建文人惯有的悲观情绪：触景伤情，迎风流泪；相反，他却满怀由衷的喜悦，以极其浓厚的兴趣来欣赏礼赞大自然的旖旎风光：沙鸥闲云，烟霞斜照……表现了张养浩对这种美好恬静生活的热爱。但另一方面，他又为道义而创作。他没有采取明哲保身的态度，没有因为政治险恶而对政治缄口不言。张养浩以自己的创作更猛烈地抨击了元朝政治的黑暗和腐朽。他写了大量的咏史怀古诗，讽刺揭露了元朝统治集团的专横跋扈，不施礼教。在散曲中，张养浩更为大胆地揭露了官场的黑暗和仕途的险恶。以这两种类型的作品完成了《云庄乐府》的大部分和《归田类稿》的编著。在我国文化史上，特别是元代文学史上留下了浓墨重彩的动人华章。政坛失去了一个好的政治家，冥冥之中却成就了一位著名的文学家。命运就是这么不可捉摸!

在我国长达二千多年的封建官僚历史中，征召不就的人可谓多矣！但连辟七次也不动心的人可就不多了。为什么抱定“学而优则仕”的中国文人未入仕以前是那样地孜孜以求，而一旦在官场走过一遭，往往就急流勇退了？这是一种明智的选择呢，还是一种明哲保身的退却？抑或是保存实力，以图东山再起？

元王朝起于马上，强于武功，弱于文治，甚至没有自己的本位文化，可是他们也不重视历代用以安邦治国的儒家文化。相反，元统治者对汉文化表现了一种深度的畏惧。他们以少数民族身份入主中原，仿佛一叶扁舟浮于汉民族的汪洋大海之中，时时刻刻都担心有被颠覆的危险。

元朝统治者以法令形式按民族分人四等，实行民族压迫和歧视政策，表面看来，这是一种征服者的傲慢，实质却是心理高度恐惧的具体表现。元王朝几乎不举行科举考试，因为科举本身就伏涵着汉人的优势。他们同时又屡屡禁止汉人民间私藏兵器，执兵杖，挟弓矢，甚至连携铁器也横加制止，正反映了这种防范心理。他们还发掘赵氏诸陵，乱抛残骨于荒野，企图以这种极其野蛮、愚昧的方式从精神上彻底击垮汉民族。

这样的环境对文人而言，自然有些悲剧意味。他们没有了坐标，丧失了作为文人的位置。作为被征服者，加上种种民族不平等和民族歧视，连普通人也已相当难堪，更何况有敏感心灵的文人呢。人生之痛，莫大于此。天下无道则隐，再恰切不过地契合了文人的现实体验和心态。于是，“避世”之风兴起。

但张养浩毕竟是具有深厚儒家修养的文人，他的思想、人格是千百年来铸成的，始终不会离开“君子自强不息”的人格基点。为百姓除害，替天子分忧是文人传统价值所在。国家是黎民的国家，不是君王之国，生于新朝的子民不会因为朝代更迭而隔断与传统的联系。只要为他们提了济世的机会，不管是居庙堂之高，还是处江湖之远，他们总是一如既往地忧国忧民。因此，当历史再次向张养浩召唤时，他便不计前嫌，毫不犹豫地从那个用道家虚幻精神构筑起来的心灵避难所中走出来，再次出山。

在张养浩看来，吏部尚书算不了什么，翰林学士也没能使他离开云庄，那么“陕西行台中丞”呢？他接受了，而且迫不及待地上任了。“其民苦饥馑，吾宁忍不为之起乎！”

文宗天历二年（1329年）初，关中大旱，农作物大面积绝收，流民四窜，饥民相食，千里之地，一片哀鸿。二月，朝廷再次派人征聘，特拜张养浩为陕西御史台中丞，前往赈灾。这位看透了官场黑暗，隐居了七八年之久的清正之士，得知是赈济灾民，救拔涂炭的生灵，便再也按捺不住心中的忧戚，不顾年迈体弱和家小劝阻，一命即驾，登车就道，星夜奔赴任所，和先前力辞不就判若两人。临走之前，把家中的财产全部散赠给乡中贫困的乡亲。作为一个封建官僚，能得如此，实在是难能可贵，翻遍一部二十五史，似亦罕见。张养浩的所作所为，比起那些搜刮民脂民膏、以饱私囊，不惜以涂炭生灵的鲜血染红自家门楼的贪官污吏来说，无疑是一座高山，是巍然耸立在污泥浊水之旁的峰巅。其高风亮节和懿行美德明晰可见。

长路何其漫！沿途饥民成群，流离失所，男女衣不蔽体，剥树皮，掘草根，甚至卖儿鬻女，易子而食！十里路埋千家冢，生者与鬼魂相依！张养浩忧心忡忡，心急如焚。真巴不得苍天能掉下粟米来，以解民于倒悬。

星夜驰骋，好不容易到了潼关。张养浩匆匆忙忙登上这历来兵家必争之地的城垣，举目西眺，这壮丽的山河，古老的帝都，使他发出无限的感慨：山河依旧，西都犹存，而千古以来那些在中国历史舞台上纷纷登场的英雄人物却俱无一存，真是“浪淘尽千古风流人物”啊！远去那巍峨的西岳华山，近处这咆哮的千里黄河，不就是历史的见证吗？华山那一块块山石上的累累斑痕，不就是古战场敌我交锋，兵刃相见所溅洒的血迹么？黄河震怒，似乎还能听到古战场双方将士拼杀的喊叫声，黎民百姓挣扎在死亡线上的痛苦呻吟……“一将功成万骨枯”，万仞华山，书不尽战争的罪恶；千古黄河，流不完百姓的血泪！历代王朝的兴亡盛衰，给百姓带来的只是苦难。封建王朝的统治都是建立在百姓尸骨之上；兴则大动土木，榨取人民的血汗；亡则兵祸连年，到处都变成了置人民于死地的屠宰场。联想到元最高统治者的罪恶，张养浩百感交集，怆然动情，对人类文明发出了最沉重的、也是石破天惊的呐喊：

兴，百姓苦；亡，百姓苦！

揭示了千百年来封建社会发展过程中一条令人发指的铁血规律！

沧海桑田的历史变化中人民付出的沉重代价和悲惨命运重重地压在张养浩心头，他更是心急如焚，匆匆忙忙向西赶去。

道经华山，张养浩就迫不及待地在岳祠设社祷雨。刚到任所，再次设社祈雨。也许是感动了苍天吧，随之大雨如注，三尺乃止。请不要嘲笑我们的先祖是如何地愚昧吧，这中间包涵着一颗多么虔诚的赤子之心啊。怪不得宋人汪洙在《喜》中描述了人生四大喜事，而把“久旱逢甘雨”列于首位！“他乡遇故知，洞房花烛夜，金榜题名时”，喜则喜矣，然而终归是限于个人，比起久旱甘雨惠民之广，则何其渺小！谁说中国的知识分子清高，眼中只有自己？千百年来，他们就是这样紧密关注着社稷苍生，把自己的命运和芸芸子民紧密相连。壮哉，中国的读书人！

就在喜降大雨，众人皆乐的时候，张养浩还牵挂着背乡离土的流民，他的鬓发全愁白了。真恨不得把野草都变成菽粟，河沙变成金银珠宝，能早日让黎民百姓摆脱饥饿的威胁！在封建社会里，这是一个永远也实现不了的美梦，然其忧民之耿耿忠心如在目前！有这样的忠厚济世之心，谁还能觉得张养浩流泪祈雨，长揖不起是愚昧无知吗？给人的心中留下的只是沉甸甸的痛！

张养浩在任上四个月，一次也没有回家与家人共享天伦之乐。夜晚宿于公署，观天象祈雨，白天则出外巡察，调查研究，抚慰灾民。正当张养浩带领百姓如火如荼地抗灾自救的时候，厄运正悄悄地向他袭来。因为终日辛苦劳碌，加之年迈，身体羸弱，还要花费巨大的精力排除各方面的干扰，张养浩再也支持不住，终于溘然逝世于任所。“出师未捷身先死，长使英雄泪满巾。”张养浩以自己的生命奏完了一曲沉郁苍凉的历史悲歌，带着无限的遗憾离开了他热爱的黎民百姓！消息传开，关中之人，莫不痛心疾首，纷纷怒斥苍天不公！为了让子孙后代永远铭记这位一心为民的公仆，他们宁肯自己挨饿，也要想办法凑钱立祠于曲江之畔，让他永远和黎民百姓生活在一起。因为他的心一直根植于下层人民，他的心一直和苍生一起跳动！

“生，人赞美；亡，人赞美!”

第五章

有为有位亦有威

封建皇帝无一例外地企盼自己的统治能永久地连续下去，为此，就要任用勤勉、公正、有所作为的官员来协理国家大事，并给予他们嘉奖，从这个意义上讲，是皇帝造就了一批有为有位亦有威的清官，如汲黯、胡铨、钱沣、林则徐等。这几人在当时的历史条件下，是代表进步力量的，这就要与落后的、乃至反动的势力发生冲突，政治斗争的无情决定了斗争的你死我活。而公孙弘、秦桧、和珅、琦善之流，又能在某种情况下左右皇上的决定，这就造就了这些清官波浪式上下起伏的命运轨迹。

性格决定命运，清官的性格特点对自己一生的走向的影响是显而易见的。汲黯的成败都是由刚直不阿的性格决定的；胡铨嫉恶如仇的刚硬性格，决定他被一贬再贬而数十年；钱沣的清廉，决定了他与贪官势不两立；林则徐的经世致用、坚决抵抗外来侵略的思想，决定了他与投降派的尖锐对立。

决定人生命运的因素众多，轨迹各不相同。但这四位清官的不同命运中有着相同的因素，从他们的坎坷仕途中，我们可得到许多启示，也引发我们对许多问题进行思索。

1. 汲黯：抗上抚下为官路

元光元年（公元前 134 年）一个风和日丽的日子，汉武帝心情很好，兴致颇高，召来公卿大臣和儒学之士，谈论他对儒学的认识和他将如何效仿尧舜治理国家的宏伟蓝图。大家见皇上兴致勃勃，纷纷随声附和，气氛热烈而融洽。武帝不断被自己的蓝图鼓舞着，越说越起劲，不断用手势表明自己的果断和决心："我想……"，"我打算……"，"我计划……"，他长篇大论，眉飞色舞，滔滔不绝。

"陛下心里有很多贪欲而只在表面上施行仁义，怎么可能从本质上效仿唐尧虞舜的太平呢?"

这一不和谐的音符来得太突然，武帝一点心理准备都没有，像被人猛然间浇下一盆冷水，刚才的表情尴尬地凝固在脸上，手还悬在半空。是谁这样胆大妄为、出言不逊?众人把恐惧的目光投向这个人身上。又是他，汲黯，他不是因屡次直言谏诤冒犯皇上被外放东海郡太守，因政绩斐然刚刚被召还回京任命为主爵都尉、位列九卿吗?怎敢一回来又这样对待圣上，真是令人费解。他难道不怕被再次外放吗?难道不怕因之而招来杀身之祸吗?大殿里死一般寂静，人们屏住呼吸，低眉顺目，等待着狂飙怒涛。武帝慢慢地把手放下，脸色由尴尬变得严峻，由严峻而怒容满面，面部肌肉因过度气愤有些许的抽搐，他一言不发。片刻，他猛一起身，咬了咬牙，拂袖而去。

汲黯两次擅作主张，都未获罪，这使他耿直敢言的脾性更加一发而不可收，以至于汉武帝都"怯"他三分。

儒家文化讲究"君为臣纲"，皇上是至高无上的。哪怕皇上有错，做臣子的也只能是委婉含蓄蕴藉温存地小心翼翼地提意见，而汲黯的态度显然是冒天下之大不韪。为什么汲黯这样一个小小的臣下敢于当面指责皇上呢？这主要有两方面的原因。

武帝即位后任命汲黯为谒者，不久，即建元三年（公元前138年），闽越出兵围攻东瓯，瓯越遂向朝廷求援，武帝便派汲黯去巡察。可是汲黯还没到达争斗之地，只行至吴县便半路折回，并向武帝报告：东越相攻是由于当地民俗好斗，没什么大惊小怪的。武帝默然。后来河内郡发生火灾，绵延烧及一千余家，武帝又派汲黯去视察灾情。汲黯去后了解是由于一家不慎失火，周围住房密集，所以火势蔓延，因此，未置可否。但在路过河南郡时，看到因水旱灾害，灾民达万余家，百姓衣食无着，有的竟然父子相食，惨不忍睹，汲黯便凭所持的符节，开河南郡官仓赈济灾民。回京后，汲黯向皇上请受假传圣旨的罪责。武帝认为他的做法可让百姓感到皇恩浩荡，所以免他无罪，并任命他为荥阳令。但汲黯认为当县令耻辱，便称疾辞官回乡。武帝了解到他的想法，便召他回京任中大夫。

谒者任上的这段经历对汲黯的一生有决定性的影响。因为他的目无圣上、自作主张不但没有获罪，而且还得以升迁，这种结果使他放开了手脚，从此开启了他独立思考、敢于抗上的“习惯”，这种“习惯”也就决定了他以后的仕宦命运。

另一原因就是性格因素。汲黯性格倔强、傲慢，不讲究礼节，容不得别人的过错，好当面顶撞别人，不喜欢趋炎附势。其中最突出的一点就是“抗上抚下”。他敢于顶撞武帝和比他官职高的人。武安侯田蚡是武帝的亲舅舅，官至丞相，权高势重，炙手可热。他把持朝政，随意任命文武大臣，连武帝都说他：“你要任命的人任命完了没有，我也想任命几个呢!”因此，文武大臣奔走于他的门下，趋之若鹜，连年俸中二千石的高官谒见他时都要行跪拜之礼。但汲黯求见田蚡只拱手作揖，从不下拜。元朔五年（公元前124年），卫青因其赫赫战功被任命为大将军。此时，卫青的同母姐姐卫子夫做了皇后，卫青的地位更加显贵。但汲黯仍与卫青行平常之礼，有些好心人就提醒汲黯：皇上本意就想让卫青凌驾于群臣之上，你怎么可以不行跪拜之礼呢？汲黯却说：“难道大将军有拱手行礼的客人就不受尊敬了吗?”卫青是平阳县吏郑季与平阳侯妾卫媪的私生子，小时放羊，被郑季前妻的孩子当作仆人，非打即骂，缺衣少食，吃了很多苦，后来又险些被人暗害，只是凭借着自己的勇猛腾达显贵，他为人忠厚谦虚，心地善良朴实。当他听说了汲黯的话，把汲黯引为知己，曾多次就朝中疑难事讨教汲黯。但朝中像卫青这样的人毕竟太少了，汲黯也就显得有些孤立，他得名于这种性格，也获罪于这种性格。

汲黯是幸运的，幸运在他生活于武帝时代，武帝以政治家的博大胸怀容纳了汲黯。汉武帝四岁被立为胶东王，七岁立为太子，十六岁即位，之后便施以雄才大略，内外经营：镇压叛乱，平定割据，打击经济垄断；征讨匈奴，拓展边土；罢黜百家，独尊儒术，他的一系列的文治武功足以使他以圣君自居。可是他没有把汲黯免官，没有把他发配，更没让他人头落地。武帝是明智的，他的统治需要汲黯的忠心、才干和耿直。他尊重汲黯，甚至有点“怕”他。武帝曾蹲在厕所内接见大将军卫青；被武帝重用的老态龙钟的公孙弘求见，他可以衣冠不整，随随便便，不管什么礼节不礼节；而对汲黯，他丝毫不敢马虎。有一次，武帝在威严的武帐中没戴帽子，恰巧汲黯来奏事，要想整好衣冠已经来不及了，武帝慌忙逃入内帐，由近侍代为批复。这戏剧性的一幕体现出武帝对他的礼遇到了何种程度。汉制规定，居官者病满三月当免官，而武帝几次破例允许汲黯在家养病而没有免官。虽然武帝没有给他最为显赫的官职，但却容忍了汲黯一次次的冒犯而没有治他的罪。

庄助代汲黯请病假时曾与武帝有几句对话，应该说代表了当时正直的人对汲黯品格的评价和武帝对汲黯的认识。武帝问：“汲黯此人如何呢?”庄助回答：“让汲黯任职居官，无过人之处。如果让他辅佐少主，坚守基业，则招之不来，挥之不去，即使有人自称像孟贲、夏育一样勇猛过人，也不能撼夺他的气节。”武帝点点头，表示赞同，并说：“古有社稷之臣，像汲黯就类似他们。”

虽然汲黯没有因忠直和火爆的性格被罢免，虽然武帝给了他较高的评价，但并不是说武帝喜欢他、庇护他、重用他，相反，汲黯的为官路上风尘迷漫，障碍重重。

汲黯敢于直言谏诤，“守节死义”。对抗酷吏张汤，对抗丞相

公孙弘，汲黯似乎“抗上”有瘾。

由于个性、观点及处事方式的不同，使汲黯与张汤和公孙弘成为对头，同时，这二人也成为汲黯“抗上”的对象。

“心多欲而外施仁义”，汲黯对汉武帝的评价一针见血。法家思想始终更适合武帝的铁腕政治，只是韩非的法、术、势过于刻露，过于血腥，明着不好用，只好隐蔽地运用罢了。汉武帝确实是“外儒内法”，他嗜好酷吏，张汤便是武帝最为赏识的酷吏，官至御史大夫。

张汤小时候拷问老鼠偷肉吃一案就表现出其断案的天分和冷酷狠毒的性格。元光五年（公元前129年），张汤因处理陈皇后巫蛊案深入追究同党并将之枭首而得到武帝的赏识，提为太中大夫。由此事他吃准了武帝的思想，分析案情时巧妙地附会儒家观点，办案务求苛刻严峻。元狩元年（公元前122年）十一月，张汤在办理淮南王刘安（《淮南子》由他召集门客编纂）、衡山王刘易谋反案件时，竟株连处死数万人。

汲黯信奉黄老学说，崇尚无为而治，这种思想与武帝和张汤的酷法思想格格不入。汲黯几次在武帝面前指责张汤的严刑酷法给百姓带来的灾难。无奈武帝与张汤一致，对汲黯不予理睬。

元朔二年（公元前127年），张汤为廷尉，武帝让他与赵禹（也是酷吏）编订律令，撰有《越宫律》二十七篇，汉朝法律日趋严酷就是从这时开始的，许多汉高祖时的法令被删改。汲黯怒不可遏，在皇上面前怒斥张汤：“你身为上卿，对上不能宏扬先帝的功业，对下不能遏止百姓的邪念，相反，却大肆破坏律令，目的就是成就个人的名利。”汲黯的愤怒达到了极点，“你会断子绝孙”的话冲口而出。这实际上表明道家学说在与儒家、法家思想斗争中的软弱无力，道家思想不是强健统治的理论。

看着暴跳如雷的汲黯，张汤心中暗笑，他声音不高不低、语速不快不慢地故意深究法律条文、苛求细节来让汲黯更加气愤。他真希望汲黯能气得背过气儿去。张汤的平静来自于他对皇上的了解，皇上站在他这一边，他有什么不放心呢？抓住了皇上就等于稳操胜券，这就是宫廷斗争的特点。

张汤一直在等待时机，寻找机会置汲黯于死地，况且，他有一个有力的同盟者——公孙弘。

建元元年（公元前140年），武帝刚即位，便要众臣“举贤良方正直言极谏之士”，年已六十的公孙弘被征召，当了博士。一次，公孙弘奉命出使匈奴，回来向武帝汇报，所述不合圣意，武帝大怒，认为公孙弘无能，公孙弘只好借病还乡。这一经历对公孙弘启发很大，正是这一次的经历为他日后东山再起奠定了坚实的基础。十年后，元光五年（公元前130年），武帝又“征吏民有明当时之务，习先圣之术者”，已届古稀之年的公孙弘又被推荐。这一次，公孙弘的运气太好了，不知是武帝忘记了十年前的事，还是为当年的武断感到歉疚，抑或是特别需要儒学之师点缀门庭，竟然把本来排在最后的公孙弘的对策文章提拔为第一，并因其五官端正，“状貌甚丽”而封为博士。这就使行将就木的公孙弘奇迹般地迎来了政治的春天，而后又结出了累累硕果，直至登上丞相的宝座，封平津侯。

这一次入朝，公孙弘充分汲取上一次的教训，加之十年对儒家经典《春秋》的研读，练就了一套妥帖的、能够立于不败之地的处世哲学。比如，每次上朝，他总是陈述事情的来龙去脉，但不下结论，这样就避免了因不合圣意而引起皇上的不满；再如，在朝廷上，他从不当面驳斥别人的意见或与别人争论，哪怕别人诘难他，他也不辩解，这正符合武帝所喜爱的儒家文化中的温、良、恭、俭、让。正是他具有如此特点使他平步青云。

公孙弘任左内史时，曾与公卿们——内有汲黯——约定好了要向皇上奏明的问题，但到了皇上面前，公孙弘很快从皇上的话语中嗅出了皇上的想法与他们事先讨论的结果背道而驰。怎么办？当然要顺从皇上的意见，他马上站出来称颂皇上的英明。别的大臣在心里骂他但不敢开口。汲黯最痛恨这种口是心非、见风使舵的人，直急的性子使他马上站出来斥责公孙弘：“齐人（弘乃齐地菑川人）多奸诈而没有真情。刚才与臣等提出的建议，现在全违背了，他是个不忠诚的人。”皇上问公孙弘如何解释，他不愠不火，非常有涵养地回答：“理解我的人认为我忠诚，不理解我的人认为我不忠诚。”公孙弘的回答是巧妙的，他把别人的斥责归为“不理解”，而没有针锋相对，以牙还牙。公孙弘的平静、含蓄、温文尔雅与汲黯的暴躁、直露、咄咄逼人形成了鲜明的对比。武帝更欣赏公孙弘，不久升之为御史大夫。

可是内里的公孙弘并不像外表一样宽宏大量，他猜疑忌恨，城府颇深，对与他有仇怨的人，表面上彬彬有礼，但暗地里却伺机报复。害死主父偃是他在皇上身边进言的结果。董仲舒是《春秋》公羊派大师，是一个纯正的文化人。公孙弘对《春秋》的研究远不及董仲舒，出于嫉妒，他进言把董仲舒派到胶西国当相，让他远离皇上，以免对自己形成威胁。当然，他也不会忘记摆平一再攻击他的汲黯。

贵为丞相的公孙弘有这个实力。他谦恭地弯腰向皇上建议说："右内史界内多有达官贵人和皇室的宗亲居住，难以管理，不是有声望的重臣不能胜任，请调任汲黯为右内史。"武帝看了他一眼，看他面容仁慈安祥，态度诚恳，便点了点头。他全白的须发和他的慈眉善目掩盖了他的报复和杀机，这杀机在于他要借刀杀人！凭着汲黯"抗上"和直急的性格，极有可能与这些达官和显贵发生冲突，而其中任何一人的能量都是不可小觑的，每一个人的进言都有可能让汲黯身败名裂或人头落地。

庆幸的是，公孙弘的叵测居心落了空，汲黯任右内史数年，与达官显贵关系融洽，政事井井有条。

企图谋反的淮南王曾对汲黯和公孙弘有这样的评价：汲黯敢于直言谏诤，"守节死义"，贫贱不能移，威武不能屈；至于游说公孙弘，就如揭掉蒙东西的布或晃掉快落的树叶一样容易。刘安想反叛，他害怕汲黯。

遗憾的是，虽然公孙弘的阴谋没有得逞，但在公孙弘推荐的右内史任上，以后发生的几件事却改变了汲黯的命运轨迹。

汲黯一贯"抗上抚下"，他替部下说情，终于惹怒了武帝。张汤乘机投井下石，幸亏遇到大赦，汲黯免官归隐。

汲黯在做主爵都尉、位列九卿时，公孙弘和张汤还是一般的小吏。后来公孙弘、张汤，包括汲黯的手下，职位都超过了他，而他仍是右内史。

汲黯的心理不平衡了，他向武帝口吐怨言：“陛下任用大臣，像堆柴草一样，后来者居上。”武帝沉默不语，过后却说：“听汲黯这话，他的愚直越来越严重了。”武帝的这句话表明他对汲黯的态度有了微妙的变化。

前面谈到汲黯突出的性格是“抗上抚下”，他的“抚下”终于触怒了武帝。就在汲黯口出怨言不久，即元狩二年（公元前121年，是年公孙弘死于丞相位），匈奴浑邪王慑于汉廷的浩荡军威而率部降汉。武帝大喜过望，让征发两万车辆前去迎接。连年的战争使官府空虚，无钱征买车马。官府就向百姓借马，百姓对匈奴恨之入骨，对这种大规模的接运颇有微词，纷纷把马藏起来。马匹无法凑齐，武帝大怒，要杀长安县令以儆戒天下。汲黯时任右内史，长安令是他手下的官员，汲黯对武帝说：“匈奴将领背其主来降，朝廷可让沿途各县依次接运他们，何必要骚扰全国去奉迎那些降兵降将呢？长安令无罪，只要杀了我，百姓就肯献马了。”汲黯的话不无道理，武帝沉默不语，但对汲黯负气的话，武帝听了心里很不舒服。

浑邪王率部来到京城后，商人因与匈奴人贸易，被张汤一类死抠法律条文的官吏视为非法走私出关，要判处这五百人的死罪。这些人都是右内史管辖区的百姓，汲黯又要合情合理地保护他们。汲黯顶风而上，称这是“庇其叶而伤其枝”的做法，就这样，在未央宫的高门殿，汲黯有理有力地数落武帝的错误。武帝的忍耐此时达到了极限。他本来认为人生的风雨会销蚀掉汲黯的棱角和锐气，使他变得相对温和一些，但没想到他愈演愈烈，声音越来越高，口气越来越冲。所以，武帝说：“我已经很久没听到汲黯的话了，今天他又胡说八道了。”武帝对汲黯的改变已失去信心，也失去了耐性。

虽然武帝没有杀长安令和那五百商人，表面看汲黯取得了胜利，但他的“抗上抚下”终于使他走上了许多人曾经走过，此后有更多人要走的免官之路。武帝和张汤等到了机会。

数月后，汲黯因犯小法（正史中没具体说明）将被问罪，张汤自然不会放过这置汲黯于死地的天赐良机。可是汲黯命不该绝。这年春，有彗星出现于东方，古人认为这是上天对帝王多行不义的警告，所以，一有彗星出现，帝王就要大赦天下。所以汲黯仅被免官。苍天有眼，这颗慧星无意中挽救了这位忠直之臣的性命。

就这样，汲黯走上了归隐田园的道路。他的心情十分复杂，他一定回想起多年以来所走过的风雨为官路，想到他的忠直所遭遇的皇上的白眼，想到了他与公孙弘、张汤的斗争，想到了朝廷的种种弊端，想到张汤仍被重用而架空丞相庄翟青，担心朝政会被他搞得一塌糊涂，他想了很多很多，可这一切霎时间已离他十分遥远了，朝廷不再需要他，皇上不再需要他，他的担心已显得多余。他就这样想着走着，黄河古道上的风尘吹动他的白发，吹起他的衣襟。没有后悔，有的只是落寞和无奈。

汲黯有浓厚的“京官情结”，他在淮阳太守任上翘首以待，希望武帝兑现承诺，召他回京。在苦苦等待七年之后，他终于死于外任。

考察汲黯的仕历可以发现，其仕途命运明显呈“之”字形。抗上太厉害了，武帝不能忍受了，就被外放；治有政绩就再提升回来；照旧抗上，于是再被外放。但武帝毕竟是一个善于用人的明君，他对汲黯太了解了。

因汉廷与匈奴常年边事不断，国库空虚，元狩五年（公元前 118 年），张汤建议停用半两钱，改铸五铢钱。但百姓私铸钱币严重，假币风行，楚地尤为严重，汉廷经济受到严重影响，社会安定遭受严重破坏。若要禁止假币蔓延，就要掐断其流通渠道，而淮阳正是楚地的交通要塞。但是淮阳官吏与百姓关系紧张，百姓均不与官府合作，所以必须另派官员。这人要具备几方面条件：一是对朝廷忠心耿耿，二要不为金钱、淫威所动，三要有威名，可以联络百姓，震慑犯罪，四要有宏观调控能力。武帝几乎不假思索地想到了同时具备这四个条件的人，当然是被免官两年的汲黯。汲黯因自己过去为官的作为和威望，又一次被武帝任为淮阳太守，重返仕途。

于是圣旨传到了汲黯栖息了两年的茅草屋，冷落得可张罗捕雀的门庭立即热闹起来。汲黯跪伏在地，感谢圣恩，但断不接受官印，汲黯的辞让并不是道家的洒脱，而是他的“京官情结。”

汲黯曾耻为荥阳令，在出任东海太守时的“清静无为”中似有官场失意、消极怠工之嫌。现在他又一次坚辞淮阳太守，要求皇上能任他为中郎，出入宫禁之门。面见武帝时，他匍匐在地，老泪纵横，泣不成声。

此时，武帝内心一定发出了舒心的一笑：噢，汲黯并不真的那么放达，这不，他在求我呢！武帝肯定为过去因没戴帽子而仓惶逃走感到不好意思，他真想不咸不淡地说上几句，出出心头之气。但面对趴在地上痛哭流涕的汲黯，看着他颤抖的身体，听着他呜咽的声音，想着他毕竟是社稷之臣，他心软了，所以宽厚仁慈地安慰道：“你是看不上这个职位吧？过些时候我会召你回来的。现在，我要借助你的威望，请你躺在家里去治理吧！”

汲黯半信半疑、无可奈何地退出大殿。他收敛起自己的眼泪，但无法收敛内心的凄凉。他还有所牵挂，他还不放心，这就是张汤。两年来，张汤以智巧拒绝别人的批评，以奸诈掩饰自己的过错，以巧言令色奉承皇上，以勾结贼官扩大自己的势力，无中生有，严刑酷法。汲黯担心这样下去，汉朝将会毁于一旦。可他已不能参议朝政，他要找人向皇上奏明，他选中了李息。

李息曾三次随卫青讨伐匈奴，无大的战功，后被任命为以接待远方宾客为主的大行。进入李息府邸，没有寒暄，汲黯开门见山，希望李息向皇上禀告，并告诫说：“如不早奏明皇上，您和张汤都会被诛杀的。”汲黯字字带血，句句含泪，本着对汉朝天地可鉴的忠诚想说服李息，但遗憾的是，由于惧怕张汤，李息终于没有面奏圣上，他辜负了汲黯的信任。但历史没有辜负汲黯，终于让他活着，看到了张汤身败名裂、自杀身亡的下场。张汤自杀于元鼎二年（公元前115年）一个寒冷的冬日。后来，皇上知道了汲黯对李息的劝说，判李息有罪，并诏令汲黯享受诸侯国相的俸禄待遇。

再说汲黯上任淮阳太守后，淮阳的大小官吏、平民百姓都知道汲黯连皇上都敢顶撞，自然都惶恐怯避，以至于汲黯可以“卧而治之”，淮阳政治很快清明起来。所以，从某种程度说，是武帝成就了汲黯的威名。

汲黯翘首以待，希望武帝兑现承诺召他回京。一开始他坚定地等待

着，日复一日，年复一年，渐渐地，他觉得没有力气再等再盼了。在等了七年盼了七岁后，在公孙弘死后九年、张汤死后三年的元鼎五年（公元前112年），瘦削倔强的汲黯抛开了对皇上的企盼，抛开了他的“京官情结”，抛开了他“抗上抚下”的个性，抛开了他信奉的黄老，无奈地闭上了浑浊的双眼。死后，家无“余赀财”。

十几年后，司马迁饱含深情地为他立传，“汲黯乃太史公最得意之人，故特出色写之”（牛运震《史记评注》）。

2. 胡铨：名高北斗上，身堕瘴海间

大雪纷飞，北风怒吼，老天也像在为胡铨鸣不平。他就要上路了，去到一个边远荒凉的地方。妾就要临产了，胡铨本想推迟几天，等婴儿平安降生再放心地离开。但狠毒的秦桧却派人送来沉重的刑具，催胡铨启行。胡铨披枷带锁，看着挺着大肚子、泪如雨下、悲痛欲绝的妾，他黯然神伤，默默无语，咬咬牙，转身走出了家门，走入了风雪中，寒风雪吹得他须发飘飘，雪白的大地上留下了两行深深的足印。走出好远，还能隐约听到妻妾声嘶力竭的哭叫声。

胡铨获罪于一纸奏书。

《戊午上高宗封事》被称为“中兴第一，可与日月争光”，使胡铨名声大震。他和秦桧都为此付出了代价。

臣谨案：王伦本一狎邪小人，市井无赖。……天下之人，切齿唾骂。今者无故诱致敌使，以诏谕江南为名，是欲臣妾我也，是欲刘豫我也。

……

伦之议乃曰：“我一屈膝，则梓宫（徽宗的棺柩）可还，太后可复，渊圣可归，中原可得。”呜呼！自变故以来，主和者谁

不以此说啗陛下哉？然而卒天一验，则之情伪，已可知矣。陛下尚不觉悟，竭民膏血而不恤，忘国大仇而不报，含垢忍耻，举天下而臣之，甘心焉。就令敌决可和，尽如伦议，天下后世谓陛下何如主也？况敌人变诈百出，而伦又以奸邪济之，则梓宫绝不可还，太后决不可复，渊圣决不可归，中原决不可得。而此膝一屈，不可复伸，国势凌夷，不可复振，可为恸哭流涕长太息矣！

……

虽然，伦不足道也，秦桧以腹心大臣而亦为之。陛下有尧、舜之资，桧不能致君如唐、虞，而欲导陛下为石晋。……有识之士皆以为朝无正人，吁，可惜哉！

顷者孙近附会桧议，遂得参知政事。天下望治，有如饥渴，而近伴食中书，漫不敢可否一事。……

臣备员枢属，义不与桧等共戴天日。区区之心，愿斩三人头，竿之藁街，然后羁留虏使，责以无礼，徐兴问罪之师，则三军之士不战而气自倍。不然，臣有赴东海而死尔，宁能处小朝廷求活耶！

这就是胡铨写于绍兴八年（1138 年）十一月的《戊午上高宗封事》，一个在中国历史和中国文学史上非常著名的奏疏，一个被朱熹称为“中兴第一，可与日月争光”的奏疏。

靖康二年（1127 年），在东京的宋朝皇室全被南侵的金兵掳走，只有康王赵构领兵在济州得以幸免。五月，赵构到南京（商丘）称帝，即宋高宗，改年号为建炎，这便是历史上南宋的开始。

高宗即位后面临的首要问题，一如徽宗、钦宗一样，对待金朝，是战，是和，还是投降？在这个问题上，宋朝的皇帝都得了软骨病，高宗亦不例外。他放弃了一次次恢复江山社稷的良机，多次在宋军大胜的情况下委曲求和；他罢免了一个个主张抗战的官员，镇压了一次次如火如荼的人民群众的抗金斗争；在金军的追击下，他的“拿手好戏”就是惊慌失措地逃跑，反正地面还很大，还有可逃跑的地方，实在没地方去了，那就逃到海上，而且千里迢迢地把都城从南京搬到了临安。这还不够，还一而再、再而三，恬不知耻地向金朝摇尾乞怜：“今以守则无人，以奔则无地，此所以朝夕諰諰。然惟冀阁下之见哀而赦己也”，“前者连奉书，愿削去旧号，是天地之间，皆大金之国而尊无二上，亦何必劳师远涉而后为快哉!”其卑躬屈膝的面目，令世人鄙视和耻笑。

终于在绍兴七年（1137 年）十二月，被派往金朝求和的王伦给高宗带来了天大的喜讯：金同意求和。高宗朝思暮想，终于盼来了这一天，他大喜过望，厚赏王伦，并表态：只要金朝许和，一切条件均可以接受。高宗感到非常欣慰，他认为从此之后再也不用为逃跑而寝食难安了，从此可以高枕无忧安享太平了。绍兴八年三月，高宗任命秦桧为右相，加紧做好投降的准备工作。宋朝又一次上演了在军事上获胜的情况下反倒向金求和的一幕，这里面，秦桧“功不可没”。七月，王伦再次去金商议地界，高宗、秦桧主张：只要许和，地界划到哪里都可以。以高宗看来，人家金同意议和已是高姿态了，投之以桃，报之以李，宋理应有所表示。再说，宋朝有的是大片锦绣河山，干嘛要那么小气，金朝随便划就是了，最后总得给我高宗留一立锥之地。

高宗此时完全听命于秦桧，没有认清金国的狼子野心。可是，宋朝的抗战派官员头脑清醒，他们纷纷上书反对议和。面对这种情况，为了控制住高宗，秦桧单独面奏高宗：“若陛下决欲讲和，乞陛下英断，独与臣议其事，不许群臣干预，则其事乃可成。”高宗糊里糊涂地当即表示：“朕当与卿议。”并让秦桧独揽相权，更进一步加紧讲和。十月，金朝江南诏谕使来宋，要高宗跪拜接受诏书，并称宋为江南，不称“通问”而称“诏谕”，至此，金朝所谓“和议”的实质昭然若揭。这又一次激起朝野上下反对投降的浪潮。

抗战派将领张浚连续上书五次，强烈反对议和；韩世忠奏请愿在金朝兵力最强之处与金兵决一死战；岳飞奏称“金人不可信，和好不可恃”，指责秦桧“相臣谋国不臧，恐遗后世讥”，枢密副使王庶建议“深戒前辙”，“与中外知兵大臣谋长久保邦之计”；礼部侍郎曾开更指出，金朝同意议和，并不是高宗屈己所得，而是为军民坚决作战所迫。遗憾的是，秦桧大权独握，排挤抗战派，控制反和言论，不惜使用一切手段，一意

议和。

绍兴八年十二月，秦桧代表高宗跪拜金朝诏书，签字画押。宋朝成了金的臣属。

胡铨的“请斩三人头”的奏疏是群臣中语言最为犀利的一篇，“横厉振发，若决江河而下，若引星辰而上，近古以来，不多见也。因其忠义之所奋发，亦涵千古之心，盖一世之气。”（朱可亭《名臣传论》）奏疏如一石激起千层浪，极大地鼓舞了广大人民的抗敌爱国斗志，使“勇者服，怯者奋”，自文人学士，“至武夫悍卒，遐方裔士，莫不传诵其书，乐道其姓氏，争愿识面”（周必大《胡忠简公神道碑》）。连金人亦以千金募其副本，读之为之变色，连称“中国有人”。直至三十年后，金使至宋，还问起胡铨现今如何。孝宗继位后，太上皇赵构拿出胡铨的奏疏与孝宗把玩良久，称赞其词意精切，笔法老成，英风意气，凛然飞动，并说要留传后代。

但在当年，对高宗、秦桧而言，奏书无疑如冷水浇背，当头棒喝，他们惊恐震怒，完全没有想到一个三十六岁的小小的枢密院编修官竟敢口出狂言乞斩丞相，竟敢不把丞相乃至皇帝放在眼中，并且造成如此强烈的反响。他们当然不能等闲视之，特别是奏书矛头所指的秦桧更不可能置若罔闻，他们一再播告中外，为自己辩解，污蔑胡铨“狂妄凶悖”、“鼓众劫持”，将胡铨除名，编管昭州，并将刻版传诵奏书的人或贬谪或流放。但出乎高宗、秦桧意料的是，对胡铨的处置使朝野上下为之哗然。主战官员纷纷上书为胡铨鸣不平，一时民怨沸腾。眼看众怒难犯，也怕相位不保，秦桧无可奈何地降胡铨监广州盐仓，一个荒凉边远的地方。但阴险狡诈的秦桧不会就此善罢甘休，他心里蕴藏着腾腾杀气，等待下手的时机。

一纸奏疏使胡铨的名字家喻户晓，妇孺皆知，秦桧要置他于死地，却同时也成就了他的美名，名臣张浚说：“秦太师专柄十九年，只成就得一胡邦衡。”当然，奏疏也成为胡铨个人命运的最大转折，从此之后的一贬再贬也都来源于这个奏疏。

胡铨奏书中所表现出的清醒的政治头脑、透辟的形势分析、严密的逻辑思维、勇敢无畏的个性，绝不是偶然的。

英雄精神和民族感情，磨炼造就了胡铨的抗敌壮志和刚强性格，使他成为一名坚定的抗战派。

胡铨自幼刻苦读书，博闻强记，才智过人，志向高远。但是，自胡铨记事起，北宋就一直处于一种萎靡不振的状态：社会动荡不安，农民起义此起彼伏，起初向辽称臣纳贡，继而金又对宋虎视眈眈，徽宗一味妥协退让，统治集团内部尔虞我诈。民族危难而君暗臣庸的现实激发了少年胡铨的报国之志。

宣和三年（1122 年），二十岁的胡铨参加太学考试，文才受到博士们的普遍赞赏。靖康二年（1127 年）四月，在金军的南侵中，北宋宣告灭亡。胡铨受爱国心的驱使，多次参加民间反对金朝的自发的斗争。在与金作战中，广大爱国官兵所表现的英雄精神和民族感情给了他莫大的鼓舞。在斗争实践中，逐渐磨炼造就了他抗敌报国的壮志和刚直果敢的性格，使他此后无论在何种环境中都能保持清醒的头脑，成为一名最为坚定的抗战派。

建炎二年（1128 年），高宗在临时驻地淮海开科举，胡铨在他洋洋万言的对策文章中指陈天下大弊，“今陛下起干戈锋镝间，外乱内讧，而策臣数十条，皆质之天，不听于民”，“今宰相非晏殊，枢密、参政非韩琦、杜衍、范仲淹”，等等，很有见地。本应拔其为第一，但有人忌讳这种直率的不留情面的言论，授为第五。胡铨的性格使他根本没有把这件事放在心上，更没有因这件事改变自己言事的方式。中进士后，他被任为抚州军事判官。但还未上任，金兵又举兵来犯。建炎三年，胡铨家乡吉州被攻破，太守扈从太后逃难，由胡铨代摄吉州军务。年轻的胡铨怀着一种强烈的民族感情，积极招募乡丁，组织百姓协同官军御敌，并在战斗中表现出较为出色的军事指挥才能，最终坚持到金兵退走。这次的经历更坚定了胡铨的认识：对待金军，不能投降，只要坚持斗争就能取得胜利。胡铨因守土有功，赏转承直郎，摄吉州判官。不久，其父逝，胡铨居乡守丧。

守丧期间，他潜心跟从乡先生萧楚学习《春秋》，但看到社会动荡，政治颓废、民众挣扎于水火之情，心急如焚，痛心疾首，多次上书执政者，指责时弊，为民请命。如《与吉守李侍郎》、《上张丞相》、《与吉守李宝文》等，表现出时刻关注国家政治和民生疾苦的爱国爱民精神。当然他最为关注的是国家生死存亡的命运问题。此时，金灭宋的方针已定，高宗的“攘内安外”的方针也已确定，只是碍于举国上下的抗金热潮，所以他采取用投降派打击抗战派的方法推行其投降路线。胡铨是最坚定的抗战派，虽然这时他不能直接参预国事，但他时刻注视着事态的发展，并积极上书，献计献策。每当夜深人静时，他都秉烛而书，上书执政者，主张早定抗战大计，决策北向，并要“痛矫天下之大弊”，使国家有“不可胜之备”……他常常写着写着，心潮起伏，磨拳擦掌，恨不能立即奔赴前线，痛杀敌寇，使国家太平，人民安居乐业。就这样，胡铨度过了无数个不眠之夜，经历了三年的寒来暑往。

守丧期满，胡铨回朝任枢密院编修官，抗金立场依然坚定如初。

虽然高宗几次派人与金朝谈判，但仍是一边议和，一边防守。真正对金一味求和不事防守的投降主义是从秦桧开始的。徽宗、钦宗被俘后，女真贵族要宋朝遗臣推立张邦昌为傀儡皇帝，秦桧反对，所以在靖康二年（1127 年）被金人捉去，从此他由反对向金割地投降变成金为了吞食宋而安插在宋朝的内应。秦桧南返后，便送给高宗两份见面礼，一是“南人归南，北人归北”，二是一份致金国的求和书。高宗竟鬼使神差地认为他“忠朴过人”，自己又“得一佳士”，甚至高兴得晚上睡不着觉。他却没有想到，正是这个“忠朴”之人要领着他的手一步步走上绝路，也正是这个“忠朴”之人把他赵宋大片大片的壮美山河拱手送给别人。吏部大臣晏敦复曾忧虑地说秦桧是“奸人相”，高宗却视其为股肱之臣，死心塌地地被他牵着鼻子走。

胡铨容不得与金议和，犹如眼中容不得沙子。他怎么可能眼睁睁看着秦桧蒙蔽高宗去投降而无动于衷呢？他大声疾呼：杀秦桧以谢天下！可悲的是，“才与时违，动即摧折”，德才兼备的人被弃置不用，卑劣龌龊的小人却大行其道，高宗信用奸佞的秦桧，却放逐忠直的胡铨！胡铨只能感叹生不逢时。

胡铨困守海岛八年，他自言“阅尽险阻艰难，虽坡老（苏东坡）谪海外，未历此险，亦无如许之久，其况可知。所幸平生仪忠信，未填沟壑耳！”

秦桧对阻碍他议和进程的抗战派恨之入骨，他要把他们一一除去。翻开《宋史·秦桧传》，一股血腥气扑面而来。

岳飞，在抗金战斗中屡立奇功，使敌人闻风丧胆，三十二岁时便建节封侯，这在宋朝的历史上是从来没有的。但岳飞视功名如尘土，总想“直抵黄龙，与诸君痛饮”，向往着能够“驾长车，踏破贺兰山缺”，“待从头收拾旧山河”。这当然与秦桧的政策背道而驰。而且金国密告秦桧：“你朝夕请和，岳飞却正想图北，必杀岳飞，才可议和。”金朝已下达“最后通牒”，秦桧当然唯命是从。绍兴十一年（1141 年）九、十月间，秦桧以莫须有的罪名将岳飞捕入狱中，旋即杀害。人们听到岳飞遇难的消息，“天下之冤，闻者流涕”。秦桧虽得逞于一时，但也将自己钉在历史的耻辱柱上。在杭州古木森森的岳庙内，秦桧、王氏、张俊、万俟卨将永远跪在岳飞墓前，被后人唾骂！

秦桧在他的“一德格天阁”里写上胡铨的名字，“必欲杀之而后快”。

胡铨被谪后，并没有因此而折掉锐气。他继续与一些志趣相投的朋友，往来唱和，痛责秦桧，指斥时弊，纵议国事。当时的秦桧势如烈焰可炙，邀宠者纷纷效仿秦桧，为抗战派罗织罪名，作为自己进身之梯。绍兴十二年，御史中丞罗汝楫投秦桧所好，弹劾胡铨“饰非横议”，结果秦桧把胡铨编管新州，一个九死一生的边远的瘴疠之地。对这一帮奸佞小人要置他于死地的险恶用心，胡铨仰天狂笑，然后坦然地大步踏上了新的征程。

七十岁的老诗人王廷珪和七十六岁的词人张元幹分别作诗词为胡铨壮行。面对有正义感的人给予自己的安慰和激励，在初贬离家时都未掉一滴眼泪的胡铨此时却被感动得热泪盈眶，二位老人的鼓励更坚定了胡铨与秦桧继续斗争的决心。秦桧却把王廷珪流放，将张元幹革职除名，这正暴露了秦桧内心的虚弱和对正义的惧怕。

沧海横流，方显英雄本色。胡铨面对两次迫害，泰然自若，不改初衷，仍然用笔与秦桧进行斗争。到新州后，胡铨示威般地写了一首词《好事近》：

富贵本无心，何事故乡轻别？空使猿惊鹤怨，误薜萝秋月。　囊锥刚要出头来，不道甚时节。欲驾巾车归去，有豺狼当辙。

这首词表现了胡铨屡受打击迫害但不畏权势、刚直不阿的斗争精神及绝不与“豺狼”秦桧同流合污的气节。新州郡守张棣获悉后，如获至宝，庆幸自己又抓住了一条往上爬的绳子。他马上奏报秦桧，说胡铨“谤讪怨望”。秦桧对胡铨这种不要命的劲头既恨又怕，一连几天坐卧不宁，寝食难安。他决定把胡铨贬移吉阳军，时间是绍兴十八年。既然一次次的政治迫害不能摧毁胡铨的意志，秦桧寄希望于恶劣的自然环境能吞噬胡铨的肉体。

世上最坚硬的不是钢铁，而是人的意志。胡铨困守海岛八年，“阅尽险阻艰难，虽坡老谪海外，未历此险，亦无如许之久，其况可知。所幸平生仪忠信，未填沟壑耳！自过岭以来，二广帅漕宪舶不计数，大半鬼录，凡阅十五太守，仅存二三。”胡铨正是凭借着对国家的忠诚，对子孙后代的责任感，在艰苦卓绝的环境里不仅没被销蚀掉，反而“解《易》、《春秋》、《戴记》得百余卷”（《与庄昭林知宫》、《与陈长卿》）。

令人敬佩的是，胡铨在自己岌岌可危的情况下还勇敢地声援其他爱国志士。太学生张伯麟愤而题曰：“夫差，你忘记勾践杀死你父亲了吗?”结果被秦桧打几十大板，流放吉阳军。胡铨便在绍兴二十年夏历九月十五作词和答这位爱国志士：

百年强半，高秋犹在天南峰。幽怀已被黄花乱。更恨银蟾，故向愁人满。　招呼诗酒颠狂伴。羽觞到手判无算。浩歌箕踞巾聊岸。酒欲醒时，兴在卢仝碗。

词中尽吐长期被贬谪、报国无门的愁怨悲愤，若深山狂啸，激昂深沉，声情震荡，可窥其一片报国之情。

此时的胡铨已被流放了十七年，秦桧为相，高宗是“初夸桧，继恶桧，后爱桧，晚复畏桧”，而此时正是害怕秦桧的时候。胡铨已对高宗恢复中兴不抱希望。而天下百姓恨透了秦桧，他们用面捏成秦桧的形象，放在油锅中煎炸，以泄愤恨。

秦桧病死，胡铨复出，依然铁骨铮铮，上疏孝宗“勿言‘和’字”，临终之际留下遗言：“为厉鬼以杀贼，死亦不忘！”

绍兴二十六年秦桧病死。百姓听到这个消息，奔走相告，像过盛大节日一样，欢天喜地。连高宗也舒了一口气，说不用在裤子里藏匕首了。秦桧的死使胡铨的命运出现了转机，他被移送衡州，此时已八十四岁高龄的王廷珪又写诗“朱崖万里海为乡，百炼不屈刚为肠”，称誉胡铨的坚强。在绍兴三十一年，胡铨终于恢复了自由，一纸奏疏使他在外漂泊了二十三年，当年意气风发，年轻潇洒的胡铨已白发苍苍，他的美髯也已全白，岁月的风雨和环境的折磨使他百病缠身，人们在这位老人身上已找不到昔日胡铨的影子，只有那一双嫉恶如仇、炯炯有神的眼睛让人一望便知，这就是当年的胡铨。

隆兴元年（1163 年），孝宗使胡铨复奉议郎，知饶州。一复任，他便迫不及待地上书言事，乞都建康，以建康为根据地抗击金兵。当金人求和时，他上书恳求孝宗“勿言‘和’字”。十一月，孝宗就战和问题问于大臣，言和者半，未置可否者半，言不和者只胡铨一人，抗战态度仍十分坚决。

隆兴二年，因出现灾异，孝宗让大臣言急务与阙政，胡铨直言不讳地说：“赈灾为急务，议和为阙政”，并写了著名的《上孝宗封事》，论证和有“十可吊”，不和有“十可贺”，并一针见血地揭露主和者无非是因为懦弱、苟安、附会，在奏书末，他气愤地说：“虽三尺童稚亦知之（指和与不和之利害），而陛下不悟！春秋左氏谓无勇者为妇人，今日举朝之士皆妇人也！”这时恰巧金兵攻淮，已陷数地。胡铨受命兵部侍郎赶往前线。临战时天降大雪，冰封水面，但已经历过生死考验的胡铨毫不畏惧，六十余岁的胡铨身先士卒，持铁锤锤冰而行，士兵感奋，士气高涨，喊杀震天，打退了敌兵。

虽然胡铨对朝廷忠贞无二，反对议和，身体力行，呕心沥血，虽屡受磨难但矢志不移，却总受到投降派的诋毁，孝宗对他苦口婆心的劝说也只是应付，胡铨便于乾道七年（1172）求归，临行还再三嘱托孝宗要“归陵寝，复故疆”，忠心可鉴。

淳熙七年（1180 年），胡铨临逝前没有什么财产分给儿子们，只是口授“遗表”，其中仍有“为厉鬼以杀贼，死亦不忘”的内容。

3. 钱沣：平生最恨是“硕鼠”

“三年清知府，十万雪花银”，这是对清朝吏治腐败的形象概括。乾隆四十年前后，满汉官员贪黩腐败，已发展到令人发指的程度，大案要案连绵不断，自西北之甘肃至东南之福建，遍及各大省，案犯自总督、巡抚以下，涉及司道诸大员，督抚下通州县，上接朝臣，上下通同作弊。个个贪官像硕鼠，盗粮自肥，中饱私囊，渐渐掏空了清王朝的府库。整个官场如同一个污浊的大染缸，少有清白者。钱沣是当时少有的“出污泥而不染”者中的一个，他痛恨那些面目可憎的“大老鼠”，从维护清朝统治的立场，向“硕鼠”发起了猛攻。

多行不义必自毙，贪官王亶望等人掉了脑袋。钱沣顺藤摸瓜，使纵容下属贪赃枉法的两江总督毕沅受到降级处分。

乾隆三十八年（1773 年），乾隆帝巡幸天津，此时王亶望在天津为官，为了给皇上留下深刻的印象，为给自己找一座最为坚不可摧的靠山，他煞费苦心地给乾隆帝进贡了一尊纯金如意，上面镶有名贵珠宝，精美绝伦，价值连城，但是皇上没有接受，其出手阔绰也没引起任何人的重视。

次年三月，陕甘总督勒尔谨以甘肃民贫地瘠，储粮不足，而边地灾荒多需赈灾为由，奏请按旧例收捐纳监生的本色粮，作为备荒赈恤之用。当时大学士于敏中管理户部，即行议准，奏请乾隆允行。于敏中又奏调浙江布政使王亶望为甘肃布政使协助办理。此任让王亶望着实大发了一笔横财，正是这笔横财使他七年后人头落地。

王亶望到任后，以仓储未实为辞，向总督勒尔谨请求各州县皆要收捐，以此中饱私囊。但粮食再多也只是粮食，既不便于储存，又占地方，而且不能随意使用，最方便的办法是把收粮变成收钱。于是王亶望依仗于敏中和勒尔谨的庇护，改收监本色粮为折色银两，并听任兰府知府蒋全迪"将通省各属灾赈，历年捏开分数"，"酌定轻重，令州县分报开销"。于是各地连年虚报灾荒，具结申转，名为捐粮赈灾，实际是各级官员将捐纳银两私分。精明的王亶望要为自己撑起一把保护伞，当然要把银两多多地送给上司勒尔谨。钱是好东西，看着白花花的银子，得要多少年才能挣到手啊，勒尔谨矜持地笑了笑，半推半就地收下了。当然，估计他们这时也忘不了于敏中。

此事并非天衣无缝。此议刚行半年，王亶望曾上疏乾隆帝，说收捐一万九千名，得豆麦八十二万斤。乾隆帝当时就有疑问：甘肃贫困，区区半载，竟有近二万人捐监？且有如此多的余粮？余粮众多，年复一年，都用来做什么？乾隆帝以他的疑问责问勒尔谨。受人银财，替人消灾，况且事情如果败露，他勒尔谨也难逃其咎。因此，他使出浑身解数，凭借三寸不烂之舌，说甘肃多旱灾，粮食都用来赈灾了，好歹掩饰了过去。乾隆虽不再责问，但也疑虑未消，便敲山镇虎地说：尔等身在其位，自当尽力稳妥办事！但是白花花的银子使他们利令智昏，再说，当官不捞钱那何必要当这个官呢？加之他们上下串通一气，自认为保险系数很大，皇上不是也被蒙混过去了吗？他们更加肆无忌惮了。

乾隆四十二年（1777 年），王亶望被提升为浙江巡抚，王廷赞继任布政使，他沿着王亶望的足迹更进一步，将私收折色银一事专交兰州府承办，并公议每名监生捐银五十五两，此项专银，由首府分发各州县。这样，全省各地大小官员沆瀣一气，通同作弊，集体私分。"各州县亦视侵冒官项为故常，竟无一人洁己奉公"。

多行不义必自毙，他们的丑行在一个偶然的机会败露了！

乾隆四十六年，大学士阿桂到浙江巡察水利设施的建设，发现杭嘉湖道王燧贪纵，且原嘉兴知府陈虞盛亦贪纵浮冒，便怀疑其上司、巡抚王亶望庇护他们，否则，他们不可能有如此胆量，也不可能不被发觉，便拘捕王燧。恰在这时河州回族苏四十三作乱，勒尔谨作战失利，亦被逮。乾隆命大学士阿桂和尚书和珅先后视察军队作战情况，阿桂与和珅报告甘肃境内多雨，他们前行迟缓。乾隆帝对甘肃折捐的事一直有疑问，此时他想到勒尔谨对他说甘肃多旱灾的话与阿桂、和珅的禀告正相反，更加怀疑勒尔谨报旱情况不实，便立即派阿桂与总督李侍尧查实。经过一番明查暗访，真相大白。乾隆帝大怒，即派侍郎杨魁会同巡抚陈辉祖拘问王亶望，并抄其家，结果抄出金银逾百万两。此时热河的习习凉风也压不下乾隆帝的冲天怒气，他发出指令，立即逮捕王亶望、勒尔谨、王廷赞至热河，严加讯问。得知各州县均伪报旱灾，且贿赂上级达千万两之巨。这个数字让朝野震惊，乾隆帝朱笔一挥，命斩王亶望，赐勒尔谨自裁，王廷赞论绞，命兰州斩蒋全迪，命阿桂按治各州县，冒赈在二万两以上者皆斩首。结果先后处死各级官员约六十人，另四十六人发往伊犁、黑龙江等地充役，遇大赦不得援例宽释。乾隆帝又想起此事最初是由现已亡故的于敏中力主所办，而于家家资雄厚，定是王亶望等的贿求赂谢，所以将于敏中牌位搬出贤良祠，以昭儆戒。

至此这个案子已经结束，该杀的该罚的都各得其所。但有一个人想到了一些别人没有注意到的事：如此庞大的一个贪污集团公开冒赈，毕沅身为两江总督为何置之不问呢？

钱沣时任江南道御史，是参加考试考取的。御史是一个贪官们闻风丧胆的官职，也是一个肥缺，只要稍有暗示，甚至没有暗示，只要愿意接受，财源便会滚滚而来。但就有不被金钱所动的人。王亶望的案子让钱沣想了很多：此案固然是王亶望违法所致，但王亶望仅是布政使，而作为毕沅，身为两江总督，与王亶望同居一城，王亶望行贿受贿数额巨大，牵涉的人又如此多，难道毕沅没有丝毫风闻？假若毕沅能够发现并加以制止，朝廷损失不至于如此惨重，也不至于有如此多的人被绳之以法。虽然不敢肯定毕沅一定收受贿赂，但起码应是失职之罪。假若官员们都纵容下属贪赃枉法，那大清国怎能长治久安呢？自案发以来，此事一直困扰着他，最终他上疏皇上，言明所想，恳请能比照治罪。乾隆帝当然明白贪污腐败对他统治的严重威胁，他也想把“硕鼠”们赶尽杀绝，斩草除根，况且钱沣言之凿凿，句句入理，所以便降毕沅三品顶戴。

对钱沣的直言上谏，乾隆帝很赞赏，大清的江山社稷就是要靠这类人去维护，他需要他们。乾隆的赞誉使钱沣得到莫大的精神鼓舞，钱沣认为自己生逢明君，真乃一大幸事。“士为知己者死”，为报乾隆的知遇之恩，钱沣当然要更加尽心尽责，无私无欲地服务于大清。

钱沣与刘罗锅联手，跟大学士和珅斗智斗勇，查处了贪婪无厌的山东巡抚国泰。

御史的职位使钱沣养成了习惯，特别注意那些蛀虫、硕鼠，他要把他们清除掉。钱沣善画马，他画的马飞腾飘逸，勇往直前。画如其人，这也是他的个性写照。

乾隆四十七年四月，钱沣经过顺藤摸瓜的缜密的调查取证，掌握了山东巡抚国泰、布政使于易简吏治废弛、贪婪无厌，各州县府库亏缺的事实，便上疏劾奏。

乾隆已被屡屡出现的贪污案搞得焦头烂额，内心极为忧虑恐惧，他明白“千里之堤溃于蚁穴”的道理，对钱沣的上奏，他丝毫不敢懈怠，决定派大学士和珅、左都御史刘墉（即刘罗锅）携钱沣同往山东调查核实。

这里有必要介绍一下和珅。

和珅自幼聪明能干，人也长得英俊潇洒。乾隆三十四年，他在銮仪卫当差。一天，乾隆帝要出去，仓猝间当差的人找不到“黄盖”，乾隆很生气，就用《论语》上的一句话问：“是谁之过欤?”其他人面面相觑，不知如何回答，只有和珅巧妙地用《四书》上的注解“岂非典守者之过邪”加以回答，乾隆帝见此人容貌英俊又知书识礼，转怒为喜。这偶然的小事改变了和珅的命运，成为他日后腾达的基石。凭着他的机灵乖巧，他步步高升，而且越来越得皇上的喜爱，皇上赐婚其子为公主额驸，使和珅更是身价骤增，开始了他长达二十年祸国殃民的政治生涯。

国泰敢于把府库的银两搬到自己家中，可谓胆大包天，但他也有精细之处，就是选中了和珅作为自己的同盟。以和珅的地位背景，谁敢与和珅作对？即便有人敢，也如蚍蜉撼大树。为了巴结和珅，他绞尽脑汁，送上花样繁多的礼品让和珅耳目一新，他送给和珅的银两恐怕也是个天文数字。金钱把他俩连在了一起。

听到钱沣弹劾国泰，和珅也着实吓了一跳，国泰获罪，连累到他怎么办？况且从钱沣弹劾毕沅，他就注意到钱沣不是个容易对付的人，而且同行的刘墉也不是省油的灯。他决定先做两件事。

一是暗遣家仆送信给国泰，让他早做准备。出乎他意料之外的是此信被钱沣截获，真是“道高一尺，魔高一丈”。钱沣“搜得私书，中多隐语”。

二是派人把钱沣请到了他的府邸。他恩威并施，含蓄地表示希望钱沣能认清形势，分清轻重得失，考虑自己的前途命运，最后授意钱沣为国泰弥缝。钱沣只是说：“且到山东再看。”和珅认为钱沣应该心中有数。

走出豪奢的和府，钱沣感到了巨大的压力，案子还没开始办，和珅已经出面清楚地指出了案子的结局，钱沣当然也就明白了他们的瓜葛，他感到进退两难。和珅是朝中最有实权、最为显赫的人物，朝中自亲王以下，大多都向和珅行贿求庇护。如果捅了这个马蜂窝，又被他们蒙混过关，拿不出真凭实据，自己将性命难保。即使抓住了狐狸尾巴，恐怕也只有国泰毙命，难损和珅毫发，那自己今后的境况也难以预料；如若听从和珅，上对不起国家社稷和乾隆帝的信任，下对不起黎民百姓和自己的良心。该怎么办呢？夜已经很深了，钱沣仍在院中徘徊。他突然想起了此次也将与他同行的刘墉。他早就听说过刘墉的刚直不阿及由此造成的仕途坎坷，虽素无深交，但他像敬重自己的父亲一样敬重刘墉。他见过刘墉的书法，用墨厚重，貌丰骨劲，他相信字如其人。他迫不及待，不顾已是深夜，敲开了刘墉的大门。刘墉披衣迎接，四目相向，无言而笑，这一笑包含了太多的心照不宣的内容。当清晨钱沣从刘墉府中走出来时，步履轻快，神情安然。

一行人来到山东历城，钱沣和刘墉下车伊始即要盘库核对银两，和珅则提出不用全数核对，只抽盘数十封，若无短缺就可以打道回府了。和珅的用意钱沣、刘墉自然明白，为了表示对上级的尊重，也为了避免当面冲突而节外生枝，钱沣表示赞同，等到和珅回馆舍后，钱沣即命封库，次日全面核实。

国泰对钱沣的弹劾不以为然，况且皇上又派和珅同来，更是老天要助他一臂之力，有什么可担忧的呢？只要把他们几个人照顾服侍得舒舒服服，那还不成吗？大不了临走再多奉送些银两礼品，破财免灾嘛。因此，他只是从商铺中暂借来些散碎银子，放在府库中充充数，遮人耳目，别让钱沣、刘墉太为难罢了。他也相信刘墉、钱沣不会太死心眼，自己跟自己过不去，得罪了和珅对他们自己没有任何好处。相反，如果放他一马，他们自然会升官发财，谁会跟官位钱财作对呢？国泰相信“人为财死，鸟为食亡”的道理，不是连尊贵的和珅也爱银子吗，小小的刘墉和钱沣当然也不会例外。所以他也压根没拿封库查实当成一回事。

库银应是五十两一铤，而从商人处借来的多是圆丝杂色银，明眼一看便知。钱沣即刻贴出告示：借出银子的商人若不在规定的时间内按数取回，银子将一律充公。哪个商人会把自己辛辛苦苦赚来的钱白白地充公呢，况且借出银子非他们自愿，只是迫于国泰的淫威不得已罢了。结果，库藏为之一空。这一招太绝了，杀了和珅、国泰一个措手不及。和珅认为他已经对钱沣表示得非常清楚了，钱沣会按他的指示去办，所以他呆在国泰为他安排的华屋内，享用着国泰精心为他准备的节目。消息传来，聪明的和珅顿时愣住了，他仿佛不明白发生了什么，脑子一片空白，已不能正常思维，因为这太离谱了。

而国泰，一直都没把钱沣放在眼里，当面指着钱沣的鼻子辱骂：“你是什么东西，敢来审我。”怒不可遏的刘墉抬出皇帝钦差的招牌，命人打了国泰几个耳光，才压下了他的嚣张气焰。

接下来的一切就比较顺利了，很快就初步查明事实。历城县知县郭德平一人即亏空四万两，章丘、东平、益州等县库皆多有亏空，又查出国泰任意索贿盈千累万，其中国泰一次索银八万两，而布政使于易简逢迎阿附国泰，一任县库亏空，扶同作弊。

钱沣的汇报让皇上震惊，乾隆命令将国泰、于易简、郭德平等革职拿问，任命直隶布政使明兴为山东巡抚，太常寺少卿孙士毅为布政使，进一步详细调查。他们奏称山东各州县均亏空，竟至二百万两之多。皇帝命在狱中与国泰等人核实，追问银两去向。国泰等抱着求生的最后一线希望诡称亏空是因为办理王伦“逆案”。皇上说：“王伦滋事之案，办理不及一月，即使挪移，何至有二百万之多?”随即命国泰、于易简狱中自裁。但遗憾的是，国泰至死也没弄懂为什么钱沣放着高官厚禄不要，非要除掉他。国泰是不明白，他要带着这个问题去另一个世界继续去寻找答案了。

令人不解的是，在办理整个案件中上窜下跳的和珅是如何在皇上面前弥缝的，他竟然毫发无损。钱沣、刘墉为何放过了对他们办案设置重重障碍的和珅？和珅、刘墉、钱沣都已作古，也许他们将永远地带走谜底。

乾隆帝为嘉奖钱沣的忠直，提升他为通政司参议。钱沣在叩谢皇恩时，脸上没有喜悦。查出的案子如此，不知还有多少硕鼠躲在阴暗的角落里继续干着不可见人的勾当。钱沣为大清的明天担忧。

钱沣稽查军机处，令大贪官和珅坐卧不宁。有传言说：是和珅下毒害死了钱沣。

乾隆帝自幼生长于深宫，不谙世事，不同于康熙、雍正二帝。他即位后，力求建功立业，以媲美于乃父乃祖，这样就为六十年间的统治带来两方面的影响：一方面是，他在位期间力图有所作为，继述祖业，因而大致上使清保持了前朝的国事；另一方面又好大喜功，崇尚浮华。特别是晚年重用和珅，使清王朝由盛而衰，表面的强盛掩盖着内在的虚弱，歌舞升平的背后蕴含着危机。

乾隆四十一年，和珅以户部侍郎入值军机，四十四年晋户部尚书。大学士阿桂领军机。阿桂是大学士阿克敦之子，是满洲望族。阿桂屡次受命参予对准部、回部战事，先后授内大臣、工部尚书、伊犁将军，历任四川及云贵总督，又为副将军领兵对缅甸及金川作战。乾隆帝曾前后四次图功臣于紫光阁，阿桂四次皆入选，是功勋卓著的重臣。乾隆四十六年，阿桂奉命视师，镇压甘肃回民苏四十三起义。和珅为钦差大臣，先往督师作战，和珅视若畏途，一路磨磨蹭蹭，至军后又因指挥失利致使军败。阿桂到后寻问原因，和珅委过于将领不听指挥。结果阿桂指挥，诸将响应，阿桂便责问和珅："诸将并不怠慢，败阵应该杀谁?"阿桂上报皇上和珅指挥失利及隐瞒将领图钦保因阵亡之事，从此两人结下怨恨。乾隆五十一年，和珅授为文华殿大学士，与阿桂、嵇璜同列宰辅。阿桂始终蔑视和珅，连上朝也相距十几步，以示耻与同列。但阿桂连年奉命在外治理水患，在朝日短，而嵇璜年迈不理朝政，和珅遂得专擅中枢。此后，状元出身的王杰补大学士。一日在朝房，和珅握着王杰的手开玩笑说："你的手真软。"王杰正色说："我的手虽好，但不会弄钱!"讽刺和珅贪婪。但王杰只管礼部，并无实权。所以事实上的大权掌握在和珅手中。军机处的宰辅们各怀心思，离心离德。

对宰辅们的不团结与隔阂，朝中大臣们都非常清楚，但谁也不敢去碰他们。只有钱沣对他们不能齐心协力为朝廷办事深感忧虑，终于在乾隆五十八年上疏，请敕他们同至军机处，不要各自为政。乾隆帝一直对钱沣非常信任，而且重视钱沣的上疏。正因如此，和珅才没敢轻易对钱沣下手。这次，乾隆帝为了告诫诸大臣应合力办事，特命钱沣稽查军机处。

和珅本来就讨厌钱沣，山东的案子使他虚惊一场，此次他又插手军机处，他不敢想象下一步钱沣又会做出什么令他大吃一惊的事，他也不愿让身边埋着一颗不知何时会爆炸的炸弹。碍于皇上对钱沣的信任，又无法直接下手。他只好暗暗地把艰难劳苦的差事委于钱沣。钱沣正直清贫，衣裘单薄，通宵达旦地埋头于这些艰难劳苦的事务中，仅仅在军机处稽查了两年便染疾身亡了。还有一种说法就是和珅知道钱沣要弹劾他，为了保全自己，遂毒死了钱沣。

嘉庆四年（1799 年）正月初三，太上皇乾隆寿终正寝。正月初五，和珅被弹劾弄权舞弊、僭妄不法。初八，嘉庆帝传旨将和珅革职拿问，十七日，公布和珅贪污受贿总额约八亿至十亿，这个数字比清朝十年国民收入总和还要多。嘉庆帝又宣布了和珅的二十条罪状，在十九日赐和珅自尽，距离乾隆过世仅十六天。

令人遗憾的是，钱沣没有亲手抓住这只巨鼠，但是和珅最终没能逃脱制裁，钱沣该瞑目了。

4. 林则徐：一生辉煌在禁烟

道光十九年四月二十二日（1839 年 6 月 3 日），在虎门海滩的一个高台上，一个身材矮胖、身穿官服、神情庄严的钦差大臣在隆隆的炮声中发出了震撼世界、震撼历史的声音：销烟开始！一箱箱鸦片被倒入销烟池，一眼望不到边的人群中爆发出经久不息的兴奋的呼喊声，如初夏的雷鸣！熊熊的烈火夜以继日地燃烧了二十三天，它燃起了中国人民不可凌辱的反抗精神，它烧得英国伦敦天昏地暗，它烧掉了鸦片贩子和包庇走私者脸上的血色。同时，烈火也铸就了一个响亮的名字——林则徐。

父母是子女的第一任教师，良好的家世和教育，使林则徐一生受益无穷。

父母是子女的第一任教师，父母的思想行为对子女的成长起着非常关键的作用，甚至会影响孩子的一生。

林则徐的父亲林宾日因家庭贫穷，直至十三岁才入私塾，二十九岁考上生员，第二年补廪生，近五十岁才选为岁贡生，但终未中举人，为了养家糊口，只好以教书谋生。虽然科举耗尽了林宾日的青春，但他却有别于那些读八股入魔的穷酸秀才和平庸迂腐的私塾先生。他是一位作风正派，行为正直的知识分子，在二十年的塾师生涯中，他“不妄与一事，不妄取一钱。……里中有豪猾者，欲延府君课子，不惜厚聘”，但他“疾其衺行，坚却之，众以为讶”。这种不为重利所动的气节很容易使人联想到在禁烟中林则徐拒绝贿赂的行为。

林宾日像所有望子成龙的父亲一样，希望儿子能够顺利地开启科举考试的一扇扇大门，有出息，有本领，做官从政，光宗耀祖。在林则徐刚刚三岁时，便无论阴晴雨雪，林宾日每天抱着儿子到自己教书的私塾去，让林则徐坐在自己的膝上，用胳膊揽着林则徐，口授四书五经。春来暑往，林则徐在父亲的膝上渐渐长大了，从懂事起，他就明白父亲所教授的东西是取得功名必不可缺的，一定要刻苦攻读。林则徐之所以后来在科举的路上能比较顺利地过关，是父亲的启蒙教育为他奠定了厚实的基础。日后，林则徐在为官期间能有实事求是、脚踏实地的工作作风，与父亲的影响是分不开的。

林则徐的母亲是一位吃苦耐劳的妇女。林则徐兄弟三人，姐妹八人，生活非常拮据，母亲便靠剪做纸花赚些钱贴补家用。这种手工劳动非常劳累，花费时间很长，为了能多剪一些，母亲经常通宵达旦地劳作。懂事的林则徐非常心疼母亲。曾多次要求帮母亲做，但都遭到母亲严厉地拒绝："男儿务为大者、远者，岂以是琐琐为孝耶？读书显扬，始不负吾苦心矣！"生活的艰难，母亲的辛苦，让少年林则徐刻骨铭心。林则徐为官后所做的许许多多赈济灾民、减轻赋税、为百姓奔走呼号的事情，怎能说不与他脑海中母亲寒冬剪纸的一幕紧密相联呢？

林则徐没有辜负父母的苦心培养，聪敏好学的他在十二岁时即取得了府试第一，十三岁补弟子员，进入当时福建的最高学府鳌峰书院学习，到十九岁时考中举人离开，在这里学习了六年。鳌峰书院的院长郑光策是一位讲究人格气节，注重经世致用之学的学者。乾隆四十九年（1784 年），乾隆帝下江南时在杭州召试文人，由和珅主考。和珅为了表示自己的至高无上，让被召试的人员把试卷交在他的脚凳上，这样每个交卷子的人都要在和珅面前弯腰屈膝。郑光策认为这是对应试人员的污辱，不顾和珅权高势重，拂袖而去，使和珅目瞪口呆。郑光策在主讲鳌峰书院时，"勤于启迪，严而有法"，从而使"人才奋发"。他教育学生的宗旨是：以立志为主，谓"志定而后教育有所施"。郑光策的教育思想使林则徐受益匪浅，在郑的严格教育下，林则徐不仅汲取了经世致用之学的文化养料，而且熟读了古代典籍，研习了八股文章，为迎接乡试做好了充分的准备。

同时，林则徐还通过父亲林宾日认识了著名学者、年长他十四岁的汉学家陈寿祺。陈先生是一个对汉学、宋学有相当造诣的学者，与当时为考据而考据的文人有本质的差别。陈先生对聪敏好学的林则徐非常欣赏，彼此交往密切。陈先生对当时具有某些维新趋向的今文遗说有研究，因此他们在一起不仅研究学术，而且还交流政治见解，非常投机，成了一对“忘年交”。

林则徐的家庭出身和早年所受的教育对林则徐的一生产生了重要影响。陈胜粦先生在《林则徐的家庭出身及早年所受的教育影响》一文中总结了三方面的影响：

> 第一，由于家世和生活境遇的刺激，使林则徐早熟，对社会现实比较敏感，从而亦使他早年起就对民间疾苦有可能比较了解和重视。……
>
> 第二，即在早年困难的物质生活中有较深切的体会，在长辈的教育影响下，势必又使林则徐在接触到现实生活时，对当时腐败的吏治，有较深刻的认识，从而亦使他早年便对清朝官场贪污腐化的现象，颇为不满，且比较正视和注意。……
>
> 第三，比较良好的教育影响，还使林则徐一开始就倾向于经世致用之学，并接受近代今文经学的熏陶，从而亦使他的思想，有可能一开始就朝着比较开明和进步的方向发展。……

陈先生的论述揭开了林则徐之所以与一般的封建官僚不同的一个重要原因，即其早年所受的教育和家庭出身的影响。正因为有了早年这块坚固的基石，才决定了林则徐一生的命运走向。

送给福建巡抚张师诚的一张贺禀，开启了林则徐步入仕途的大门。八年的京官生活，磨炼得他更加成熟。

嘉庆九年（1804年）秋，林则徐参加乡试，中第二十九名举人，其才能已受到同乡前辈的器重和赞誉。中举人，是当时士子走上仕途的必经之路，林则徐中举，使他往仕途上又靠近了一步。

嘉庆十一年，林则徐被厦门海防同知房永清聘为书记，跨出走入社会的第一步。厦门海防同知主要管理海口的商贩、洋船的税收，台运米粮，监放兵饷，审理地方词讼等方面的事宜。厦门的对外贸易始于雍正五年，到嘉庆时，已成为非常繁盛的港口。由于闽广一带与各国通商最早，鸦片走私也从此地开始，至嘉庆时，鸦片走私已呈一定规模，吸食鸦片的人数日增，人们对鸦片的危害也有较清醒的认识：丧威仪、失行检、掷光明、废事业、耗精血、荡家资、亏国课、犯王章、毒子孙。尽管林则徐在此工作仅数月，但细致的林则徐肯定会注意到鸦片对社会的危害。林则徐应从这里最早了解到对外贸易，了解了中国人怎样与外国人打交道。

嘉庆十二年的春天，按老百姓的说法，林则徐命中的贵人出现了，这个贵人就是刚刚由江西巡抚调任福建巡抚的张师诚。

刚刚到任的张师诚在除夕之夜翻阅福建各地方官员呈上的新年贺禀，其中一份字迹清秀工整、颇有文采的贺禀引起了他的注意，落款上工整地写着：厦门海防同知书记林则徐。张师诚连夜派人把林则徐急调入署。惴惴不安的林则徐不知是福是祸，但他一再告诫自己要沉着冷静。见面后，张师诚态度和蔼地告诉林则徐代他起草几份给不同官员的回禀。林则徐虽然不知巡抚大人的用意，但还是认认真真地埋头写起来。时间不长，林则徐将写就的回禀请张师诚过目，张师诚非常满意，简直是大喜过望。

林则徐过人的才学、虚心好学的精神、不卑不亢的态度赢得了张师诚的赞赏，他当即决定调林则徐入巡抚幕，司笔札。这个除夕无疑成为林则徐一生中最为难忘的除夕。

随后的四年里，林则徐在张师诚的赏识培植下，不仅涉猎了清朝的法令典章和兵刑大政等方面的知识，而且还接触到了一些鲜为人知的秘闻，为他日后成为一名出色的官员准备了条件。

一张贺禀开启了林则徐一生中一个重要的时期。值得注意的是：身为厦门海防同知书记的林则徐，无论从礼节上或惯例上似乎都无必要给巡抚写贺禀，这恐怕要归于林则徐的周到和精明，这与他后来在禁烟中采取的灵活态度似乎有一致性。张师诚在众多贺禀中唯独欣赏素昧平生的林则徐呈送的一份，实在太偶然了，难道冥冥中真存在一只命运之手？

嘉庆十六年春，林则徐第三次参加会试，榜列第七十四名，复试一等，殿试二甲第四名，朝考第五名成进士。二十七岁的林则徐终于实现了自己与父母亲的夙愿，其欣喜可想而知。

林则徐中进士后，入翰林院，开始了八年的京官生涯。虽然匡时济世的理想与他的抄抄写写的工作之间有很大的距离，他还是竭心尽力地做好份内的事情。他曾被派为江西、云南乡试的考官，对此事，他态度非常认真。他仿佛从士子们忐忑不安、望眼欲穿的神情中看到了父亲屡困场屋的怅惘和失落。为了不让任何一个有才学的人曲枉落榜，他慎之又慎，不但对已被推荐的卷子逐篇分析、圈点、评判，对未被推荐的文章，也是一一朱笔批点。当时以如此认真的态度对待科试的人并不多。这种认真态度成为他一生做事的原则。

林则徐在由京赴滇主持乡试时，沿途拜谒了许多历史名人的遗迹。其实，他早年对我国历代民族英雄和爱国者便心怀敬佩。在他于鳌峰书院学习时，就时常与同学集会于北宋抗金名相李纲祠中，并在离开家乡前往厦门时修葺李纲墓。而在此后的宦游生活中，只要有历史英雄留有遗迹的地方，他必然前去瞻仰。此次途中他便写了《汤阴谒岳忠武庙》，表达对民族英雄岳飞的敬慕及对南宋王朝的失望：

不为君王忌两宫，权臣敢挠将臣功。
黄龙未饮心徒赤，白马难遮血已红。
尺土临安高枕计，大军河朔撼山空。
灵旗故土归来后，祠墓犹严草木风。

历史英雄的故事一直强烈地震撼着林则徐的灵魂，范仲淹“先天下之忧而忧，后天下之乐而乐”的思想，岳飞“待从头收拾旧山河”的勇气，文天祥“人生自古谁无死，留取丹心照汗青”的气概，于谦“但愿苍生俱饱暖，不辞辛苦出山林”的怀抱……形成了林则徐难以割舍的对历史民族英雄的敬仰、向往的情结。

在去昆明主持乡试的途中，曾遇连日大雨，河水猛涨，渡河十分危险，林则徐与随从们蜷曲在船中，一愁莫展。而这时，当地百姓听说洪水阻隔了主考大人的行程，冒着生命危险拉纤帮助他们渡河。看着身着破衣烂衫的农民在风雨中，在泥泞的河道上，拉着纤绳、弓着背、赤着脚，艰难地一步步前行，他的眼睛湿润了。多好的百姓呀，作为一名官员，只有恪尽职守，为百姓办好事实事，才能无愧于他们在风雨飘摇中的帮助。此后的路途中，林则徐更注意考察各地的民生疾苦。他在日记中记下了许多地方旱涝的情况，当干旱了四十多天的某地在夜间下起大雨时，读书未眠的林则徐竟然高兴地跑入院中，欣喜若狂地任雨水打湿衣衫，像一个纯真的孩子。

翰林院是清政府收存图籍和进行编著的机构，林则徐有机会接触到内阁秘藏的有关典册，丰富了对政事、典制等方面的知识，并进行了一定的研究。特别是漕运问题引起了林则徐的重视。

在清代，漕运存在诸多弊端，也曾有许多人试图革除弊病，但它还牵涉到屯政、河防等问题，而且，发漕运财的官员也不断设置障碍，因此无甚成效。林则徐在大量阅读治河和漕运图籍的基础上，仔细研究前人提出的在京畿附近兴修水利、种植水稻的方法，终于酝酿完成了著名的《畿辅水利议》草稿，即在直隶一带大兴水利，种植水稻，就地取粮，彻底解决漕运问题。林则徐的这一发展经济的改革方案，表明他已把着眼点放在国计民生上，试图改变北方水旱成灾，民众啼饥号寒的惨象，同时，解决清廷漕运弊端，防止库银流入私囊。在初登仕途之际，林则除即注意到弊政，并提出切实可行的改良意见。

官场交往是为官者无法回避的。林则徐不是书呆子，他是一个比较精明灵活的人，他也知道官场交往对日后仕途的影响，他当然对一纸贺禀给他带来的转机记忆犹新，所以他决不只是闭门读书，而是主动结交一些对他发展有帮助的人，清官入世，无可厚非。林则徐与同乡郭尚先研究经世致用之学，和军机大臣共谈掌故，给座师曹振镛祝寿，在“宣南诗社”的前身“消寒诗社”与东南沿海各省的京官唱和……

八年的京官生活，林则徐矢志做一个好官，并小试锋芒。八年中，其智慧与才学并长，练达与明世并进，他变得更加成熟，准备迎接他生命中即将到来的重要时期。

林则徐外出任职十几年，道光帝称赞他“没有毛病”。他的理政才能日渐得到认可。

嘉庆二十五年初，林则徐被授江南道监察御史，走上了亲自实现自己理想的道路。

当时，河南仪封南岸的水利工程没有按时完工，洪水来临时，无家可归的灾民遍布荒野，林则徐忧心如焚，即刻前往调查，发现是由于贩运筑堤材料的投机商囤积居奇，牟取暴利，造成材料供应不及时所致。林则徐当即提出“命令地方官吏严厉查处奸商，以平价收买材料，切实保证工程用料”等建议。这一建议得到嘉庆帝的允准，并付诸实施。但林则徐建议中指出的各种弊端矛头直指当时因负责水利工程失败被夺职的河南巡抚琦善！这是林则徐与琦善的第一次交锋，也为日后琦善在禁烟问题上陷害林则徐埋下了伏笔。

不久，林则徐由江南道监察御使改任为杭嘉湖道。林则徐到任后即修海塘、兴水利，整顿吏治，他勤奋务实的为官之道，既得到当地民众的称颂，也为道光帝所肯定，被道光帝称赞为“没有毛病”。

道光三年（1823 年）春夏季节，江苏连降暴雨，河水猛涨，临江濒湖的几十个州县相继被淹，房屋倒坍，田产尽没，灾民遍地，衣食无着，境况凄惨。饥民无以为生，便聚众告灾，要求发放赈米。江苏巡抚韩文绮面对急于求食、汹汹将变的灾民，惊恐万状，连夜调兵遣将，准备用武力弹压灾民。林则徐时任江苏按察使，并不专管赈灾事宜，但他得知这一消息，深感事态严重，倘若发生武力冲突，后果不堪设想。他即刻亲往灾区安抚灾民、解救灾荒。还推行“当牛”的办法，农民可以把牛抵押给政府收养，第二年以原价赎回。这些措施不仅化解了一触即发的危机，灾民也得到很大实惠。此事的妥善办理，使林则徐声誉鹊起，被百姓称为“林青天”，道光帝也为有这样一个为他解忧的大员感到高兴，称他“办事亦好”，并擢升为督抚以示奖赏，还殷殷嘱托他要“勉为良臣”。面对百姓的信赖、皇上的期望，林则徐决心继续殚精竭诚，为国家效力，为百姓呼号。

林则徐奔波于大江南北，无论是兴修水利、赈灾济民，还是严肃吏治，都尽心竭力。他上疏说："察吏莫先于自察，必将各属大小政务，逐一求尽于心，然后能以验群吏之尽心与否。如大吏之心先未贯彻，何从察其情伪？臣惟持此不敢不尽之心，事事与僚属求实际。"正因为林则徐的一身正气，两袖清风，使贪官污吏"望风解绶"，就连"封疆大吏"也"皆折节倾心下之"。道光帝颁诏嘉奖他，"勉以力行"，"一时贤名满天下"。

作为一个封建官僚，林则徐的可贵之处在于并不是一味迎合皇上。他始终念念不忘的是做一个"好官"，当为百姓呼喊而遭皇上训斥时，他置个人利害于度外，坚持为民请命。

道光十三年，林则徐任江苏巡抚，七、八月间，上元、江宁等六个产粮县水灾严重，"田庐淹没，栖食无资，民间积淹日久，困若倍形"。林则徐认为"若俟勘定灾分再请接济，实属缓不济急，自应先行抚恤，俾免流离失所"，并要求缓提"旧欠"，"酌缓新赋，以纾民力"。道光帝指责他"不肯为国任怨，不以国计为亟"。皇上的斥责使林则徐的内心很不平静：自为官以来，他竭尽心力，披星戴月为朝廷分忧解难，即使母亲去世，仍身穿孝服辗转奔波于水利工地上。这许多年来，对朝廷忠贞不二，从未有过片刻的懈怠，哪怕疾患缠身，仍然不辞辛劳。现在请求减缓漕赋，也是为了稳定灾民，进而安定社会，是为了朝廷的利益。可皇上为什么不能明察自己的一片苦心？别人的误解和指责可以置之不理，但这种指斥来自皇上，那就非同一般了。林则徐感到委曲，他坐在昏暗的灯下，满脸的疲惫和忧伤。

夜深了，灯光暗淡，外面的雨淅淅沥沥下个不停，他很自然地又想到了灾民，他们将怎样度过这漫漫长夜？或许，皇上并不了解灾情的严重，或许皇上正被繁杂的国事所困扰，林则徐想起皇上对自己的嘉奖和器重，他为自己抱怨皇上而自责，他要一如既往地为国家尽忠尽责。林则徐拿出纸墨，感情真挚地道出民众困苦不堪的惨象，他说："国计与民生，实相维系，朝廷之度支积贮，无一不出于民，故下恤民生，正所以上筹国计"，最后，言明"多宽一分追呼，即多培一分元气"。这一道言辞恳切的奏章呈上后，皇上仍将信将疑，下令让陶澍印证复奏。陶澍此时任职两江总督，与林则徐志同道合，私交甚好。林则徐反复向陶澍申明：百姓性命攸关，一定要如实上奏。为了不牵连陶澍，他表示“有应得处分，自当独任其咎”。

就在当年的九、十月间，太仓、镇江、嘉定等州县，又连遭暴风雨袭击，“已刈在田之稻，无以晒晾，霉烂生芽。木棉先结花铃，多已脱落，即晚结之铃，亦经腐烂，收成失望”。十一月初，太仓等地的灾情发展得更为严重，林则徐不顾报秋灾不出九月的定例，上奏请缓新赋：

> 总之，民生彫敝之际，官斯土者无不棘手焦心，惟矢此一片血诚，上以宣皇仁而下以结民信。局中之苦，不敢求谅于旁人，所谓及之而后知，履之而后难也。臣惟有恪遵圣谕，查核加严，不敢市惠以沽名，亦不敢因噎而废食，总使有司畏朝廷之法，则积弊去而吏治清，小民感君上之恩，则元气培而本根固，庶以仰副我圣主察吏安民训诫谆谆之至意。

其以拳拳之忱力纾民困的精神令人感佩。十一月十三日，林则徐不顾朝廷的诘难，单衔密奏，历陈江苏连年灾歉之重，钱漕之累及社会的动荡不安，坚请缓征漕赋。从这里看出，林则徐不像一般尸位素餐的官僚，对赈灾例行公事，漠不关心，而是实实在在认认真真地展开工作。林则徐的所作所为自然得到世人的赞誉：

> 沥血磨残墨一丸，雪封官阁晓钟寒，
> 分明心悲穷黎苦，不似寻常请圣安。

林则徐不愧是精明干练的人才，以至于得到皇上的赏识和朝野上下的认可，他的政绩也令人刮目相看。正因为有这一段经历，才会有后面的故事。

道光十七年，林则徐被任命为湖广总督。广州是当时鸦片走私最为猖獗、吸食人数最多的地方，林则徐上任后首先面对的就是鸦片。

鸦片走私自嘉庆早期就存在，只不过当时数量较少，影响较小，未被足够重视，只是不痛不痒地发出过一些禁烟规定，但形同具文。等到了嘉、道时期，鸦片走私日益严重，危害日益明显，白银大量外流，国库空虚，民众素质日益下降。在这种情况下，对待鸦片走私问题，清统治集团内部仍是议论纷纷，有的主张严禁，有的主张弛禁，莫衷一是。道光十六年四月二十七日，太常寺少卿许乃济根据吴华的《弥害论》，上疏明请弛禁：准许外商将鸦片照药材纳税，只准以货易货，不能用银购买。对吸食的官员士子兵丁，斥责革职，但可免其罪名。对民间贩卖吸食者，一概置之不理。并奏请允许种植鸦片，他认为：自己种鸦片多了，外商的利益就受到影响，无利可图时，外来鸦片可不禁自绝。

许乃济的主张实际上是鼓励烟毒泛滥，使鸦片走私变成合法贸易，从这一点讲，是完全迎合了鸦片贩子的心意，同时也得到朝中一些人的支持。但是这种以牺牲民众生命和素质为代价来增加国家财政收入的主张，也立即受到广大民众与严禁派官员的强烈反对。道光帝举棋不定，诏令各省督抚讨论此奏折并上疏陈词。这一行为说明当时皇上对鸦片的危害性认识不足，而被弛禁派所谓的增加财政收入所诱惑。

在不置可否中又过了两年。道光十八年，鸿卢寺卿黄爵滋奏上了《请严塞漏卮以培国本折》，此折是禁烟运动的先声。黄爵滋首先阐述鸦片泛滥给社会带来的严重危害，然后指出当时流行的几种认为可以堵塞漏卮的意见，实际上是行不通的。他提出以重治吸食者为突破点，具体办法是限定吸食者必须在一年内彻底戒除，过期不戒的，百姓处以死刑，官吏加等治罪。这个建议在清廷内引起一场轩然大波，道光帝只好把黄的奏疏发交盛京、吉林、黑龙江将军和各省督抚“各抒己见，妥议章程，迅速具奏”。遗憾的是，天朝的臣子中头脑清醒的人并不多，在二十九件复件中，赞成严禁的只有八件，主张弛禁的却有二十一件。以琦善为代表的弛禁派认为，重治吸食有悖“抚亿兆以仁”的统治原则，是“断断乎不可行”的。林则徐作为严禁派的代表，给黄爵滋以极高的评价，并严厉地驳斥琦善之流的谬论。林则徐认为，鸦片流毒已深，不用非常的手法是不能禁止的，就如一个患重病的人，普通的药是无能为力的，只能采用烈性药物才能治愈。这是两派的激烈论战，也是林、琦的第二次交锋。禁烟还没开始，两派之间争斗的火药味已很浓。

为了遏止白银的外流，根除鸦片的危害，林则徐以湖广总督的身份在湖广开始了轰轰烈烈的禁烟活动。

在当时，吸食鸦片的人数众多，上至重要官员，下至贫民百姓。要想禁绝鸦片自然是困难重重。经过一段时间的调查研究，林则徐首先注意到兵士吸毒的严重危害。哈欠连天、萎靡不振、毒瘾时发的士兵怎么可能临阵杀敌呢？因此，戒烟先从士兵抓起。规定：严禁兵士吸食鸦片，一经发现，将对兵士革丁重处，其上司也要革职查办。由于林则徐禁烟态度坚决，措施得力，禁烟运动首先在湖广轰轰烈烈地开展起来。汉阳是禁烟最有成效的县，知县破获贩烟案件多起，缴获烟土烟膏一万余两，缴获大批烟枪，并把这些东西集中在武昌总辕外，林则徐亲自验收，当众焚毁，围观的百姓拍手称快。林则徐在湖广的焚烟，是虎门销烟的前奏，是禁烟运动中的一个小高潮，对禁绝鸦片已失望的禁烟官员和百姓，在林则徐身上看到了根绝鸦片的希望。

许多吸食鸦片的人听说要被判处死刑，纷纷主动要求戒烟。为了使众多的瘾君子尽快摆脱毒品，在重治的同时，他还研究戒毒的办法，配制出多种药方，帮助百姓戒烟。林则徐的禁烟法令吓跑了许多贩烟和开烟馆的人，他们纷纷逃离林则徐的辖区。正是由于他令人信服的禁烟主张和行之有效的禁烟措施，使道光帝游移不定的目光停在他身上。对林则徐而言，皇上的重用开启了他一生中最为辉煌的篇章。

作为钦差大臣，林则徐毅然奔赴广州，他知道：胜败在此一举！

黄爵滋的奏折虽然引起了激烈的争论，但皇上态度依然模棱两可。道光十八年八月，年已五十有三的林则徐，似乎预感到要有重大的事情发生，他的心情既激动又紧张，长期的为官经验，使他认识到，鸦片已到了非禁不可的地步，忠君思想使他不得不吐出肺腑之言。为了敦促道光帝早日做出决定，他毅然披肝沥胆，指出鸦片蔓延的原因是“衙门中吸食最多”，“皆力能包庇贩卖之人”，说明历年的禁烟法令如一纸空文，“历年未闻绞过一人，办过一案，几例同虚设，其为包庇可知！既此时众议之难齐，亦恐未必不由乎此也”。又说“夫财者，亿兆养命之源，自当为忆兆惜之。果皆散在内地，何妨损上益下，藏富于民。无如漏向外洋，岂宜藉寇资盗，不亟为计?”并警告说：“若犹泄泄视之，是使数十年后，中原几无可以御敌之兵，且无可以充饷之银!”

林则徐的这一奏折提出了使道光帝最感威胁的“银荒兵弱”和“藉寇资盗”的问题，瘦弱的道光手中拿着这份奏折，在大殿中来回踱着步子，他的祖先勇猛无敌、创造基业的经历不断在他脑中萦绕，顺治、康熙、雍正、乾隆四帝都是有所作为的皇帝，祖宗的基业到了自己手中，如若有什么闪失，怎样面对列祖列宗?这份奏折的论据并非危言耸听，只有严禁鸦片，才能保住这份基业。林的奏折产生了重要影响，道光帝禁烟决心日益增强，下令对贩运、开馆等犯及文武官员、军民百姓吸烟不戒者，严加惩办，并饬令大学士议禁烟章程，并把弛禁论者许乃济以太常寺卿降为六品顶戴。一时，反禁烟言论鸦雀无声，禁烟时机已经成熟。

道光在反复考虑派谁去烟贩最为猖狂的广州禁烟时，考虑到此举非同寻常，一定要派一得力干将。道光帝一直对皇室宗亲非常偏爱，但皇室宗亲中持严禁态度的只有两人，且阅历及经验不足，难以担当此任。那么剩下的人选也只有一人了，而且朝野的舆论对他评价很高，历来办事稳妥，又有着禁烟的经验，对鸦片问题认识深刻，办事情能抓住要害，有统筹全局的能力，派他去是最为合适了。

林则徐对授命自己为钦差大臣去广州禁烟，是有思想准备的。但禁烟事关重大，关系国计民生，如若出错，上无以对皇上，下无以对百姓。况且，反禁烟派势力顽强，他们所起的反作用会给禁烟带来意想不到的困难。而且，此事无论办好或办不好，都有可能引来杀身之祸！许多年来的为官经历，使他对官场的险恶有足够的认识，很多事情都有不可明言的原因。因此，林决定婉拒这一差事。但道光帝决意要林前往，对他寄予了很大期望。林则徐以国事为重，慨然应允。

自道光十九年十一月初十日林则徐抵京，皇上连续八次召见林则徐，则徐陈述的杜绝鸦片来源和禁烟措施，深得皇上赏识。十一月十五日，则徐被特命为钦差大臣，加兵部尚书、右都御史衔，驰驿前往广东，查办海口事件，所有该省水师兼归节制。林则徐明知此去阻碍重重，但他抱定置生死于度外的决心，于十一月二十三日从北京的正阳门出发，踏上了为国家民族争命的历程。一路上，他访谈故旧，了解广东各方面情况，并事先派人赶赴广东明察暗访，掌握了一批广州重要烟贩的姓名、住址，决意肃清鸦片。

一路上，离京前朋友、老师期望的眼神不断在他脑际萦绕，特别是龚自珍要他加强海防、时刻准备英方的军事挑衅的话，更是时刻回响在耳边。好在两广总督邓廷桢、广东巡抚怡良、粤海关监督豫坤等已做了许多工作，他要依靠这些人，齐心协力，为国尽忠。

一路上，他不断思考一个问题，那就是鸦片的来源。过去，他们一直建议重治吸食，但随着深入的调查、了解，特别是通过他在湖广的禁烟，了解到鸦片走私的猖獗，如若不从根本上消灭鸦片的来源，只是重治吸食，无异于舍本求末，因此，必须堵死鸦片的来源，才能彻底禁绝鸦片。

林则徐被授钦差的消息传到广州，鸦片贩子失魂落魄、闻风丧胆，而深受鸦片之苦的广州的民众则欣喜异常。邓廷桢时任两广总督，原是弛禁派的支持者。他手下的水师副将韩肇庆，专以保护走私鸦片船获利，而邓廷桢自己有四只水师船，专门用来走私鸦片。然而，随着鸦片的泛滥，白银大量外流，社会混乱不宁，百姓的家破人亡，面对严禁派官员对形势的分析和林则徐等人的拳拳报国之心，邓廷桢毅然改弦更张，走入了严禁派的行列。当他接到皇上的谕旨后，即表示要与各省督抚“各扫疮痍，共培元气”。缉私人员遍布各地，禁烟命令人人皆知，造成了运、贩人员及吸食者如过街老鼠，人人喊打的局面，邓廷桢、关天培、怡良还调遣了大鹏营和香山协二标水师，轮流在零丁洋面追堵走私船只。并令碣石、南澳二镇水师，认真巡防，一旦遇到外国走私船只，立即驱逐。邓廷桢还协同行伍出身的有战斗经验的关天培，观察虎门周围地形，奏请皇上在虎门武山与横档之间的江面上，增设两道水排铁链。他们还破获了私开窑口案件一百四十一起，人犯三百四十五名，烟枪一万零一百五十八杆，有力地震慑了运、贩及吸食者，为林则徐日后禁烟取得巨大成绩创造了条件。

道光十九年正月二十五日，林则徐抵广州，他的除夕是在南行途中度过的，这成为他一生中第二个最难忘的除夕。期待已久的人们终于盼来了钦差大臣林则徐，一场轰轰烈烈的禁烟运动即将拉开帷幕。

虎门销烟，大长了中国人的志气。但英军的坚船巨炮一来，道光帝的脸色就变了，林则徐的命运即将跌入低谷。

林则徐到达广州后，立即传讯十三行洋商，责令转交谕帖，命外国鸦片贩子限期缴烟。当时，停泊在广州附近海面的走私趸船有二十余只，每只船上私藏鸦片约有千箱。如按惯例，把这些船只驱逐到“夷界”即可，但他们躲过风头，还会卷土重来。林则徐决心斩草除根，使它们永不再来。因此，则徐决定舍易求难，不以驱逐了事，而要责令夷人将鸦片尽行缴官。这个工作难度是很大的，却也证明了林则徐禁烟的决心。林则徐先让洋商转告夷人，然后正式发出《谕各国商人呈缴烟土稿》，要求夷人遵从中国法度，把全部鸦片呈缴，而且要保证只做正当贸易，不再携带鸦片，如若查出，货没收，人正法。这些果断的措施显然是非常及时，而且有力有节，也体现出林则徐的深谋远虑。

林则徐的谕帖中限令外商在三日内，将趸船上的全部鸦片缴出来；但三天期满，他们丝毫没有缴烟的意思。林则徐果断决定，逮捕作恶多端，一贯走私鸦片，侵吞中国白银的英国大鸦片贩子颠地。虽然这个命令把他们吓了一大跳，但他们拒绝交人，特别是英政府代表、驻华商务总监义律，更是明目张胆地对抗，他下令所有英船只开到香港，停泊在英舰可以保护的范围内，另一方面，他偷偷地从澳门溜到广州，亲自指挥烟贩抗拒缴烟，并把颠地藏在他房间内，伺机让他逃跑。

面对义律肆无忌惮的对抗，林则徐针锋相对，立即宣布：封锁停泊在黄埔港的所有外国船只，不准装卸货物；派兵包围商馆，但供给水和食品。烟贩被困多日，无计可施，不得不同意缴烟。

老奸巨滑的义律竭力怂恿烟贩对抗禁烟。为孤立义律，动摇英贩与我为敌的态度，林则徐明令：缴烟四分之一可恢复雇用中国雇员，缴二分之一可部分水上往来，四分之三者可开舱贸易，缴全者一切照常。义律看到阻挠缴烟的计划无法实现，被迫命令英商缴烟，保证烟价由英政府赔偿。他的目的，显然是为英国侵华制造借口。

一箱箱鸦片被送到虎门海滩集中焚毁，共一万九千一百八十七箱，二千一百一十九袋，共计二百三十七万六千多斤。冲天的火光大长了中国人民的志气，伸张了正义，打击了邪恶，洋溢着不屈的民族精神。这无疑是林则徐一生最为闪光的一页。

事情就是这样巧，尖沙嘴村民林维喜被英国水手打死。林则徐多次责令义律交出凶犯，义律故意践踏中国主权，包庇凶手逍遥法外。林则徐为维护中国司法权，下令禁绝澳门英人的食品，撤回买办、佣工，驱逐义律出澳门，并争取澳门葡萄牙当局保持中立。

英国从鸦片贸易中获得了极大的利益，林则徐虎门销烟使他们的贪婪和野心受到了极大的挫伤，为使他们的掠夺合法化，英国政府不惜悍然挑起战争。道光十九年七月二十七日，义律率兵船在九龙山海面挑衅，引发九龙炮战。林则徐自抵广州后就十分重视海防，加之邓廷桢、关天培等的全力以赴，海防设施较为完备。面对英军挑衅，林则徐遂前往虎门驻扎，集结兵船操练，准备反击。九月，林派人去澳门与义律谈判通商，义律拒不接受具结、交凶、驱逐走私船的条件，致使谈判破裂。接着义律又挑起穿鼻洋海战，攻官涌山，关天培指挥士兵将他们击退。

林则徐一直认为民心可用。他在沿海召募渔民五千人，编为水勇，日夜加紧训练。这时，林则徐通过义律的诉诸武力，已清醒地认识到义律背后的英国的狼子野心。

知己知彼，方能百战不殆。抵粤前，林则徐与其他大臣一样，不知英吉利为何物。但通过接触逐渐认识到，这些洋人并不像过去想象的那样不堪一击。在钦差行辕，他组织人员，把所搜集到的有关西方国家的地理历史资料编成《四洲志》草稿，翻译外国书籍和报纸，研究各国情况和动态，并搜集外国船炮资料图纸，准备仿制。因此，林则徐被称为近代史上睁眼看世界的第一人。

九龙炮战后，道光帝因连获小胜，妄目自大，下令停止中英贸易，并于十二月初一，授林则徐两广总督，邓廷桢授两江总督。这次人事调动对抵御侵略起了不利的作用。

林则徐从探报和所译西报中获知英国要窜往沿海各省的消息，急切地先后五次奏请敕下筹防，并飞咨沿海督抚防备。但未引起足够重视。

道光帝一怒之下，将林则徐革职发配新疆伊犁，但两年后又招他回京候补。因为林则徐的作用和声望，毕竟是无人可以替代的。

道光二十年五月底，英军抵粤，鸦片战争正式爆发，由于广州的守备严密，英军无法得手，改犯浙江，定海的陷落成为林则徐一生最大的转折点。

外国人的坚船利炮使道光帝惊慌失措，对他而言，这比白银外流更加可怕。他后悔了，后悔当林则徐说将与禁烟相始终时，他被感动得几乎涕泪俱下，他后悔听林则徐的话去禁什么烟，他甚至恨得要除掉林则徐，只要英军能退兵。但是他褒奖林则徐的话还余音未绝，他批复的奏折还墨迹未干，为了自己的面子，他只能暂时忍着，脸上的神气没有了，眼光忧郁。

虽然林则徐曾五次请旨饬沿海各省督抚布防，直隶总督琦善却以“水师不必设，炮台不必添”复奏，并宣扬“夷船不来则已，夷船若来，则天津海口断不能守”，致使天津仅有弁兵八百名，山海关一带连一尊合用的大炮也没有，当英船驶至大沽口，炮口对着琦善的脑门儿时，他会怎样做，那是再清楚不过了。不过，投降不要紧，因为皇上的准星已偏移。

当然，舆论是很重要的，以琦善为首的投降派虽然没有胆量去对付外国人，但散布流言蜚语却是技高一筹。林则徐等人与琦善等人的思想观点不同，他们是政治上的敌人，琦善知道怎样对付他们。有人说，林禁烟，先许价买，后负约，以致激变；又有人说，邓廷桢厦门军报不实，等等，不容你皇上不疑虑重重。

琦善无耻地向侵略军头子义律献媚求和，称林则徐等人的禁烟一事没有办好，保证要“重治其罪，清政府将秉公查办，定能代伸冤抑”。义律很满意，率船折回南方。

琦善退敌有功，被皇上授为钦差大臣，赴粤继续中英交涉。林则徐、邓廷桢被革职查办。中华民族的灾难和林则徐的灾难同时降临。

琦善到广州，反林则徐之道而行之，撤除了珠江的防务，遣散了林招募的水勇，以讨好侵略者。琦善对侵略者提出的各项要求一一应允，只是他还没大胆到答应割让香港的程度。琦善与此时为全权代表的义律谈判，义律以发动进攻威胁，琦善当然没有胆量与英较量。当自己的同胞浴血抵抗侵略者而向其求援时，琦善只敢在夜间偷偷派出二百人，之后，就置之不理，致使数百名将士壮烈殉国。六十岁的老将关天培，散尽家私，是为换回民族的尊严，面对着残暴的敌人，他血染战袍，义不求生，像山一样轰然倒下。琦善却脚踩烈士的鲜血，走向义律求和。义律提出《穿鼻草约》，并单方公布。林则徐痛心疾首，他被留粤以备查问差委并协办夷务，虽然他仍与邓廷侦察看地形，筹议战备，虽然他自筹经费招募壮勇，但大权在握的琦善对他根本不屑一顾，林则徐的一番苦心只能尽付东流。最终，林则徐说服怡良揭发了琦善的卖国行径，皇上也震怒了，琦善也落得一个锁拿解京的下场。

为争回面子，皇上又派奕山为靖逆将军赴粤主持战事，并派杨芳同行，由和而战。林则徐上防御粤省六条，却石沉大海。皇上命令他赴浙候旨。

奕山一路游山玩水，来到广州，闭着眼睛就下令从三路进攻，目的是打起仗来可以报销军饷。因剿杀白莲教被誉为“名将”的杨芳，看到英舰横行无阻，炮火猛烈，竟认为其中有“邪术”，于是想出了一条以邪制邪的“妙计”，他命令地方保甲遍收马桶，放在木筏上，让这些马桶去防守乌涌炮台！真是战争史上绝妙的一笔！他的荒唐可笑，又导致了许多中华男儿倒在了自己的家门口。

这些无能之辈的行为让道光帝恼羞成怒，他完全相信投降派所说的，战火由林则徐燃起，便把他革除官职，从重发往伊犁“效力赎罪”。

林则徐对皇上已彻底失望，他挂念的仍是国家的命运，在赴戍途中，他见到老友魏源，悲从中来，老泪纵横。他把《四洲志》送给老友，嘱托其撰写《海国图志》，让子孙学习西方，了解西方，师夷长技以制夷。

接着，因黄河决口，需要熟悉水利的林则徐去堵口子，皇上命他在黄河边“效力赎罪”。一个才能卓越、忠心为国的臣子就这样被封建帝王玩于股掌之上。口子堵上了，还是去伊犁“效力赎罪”吧！林则徐的心一定在滴血！

短短的两年时间，沤心沥血的林则徐须发全白了，他的“苟利国家死生以，岂因祸福避趋之”，换来的就是发配伊犁“效力赎罪”，他也只好踽踽而行于戈壁的沙漠中！

可是，发配伊犁的林则徐仍不忘国事，带病研讨新疆史地，并兴修水利，造福当地百姓，真是一个可敬的“爱国爱民老人”。令人佩服的是，他还预言：“终为中国患者，其俄罗斯乎！”

是布彦泰再三奏请，还是道光帝认识到自己的错误，抑或是林则徐在新疆有不俗表现，总之，道光帝又把林则徐招回京候补。林则徐的命运又一次转变，作为一个封建官吏，他无可选择地听从皇上的调遣去镇压几地的起义。这也是他留给后人的不可避免的遗憾。

林则徐毕竟是中国近代史上第一位举起反侵略旗帜的爱国者，第一位睁开眼睛看世界的思想家，一个勇于改革积弊的改良者。